Kohlhammer

Stefan Schäfer

Der Euro und seine Geschichte

Eine ökonomische Einführung

Verlag W. Kohlhammer

Dieses Werk einschließlich aller seiner Teile ist urheberrechtlich geschützt. Jede Verwendung außerhalb der engen Grenzen des Urheberrechts ist ohne Zustimmung des Verlags unzulässig und strafbar. Das gilt insbesondere für Vervielfältigungen, Übersetzungen, Mikroverfilmungen und für die Einspeicherung und Verarbeitung in elektronischen Systemen.

1. Auflage 2025

Alle Rechte vorbehalten
© W. Kohlhammer GmbH, Stuttgart
Gesamtherstellung: W. Kohlhammer GmbH, Heßbrühlstr. 69, 70565 Stuttgart
produktsicherheit@kohlhammer.de

Print:
ISBN 978-3-17-043362-5

E-Book-Formate:
pdf: ISBN 978-3-17-043363-2
epub: ISBN 978-3-17-043364-9

Für den Inhalt abgedruckter oder verlinkter Websites ist ausschließlich der jeweilige Betreiber verantwortlich. Die W. Kohlhammer GmbH hat keinen Einfluss auf die verknüpften Seiten und übernimmt hierfür keinerlei Haftung.

Inhalt

Vorwort		9
1	**Einführung: Nationales Geld und internationaler Handel – ein einfaches Gedankenexperiment**	**11**
	1.1 Geld und seine Funktionen	11
	1.2 Internationaler Handel und die Zahlungsbilanz	12
	1.3 Devisenmarkt und Währungssystem	17
	1.4 Die Gestaltung des internationalen Währungssystems	18
2	**Vorgeschichte: Der lange Weg zum Euro (1945–1989)**	**20**
	2.1 Neustart nach dem Krieg: Bilateralismus, Europäische Zahlungsunion und Römische Verträge	20
	2.1.1 Die Jahre des Bilateralismus	20
	2.1.2 Die Europäische Zahlungsunion	26
	2.1.3 Die Römischen Verträge	27
	2.2 Westeuropas Währungen im Bretton-Woods-Zeitalter	29
	2.2.1 Der Gold-Dollar-Standard im Überblick	29
	2.2.2 Wie erreicht man fixe Wechselkurse?	31
	2.2.3 Die EWG-Währungen im Bretton-Woods-System	34
	2.2.4 Das Trilemma der Währungspolitik	35
	2.2.5 Probleme ab Mitte 1960er-Jahre und Zusammenbruch	39
	2.3 Die 1970er-Jahre: Werner-Plan und europäischer Wechselkursverbund	42
	2.3.1 Der Werner-Plan: Eine EG-Währungsunion bis 1980?	42
	2.3.2 Der Europäische Wechselkursverbund (EWV)	46
	2.4 Das Europäische Währungssystem (EWS)	49
	2.4.1 Ziele, Funktionsweise und Entwicklung im Zeitablauf	49
	2.4.2 Wirtschaftshistorische Einordnung I: War das EWS ein Erfolg?	52
	2.4.3 Wirtschaftshistorische Einordnung II: War das EWS ein D-Mark-Block mit der Bundesbank als Leitzentralbank?	53
	2.4.4 Wirtschaftshistorische Einordnung III: War das EWS ein Wegbereiter der Währungsunion?	55

3	Vorbereitung: Delors-Report, Maastrichter Vertrag, Stabilitäts- und Wachstumspakt (1989–1998)	58
3.1	Der Delors-Report	58
3.2	Ökonomische Grundlagen der Diskussion in den 1990er-Jahren	63
	3.2.1 Die Theorie der optimalen Währungsräume	63
	3.2.2 Endogenität der Funktionsbedingungen einer Währungsunion?	67
	3.2.3 Die politökonomische Betrachtung	69
	3.2.4 Geldpolitik und Staatsverschuldung in einer Währungsunion	70
3.3	Der Maastrichter Vertrag	73
	3.3.1 Die EZB als »europäische Bundesbank«?	73
	3.3.2 Die Konvergenzkriterien	79
3.4	Der Stabilitäts- und Wachstumspakt	81
3.5	Entscheidende Schritte auf dem Weg zur Währungsunion	84
3.6	Die EZB formuliert ihre Strategie	91

4	Honeymoon: Der Euro vor der Finanzkrise (1999–2007)	96
4.1	Die EZB bewährt sich – und passt ihre Strategie an	96
4.2	Griechenland, Stabilitäts- und Wachstumspakt, Ungleichgewichte: Dunkle Wolken am Horizont?	105

5	Krisenjahre: Die Währungsunion am Rande des Zusammenbruchs (2008–2015)	108
5.1	Von der globalen Finanz- zur europäischen Staatsschuldenkrise	108
5.2	Dimensionen der Eurokrise	111
	5.2.1 Die Eurokrise als Leistungsbilanzkrise	111
	5.2.2 Die Eurokrise als Bankenkrise	116
	5.2.3 Die Eurokrise als Staatsschuldenkrise	118
5.3	Die Diskussion über die institutionellen Ursachen der Krise	124
5.4	Die »Rettungspakete«, der Europäische Stabilitätsmechanismus (ESM) und das Krisenjahr 2015	127
5.5	Die Reform der Eurozonen-Architektur	133
	5.5.1 Die Grundzüge der Diskussion im Überblick	133
	5.5.2 Neuordnung der Fiskalregeln und makroökonomische Koordinierung	135
	5.5.3 Die Reform der Finanzarchitektur	140

6	»The only game in town«: Die EZB als Mädchen für alles? (2015–2022)	150
6.1	Rückblick: Die Evolution der EZB-Geldpolitik seit Beginn der Finanzkrise	150

		6.1.1	Die Reaktion der EZB auf die Probleme am Bankenmarkt	150
		6.1.2	Die Reaktion der EZB auf die Staatsschuldenkrise	155
		6.1.3	»Whatever it takes«	157
	6.2	Quantitative Lockerung		164
		6.2.1	Das »Programm zum Ankauf von Vermögenswerten«	164
		6.2.2	Kritik an den Staatsanleihekäufen	169
	6.3	Die geldpolitische Reaktion auf die Covid-Pandemie		173
7	**Gegenwart und Zukunft**			**175**
	7.1	Die Inflation ist zurück		175
	7.2	Die Revision der EZB-Strategie 2021		179
	7.3	Steht die EZB unter fiskalischer Dominanz?		183
	7.4	Das Programm »NextGenEU« und die Zukunft der Fiskalpolitik in der Währungsunion		186
	7.5	Ein digitaler Euro?		194
	7.6	Wann ist die Eurozone vollständig?		197
Literatur				**200**

Vorwort

Seit seiner Einführung am 1.1.1999 ist der Euro das Geld, mit dem immer mehr Menschen in Europa bezahlen: Waren es anfangs knapp 300 Mio. in elf Staaten, so besteht die Währungsunion heute aus zwanzig Mitgliedsländern mit etwa 350 Mio. Einwohnern. Verantwortlich für den Euro zeichnet eine supranationale Institution, die Europäische Zentralbank (EZB). An sie haben die Teilnehmer der Währungsunion ihre Zuständigkeit für die Geld- und Währungspolitik abgetreten. Die Eurozonen-Länder sind seitdem »geldlos«, und der Euro sowie die EZB sind in gewissem Sinne »staatenlos«. Das hat es so noch nicht gegeben. Der Euro kann mit Fug und Recht als ein in der Geschichte des Geldes einmaliges Experiment bezeichnet werden.

Warum es zu einem solchen Experiment gekommen ist und wie es in den vergangenen Jahrzehnten verlaufen ist, will dieses Buch nachzeichnen. Von der unüberschaubaren Menge an Publikationen, die sich mit der europäischen Einheitswährung beschäftigen, unterscheidet es sich folgendermaßen:

- Der Euro ist nicht vom Himmel gefallen, weder 1999 noch während der berühmten Konferenz von Maastricht im Jahr 1991. Seine lange Vorgeschichte, die strenggenommen mit dem Kriegsende 1945 beginnt, wird hier ausführlich beleuchtet. Diesen Aspekt vernachlässigt die Literatur zumeist.
- Viele Beiträge zum Euro nehmen eine bestimmte Position ein. Im Gegensatz dazu ist es das zentrale Anliegen dieses Buches, die unterschiedlichen Sichtweisen gleichberechtigt zu Wort kommen zu lassen. Die Leser sollen das Für und Wider der entscheidenden Stationen nachvollziehen können, die die währungspolitische Integration Europas von den Anfängen in den 1940er-Jahren bis heute durchlaufen hat.
- Anders als die meisten Veröffentlichungen zum Thema ist »Der Euro und seine Geschichte« explizit interdisziplinär ausgerichtet und richtet sich insbesondere auch an Laien. Das Buch ist ebenso für historisch, politologisch, juristisch oder kulturwissenschaftlich vorgebildete Leser geschrieben wie für an der geschichtlichen Entwicklung interessierte Ökonomen.
- Die Darstellung erfolgt zwar aus ökonomischer Perspektive, kommt aber ohne die übliche wirtschaftswissenschaftliche Methodik aus. Die zentralen Zusammenhänge werden verbal und mit Hilfe anschaulicher Grafiken erklärt. Das Buch beginnt mit einem Einführungskapitel, das anhand eines Gedankenexperimentes in die grundlegenden Zusammenhänge der internationalen Makroökonomik einführt.

Wer gleich in die (Vor-)Geschichte des Euro einsteigen möchte, kann dieses einführende Kapitel überspringen.

Um auch ein nicht deutschsprachiges Publikum zu erreichen, erscheint gleichzeitig eine Fassung in englischer Sprache. Ko-Autoren der internationalen Ausgabe sind Cory Wanek und Ann-Stephane Schäfer. Sie haben nicht nur die Übersetzung vorgenommen, sondern auch entscheidend zum Inhalt des Buches beigetragen.

Limburg, im Juli 2025 　　　　　　　　　　　　　　　　　　　　Stefan Schäfer

1 Einführung: Nationales Geld und internationaler Handel – ein einfaches Gedankenexperiment

1.1 Geld und seine Funktionen

»Europa wird über die Währung geschaffen, oder es wird nicht geschaffen.«[1] Mit dieser These hat der französische Politiker und Ökonom Jacques Rueff schon im Jahr 1950 eine Verbindung zwischen europäischer Integration und monetärer Zusammenarbeit hergestellt. Rueff war seiner Zeit weit voraus. Die europäische Integration – und insbesondere die Idee einer gemeinsamen Währung – existierte damals höchstens als Gedankenexperiment in den Köpfen weniger Visionäre. Schließlich lag die Befreiung des Kontinents von den Nationalsozialisten gerade erst einige Jahre zurück. Im Zuge des Zweiten Weltkrieges waren die wirtschaftliche Betätigung und der internationale Handel zuvor in weiten Teilen Europas völlig zum Erliegen gekommen. Nicht nur politisch, sondern auch ökonomisch schien eine enge Verflechtung der ehemaligen Kriegsgegner daher zunächst kaum denkbar. Ende der 1940er-Jahre wuchsen die Volkswirtschaften jedoch wieder – und mit ihnen das Bestreben von Agrarsektor und Industrie, Vorprodukte zu importieren und Endprodukte zu exportieren. Voraussetzung für den grenzüberschreitenden Austausch von Waren und Dienstleistungen ist allerdings, dass in die Gegenrichtung Geld fließen kann – denn diese Handelsgüter müssen bezahlt werden.

Aber welches Geld fließt da von einem Land zum anderen? Seit der zweiten Hälfte des 19. Jahrhunderts war Geld als ökonomische Institution national organisiert worden. Als Jacques Rueff den eingangs zitierten Satz formulierte, hatte jedes westeuropäische Land seine eigene Währung und eine Zentralbank, die mit dem Banknotenmonopol ausgestattet war und diese Währung verwaltete. Das jeweilige nationale Geld war als allgemein akzeptiertes gesetzliches Zahlungsmittel Teil der öffentlichen Infrastruktur. Dabei erfüllte es drei Funktionen, die sich bis heute in jedem volkswirtschaftlichen Lehrbuch finden (▶ Dar. 1). Geld ist erstens ein universelles Transaktionsmedium (Funktion als Zahlungsmittel), das heißt: Seine Nutzung überwindet den Tauschhandel in Form eines direkten Austauschs von Gütern. Es dient zweitens als allgemein anerkannter Wertmaßstab (Funktion als Recheneinheit). Drittens er-

---

1 Rueff, J. (1950): L'Europe se fera par la monnaie ou ne se fera pas, in: Synthèses – Revue Mensuelle Internationale, Vol. 4, Fevrier 1950, S. 267–271 (hier: S. 267). Vgl. Schäfer, S., »Eine kurze Geschichte der Europäischen Währungsunion«, in: Aus Politik und Zeitgeschichte, Vol. 72, Heft 18-19/22, S. 32–39.

möglicht Geld die Trennung von Produktion und Konsum. Wer etwas herstellt und verkauft, muss nicht sofort konsumieren, sondern kann den Verkaufserlös speichern und später zum Konsum verwenden, z. B. indem er das verdiente Geld einfach bar zuhause aufbewahrt (Wertaufbewahrungsmittel).

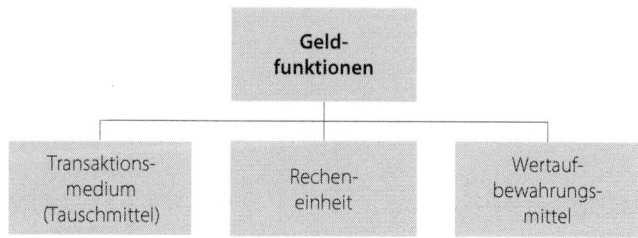

Dar. 1: Geldfunktionen

Die Verwendung von Geld ist von sog. Netzwerkexternalitäten geprägt: Je mehr Menschen ein bestimmtes Geld nutzen, mit desto größerer Wahrscheinlichkeit finden einerseits Käufer einen Verkäufer, der dieses Geld akzeptiert, und finden andererseits Verkäufer Käufer, die mit diesem Geld zahlen wollen. Die Bereitstellung von Geld neigt daher zur Monopolisierung – nicht nur aus den genannten juristischen und politischen Gründen (gesetzliches Zahlungsmittel, dominierende Rolle der Zentralbank), sondern eben auch wegen dieser Netzwerkeffekte. Dementsprechend hatte zurzeit Rueffs jeder Nationalstaat in Europa »eigenes Geld«. Es gab ebenso viele Währungen wie Nationalstaaten.[2] Aus der Binnenperspektive war diese Konstellation für jedes einzelne Land effizient.

1.2 Internationaler Handel und die Zahlungsbilanz

Verlässt man die nationale Ebene, wird die Angelegenheit komplizierter. Um das Grundproblem zu erfassen, begeben wir uns auf eine gedankliche Zeitreise in den Mittelmeerraum des Altertums. Genauer: In das Alte Rom und das antike Athen. Wir nehmen an, dass Rom Wein produziert und Athen Olivenöl und dass die beiden Städte miteinander Handel treiben. Wenn Rom Wein nach Athen liefert, mit welchem Geld soll Athen dann bezahlen? Die gleiche Frage stellt sich umgekehrt: Wie soll Rom die Rechnung für das von Athen gelieferte Olivenöl begleichen? Wenn Rom das athenische Olivenöl mit Sesterzen, der römischen Währung, bezahlt, nutzt das den Olivenölproduzenten in Athen wenig. Denn deren Arbeiter sowie die Lieferanten der Vorprodukte und Maschinen (z. B. Ölmühlen) wollen für ihre Leistungen Drachmen,

---

2 Eine Ausnahme stellt hier Luxemburg dar, das bis zur Einführung des Euro 1999 Teil einer Währungsunion mit Belgien war.

also die athenische Währung, erhalten; mit Sesterzen können sie in Athen nichts anfangen. Analog haben die römischen Winzer nichts davon, wenn sie für ihren Wein Drachmen bekommen.

Was hier fehlt, ist internationales Geld, das für die Römer und Athener gleichermaßen als Transaktionsmedium, Recheneinheit und Wertaufbewahrungsmittel dienen kann. Im 19. und 20. Jahrhundert haben zunächst Gold, dann das britische Pfund und später schließlich der US-Dollar diese Aufgabe übernommen. Wer mit ihnen bezahlt wurde, wusste, dass er sie problemlos in seine eigene nationale Währung umtauschen konnte. Das gilt grundsätzlich noch heute: Ein deutscher Exporteur kann für seine Waren bedenkenlos US-Dollars annehmen, weil sich jederzeit Eurobesitzer finden lassen, die wegen der hohen internationalen Akzeptanz des Dollars bereit sind, ihre Euros gegen die Dollareinnahmen des Exporteurs einzutauschen. Der Exporteur kann mit den so erworbenen Euros seine Arbeitnehmer und Lieferanten in Deutschland bezahlen. Nationale und internationale Transaktionen waren und sind auf diese Weise monetär miteinander verknüpft.

Rom und Athen stehen solche Möglichkeiten in unserem Gedankenexperiment (zunächst) nicht zur Verfügung. Das ist so lange kein Problem, wie der von Rom nach Athen gelieferte Wein den gleichen Wert besitzt wie das von Athen nach Rom gelieferte Olivenöl. In diesem einfachen Fall müssen die beiden Städte das Stadium der Tauschwirtschaft nicht verlassen. Ökonomisch ausgedrückt ist ihre jeweilige Leistungsbilanz (wo u. a. Im- und Exporte verbucht werden) ausgeglichen. Sowohl Rom als auch Athen exportieren wertmäßig genauso viel, wie sie importieren (▶ Dar. 2).

Dar. 2: Ausgeglichene Leistungsbilanzen in der Ausgangssituation

LEISTUNGSBILANZEN			
Athen		Rom	
Exporte	Importe	Exporte	Importe
Wert des gelieferten Olivenöls	= Wert des erhaltenen Weins	Wert des gelieferten Weins	= Wert des erhaltenen Olivenöls

Im nächsten Schritt gehen wir zu einer Geldwirtschaft über und bauen unser Beispiel entsprechend aus. Wir nehmen an, dass der von den Athenern in Rom bestellte Wein 100 Sesterzen (S) kostet und das von den Römern in Athen bestellte Olivenöl 200 Drachmen (D). Weiter nehmen wir an, dass es einen zwischen den beiden Städten vereinbarten Wechselkurs gibt: ein Sesterz soll zwei Drachmen bzw. eine Drachme einen halben Sesterz wert sein. Dieser Wechselkurs ist politisch vorgegeben (▶ Dar. 3).

1 Einführung: Nationales Geld und internationaler Handel

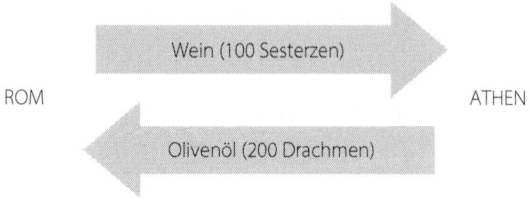

Dar. 3: Handel zwischen Rom und Athen in einer Geldwirtschaft mit ausgeglichenen Leistungsbilanzen

Der Wechselkurs ist der Preis einer Einheit der inländischen Währung ausgedrückt in Einheiten einer ausländischen Währung (Mengennotierung) bzw. der Preis einer Einheit der ausländischen Währung ausgedrückt in Einheiten der inländischen Währung (Preisnotierung). Der Wechselkurs in Mengennotierung entspricht also dem Kehrwert des Wechselkurses in Preisnotierung und umgekehrt. Dazu ein Beispiel:

| 1 Sesterze = 2 Drachmen (Mengennotierung aus römischer Preisnotierung aus athenischer Perspektive) | *entspricht* | 1 Drachme = 0,5 Sesterzen (Preisnotierung aus römischer Mengennotierung aus athenischer Perspektive) |

Dann sehen die – immer noch ausgeglichenen – Leistungsbilanzen folgendermaßen aus (▶ Dar. 4).

Dar. 4: Ausgeglichene Leistungsbilanzen in einer Geldwirtschaft

LEISTUNGSBILANZEN						
Athen				Rom		
Exporte		Importe	Exporte		Importe
Wert des gelieferten Olivenöls (200 Drachmen)	=	Wert des erhaltenen Weins (200 Drachmen)	Wert des gelieferten Weins (100 Sesterzen)	=	Wert des erhaltenen Olivenöls (100 Sesterzen)

Auch wenn wir nun pro forma eine Geldwirtschaft betrachten, findet de facto noch ein Tauschgeschäft statt. Rom liefert Athen Wein, erhält dafür 200 Drachmen und kauft mit diesen 200 Drachmen Olivenöl. Oder in Sesterzen ausgedrückt: Athen liefert Rom Olivenöl, erhält dafür 100 Sesterzen und kauft mit diesen 100 Sesterzen Wein. Die Verbuchung in der Leistungsbilanz erfolgt dabei in der jeweiligen Landeswährung.

1.2 Internationaler Handel und die Zahlungsbilanz

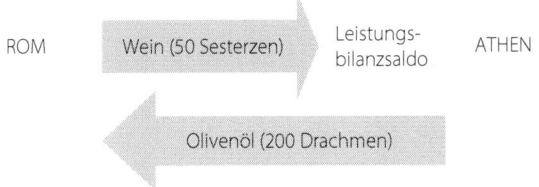

Dar. 5: Handel zwischen Rom und Athen in einer Geldwirtschaft mit römischem Leistungsbilanzdefizit und athenischem Leistungsbilanzüberschuss

Was aber geschieht, wenn der Wert der Lieferungen des einen Handelspartners den der Lieferungen des anderen übersteigt? Nehmen wir an, Unwetter haben die Traubenernte in Rom stark beeinträchtigt. Im folgenden Beispiel liefert Rom deshalb nur halb so viel Wein wie zuvor, also im Gegenwert von 50 Sesterzen bzw. 100 Drachmen (▶ Dar. 5).

Nun erhält Rom für seine Weinlieferung nur noch 100 Drachmen, für die es Olivenöl kaufen kann. Wenn Rom weiterhin Olivenöl im Gegenwert von 200 Drachmen beziehen möchte, gibt es also ein Ungleichgewicht. Die römische Leistungsbilanz weist nun ein Defizit auf, die athenische einen Überschuss (▶ Dar. 6).

Dar. 6: Nicht ausgeglichene Leistungsbilanzen in einer Geldwirtschaft

LEISTUNGSBILANZEN					
Athen			Rom		
Exporte		Importe	Exporte		Importe
Wert des gelieferten Olivenöls (200 Drachmen)	>	Wert des erhaltenen Weins (100 Drachmen)	Wert des gelieferten Weins (50 Sesterzen)	<	Wert des erhaltenen Olivenöls (100 Sesterzen)
Überschuss: 100 Drachmen			Defizit: 50 Sesterzen		

Daraus resultiert die Frage, wie Rom das (noch nicht bezahlte) Olivenöl im Gegenwert von 50 Sesterzen bzw. 100 Drachmen finanzieren kann. Die einfachste Möglichkeit bestünde in einem Lieferantenkredit: Athen könnte Rom dieses Olivenöl zunächst ohne Bezahlung liefern, also einen Kredit in Höhe von 100 Drachmen gewähren. Athen wäre der Gläubiger, Rom der Schuldner. Sobald die Leistungsbilanzen der beteiligten Länder nicht mehr ausgeglichen sind, entstehen Forderungen und Verbindlichkeiten, die in einer weiteren Bilanz, der Kapitalbilanz, verbucht werden (▶ Dar. 7).

Dar. 7: Nicht ausgeglichene Kapitalbilanzen

KAPITALBILANZEN			
Athen		Rom	
Zunahme der Verbindlichkeiten	Zunahme der Forderungen	Zunahme der Verbindlichkeiten	Zunahme der Forderungen
	Kreditforderung gegenüber Rom (100 Drachmen)	Verbindlichkeit gegenüber Athen (50 Sesterzen)	

Die Zahlungsbilanz eines Landes soll alle wirtschaftlichen Transaktionen mit dem Ausland nach dem Prinzip der doppelten Buchführung erfassen. Sie besteht im Kern aus Leistungsbilanz und Kapitalbilanz. In der Leistungsbilanz werden der grenzüberschreitende Waren- und Dienstleistungsverkehr, in der Kapitalbilanz die Entstehung von grenzüberschreitenden Forderungen und Verbindlichkeiten verbucht. In unserem Beispiel sehen die Zahlungsbilanzen folgendermaßen aus (▶ Dar. 8).

Dar. 8: Zahlungsbilanzen

ZAHLUNGSBILANZ ATHEN		ZAHLUNGSBILANZ ROM	
LEISTUNGSBILANZ		LEISTUNGSBILANZ	
Exporte	Importe	Exporte	Importe
Wert des gelieferten Olivenöls (200 Drachmen)	Wert des erhaltenen Weins (100 Drachmen)	Wert des gelieferten Weins (50 Sesterzen)	Wert des erhaltenen Olivenöls (100 Sesterzen)
KAPITALBILANZ		KAPITALBILANZ	
Zunahme der Verbindlichkeiten	Zunahme der Forderungen	Zunahme der Verbindlichkeiten	Zunahme der Forderungen
	Kreditforderung gegenüber Rom (100 Drachmen)	Verbindlichkeit gegenüber Athen (50 Sesterzen)	
SUMME: 200 Drachmen	*SUMME: 200 Drachmen*	*SUMME: 100 Sesterzen*	*SUMME: 100 Sesterzen*

Beide Zahlungsbilanzen sind ausgeglichen. Das liegt daran, dass sich die Salden der Leistungsbilanz und der Kapitalbilanz immer ausgleichen. Dem athenischen Leistungsbilanzüberschuss in Höhe von 100 Drachmen steht der Aufbau von Forderungen gegenüber Rom in Höhe von 100 Drachmen gegenüber; analog wird das römische Leistungsbilanzdefizit in Höhe von 50 Sesterzen durch den Aufbau von Verbindlichkeiten in gleicher Höhe ausgeglichen (»finanziert«).

1.3 Devisenmarkt und Währungssystem

Erleichtert wird der internationale Warenverkehr, wenn es einen funktionsfähigen Devisenmarkt[3] gibt, auf dem Währungen frei ge- und verkauft werden können. In unserem Fall könnten die römischen Importeure die noch erforderlichen 100 Drachmen gegen 50 Sesterzen kaufen, um damit die offene Olivenöl-Rechnung zu begleichen. Dann hätten die Athener Ölmühlenbesitzer die vollen 200 Drachmen für das gelieferte Olivenöl eingenommen und könnten ihre Arbeiter sowie Lieferanten bezahlen. Das wirft allerdings die Frage auf, von wem die römischen Importeure die 100 Drachmen gegen 50 Sesterzen erhalten würden. Oder anders ausgedrückt: Wer bietet Devisen an und wer fragt sie nach? Um dies zu beantworten, schauen wir uns die Optionen an, die Römer und Athener in unserem Gedankenexperiment haben, wenn sie international Waren kaufen oder verkaufen bzw. Kapital anlegen möchten. Die Beziehungen zwischen Güterim- sowie -exporten und Devisenangebot/-nachfrage sehen dann folgendermaßen aus (▶ Dar. 9).

Dar. 9: Beziehung zwischen grenzüberschreitendem Güterhandel und Devisenmarkt

	Güterimporte	**Güterexporte**
Grundsatz	...führen zum Angebot an heimischer und zur Nachfrage nach fremder Währung	...führen zum Angebot an fremder und zur Nachfrage nach heimischer Währung
Beispiel	Römische Importeure bieten Sesterzen an und fragen Drachmen nach, um mit den Drachmen in Athen Olivenöl zu kaufen	Römische Exporteure erhalten für ihren Wein Drachmen. Sie bieten diese an und fragen Sesterzen nach, um mit den Sesterzen ihre Arbeiter und Lieferanten bezahlen zu können.
	Athenische Importeure bieten Drachmen an und fragen Sesterzen nach, um mit den Sesterzen in Rom Wein zu kaufen	Athenische Exporteure erhalten für ihr Olivenöl Sesterzen. Sie bieten diese an und fragen Drachmen nach, um mit den Drachmen ihre Arbeiter und Lieferanten bezahlen zu können.

Ganz ähnlich sorgen Kapitalbilanztransaktionen für Angebot und Nachfrage auf dem Devisenmarkt (▶ Dar. 10).

---

[3] Unter Devisen versteht man ausländisches Buchgeld (Girokontoguthaben in fremder Währung) bzw. allgemeiner auf Fremdwährung lautende Forderungen. Davon abzugrenzen sind Sorten (ausländisches Bargeld).

Dar. 10: Beziehung zwischen grenzüberschreitendem Kapitalverkehr und Devisenmarkt

	Kapitalanlage im Ausland	Kapitalbeschaffung im Ausland
Grundsatz	...führt zum Angebot an heimischer und zur Nachfrage nach fremder Währung	...führt zum Angebot an fremder und zur Nachfrage nach heimischer Währung
Beispiel	Römische Kapitalanleger bieten Sesterzen an und fragen Drachmen nach, um damit in Athen Vermögengegenstände zu erwerben (z. B. Immobilien)	Römer erhalten einen Drachmenkredit aus Athen. Um in Rom investieren zu können, bieten sie diese geliehenen Drachmen an und fragen Sesterzen nach.
	Athenische Kapitalanleger bieten Drachmen an und fragen Sesterzen nach, um damit in Rom Vermögensgegenstände zu erwerben (z. B. Immobilien)	Athener erhalten einen Sesterzenkredit aus Rom. Um in Athen investieren zu können, bieten sie diese geliehenen Sesterzen an und fragen Drachmen nach

Wie wir später sehen werden, bildet sich der Wechselkurs auf dem Devisenmarkt im Zusammenspiel von Leistungsbilanz- und Kapitalbilanztransaktionen.

1.4 Die Gestaltung des internationalen Währungssystems

Das Gedankenexperiment hat die Verbindung zwischen internationalen Güter- und Kapitaltransaktionen, deren Verbuchung in der Zahlungsbilanz sowie dem Devisenmarkt grundlegend aufgezeigt. Die Realität ist natürlich deutlich komplexer. Rund um den Globus befinden sich Milliarden von Konsumenten, Millionen von Unternehmen sowie Hunderte von Staaten ununterbrochen im Austausch miteinander. Der grenzüberschreitende Strom von Waren und Dienstleistungen sowie von Kapital (definiert als Forderungen und Verbindlichkeiten bzw. Vermögenswerte) kann ebenso wenig im luftleeren Raum stattfinden wie der Handel mit Devisen. Eine Vielzahl von internationalen Vereinbarungen regelt, unter welchen Bedingungen Leistungsbilanz- und Kapitalbilanz- sowie Devisenmarkttransaktionen zwischen den Einwohnern unterschiedlicher Staaten möglich sind. Die Summe dieser Vereinbarungen nennt man »Internationales Währungssystem«. In dessen Zentrum steht die Frage, inwieweit und zu welchen Konditionen Exporteure und Importeure sowie Kapitalanleger Zugang zu Devisen haben, um Waren und Dienstleistungen sowie Vermögenswerte im Ausland zu verkaufen bzw. von dort einzukaufen. Hier gibt es grundsätzlich folgende Optionen:

- Devisenbewirtschaftung:
  Der Zugang zu Devisen wird staatlich streng reglementiert. Es gibt keinen freien Güter- und Kapitalverkehr mit dem Ausland.

- System fixer Wechselkurse:
  Devisen können zwar frei an- und verkauft werden, allerdings zu staatlich vorgegebenen Kursen. Der Güterverkehr ist (abgesehen von Zollpflichten) in der Regel weitgehend frei, beim Kapitalverkehr kann es Beschränkungen geben.
- System flexibler Wechselkurse:
  Devisen können frei an- und verkauft werden; die Kurse bilden sich aus Angebot und Nachfrage am Devisenmarkt ständig neu. Der Güterverkehr ist (abgesehen von Zollpflichten) in der Regel weitgehend frei, beim Kapitalverkehr kann es Beschränkungen geben.
- Währungsunion:
  Mehrere Länder schließen sich zusammen, fixieren die Wechselkurse ihrer Währungen untereinander unwiderruflich bzw. führen eine gemeinsame Währung ein und übertragen die Geldpolitik einer supranationalen Zentralbank. Güter- und Kapitaltransaktionen sind in der Währungsunion in der Regel ohne Beschränkungen möglich.

Die europäischen Staaten haben nach dem Zweiten Weltkrieg alle vier Optionen erprobt – sowohl intern, also zwischen den europäischen Währungen, als auch extern, also im Verhältnis beispielsweise zum US-Dollar. Derzeit zwanzig von ihnen sind als Mitglieder der europäischen Währungsunion Teil des womöglich größten Experimentes in der Geschichte des Geldes: 80 Jahre nach Ende des Zweiten Weltkries und 75 Jahre nach Jacques Rueffs eingangs zitierter Vision bezahlen 350 Mio. Europäer mit einer gemeinsamen Währung, dem Euro.

2 Vorgeschichte: Der lange Weg zum Euro (1945–1989)

2.1 Neustart nach dem Krieg: Bilateralismus, Europäische Zahlungsunion und Römische Verträge

2.1.1 Die Jahre des Bilateralismus

Heutzutage sind die meisten Währungen der Welt konvertibel. Sie können auf dem Devisenmarkt erworben und veräußert werden. Zudem existieren international agierende Finanzdienstleister mit einer breiten Angebotspalette sowie eine grenzüberschreitende Zahlungsverkehrsinfrastruktur. Den Importeuren und Exporteuren, Touristen und Geschäftsreisenden sowie internationalen Kapitalanlegern fällt es entsprechend leicht, Waren, Dienstleistungen und Investitionsobjekte zu bezahlen.

Dar. 11: Die Vorgeschichte des Euro im zeitlichen Überblick

2.1 Neustart nach dem Krieg

Von einem solchen währungspolitischen Zustand war Europa direkt nach dem Zweiten Weltkrieg weit entfernt. Einen Devisenmarkt im heutigen Sinne gab es ebenso wenig wie weltweit verflochtene Geschäftsbanken. Stattdessen herrschte Devisenbewirtschaftung: Grenzüberschreitende Transaktionen waren streng reguliert und in der Regel genehmigungspflichtig. Zwischen den Währungen waren feste Wechselkurse (Paritäten oder Leitkurse) international vereinbart und den Importeuren bzw. Exporteuren administrativ vorgeben. Devisengeschäfte zur Bezahlung internationaler Warenlieferungen mussten über die Notenbanken derjenigen Länder abgewickelt werden, in denen der Importeur und der Exporteur ihren Geschäftssitz hatten.

Darstellung 12 zeigt dies anhand der deutsch-belgischen Handelsbeziehungen beispielhaft. Im Zentrum steht die Vereinbarung zwischen der Deutschen Bundesbank und der Belgischen Nationalbank, sich gegenseitig die jeweils eigene Währung zur Verfügung zu stellen (1). Belgische Unternehmen, die deutsche Produkte importieren wollten, brauchten dazu Deutsche Mark (DM). Aufgrund der Devisenbewirtschaftung konnten sie diese nur bei der Belgischen Nationalbank bekommen. Analog mussten sich deutsche Unternehmen an die Bundesbank wenden, wenn sie belgische Franc (BEF) benötigten, um Importprodukte aus Belgien zu bezahlen (2). Die belgischen bzw. deutschen Importeure konnten die importierten Waren anschließend mit Deutscher Mark bzw. belgischen Francs bezahlen (3).

Dar. 12: Beispiel für Handels- und Währungsaustausch in der Zeit des Bilateralismus

Solange sich die deutschen und belgischen Importe bzw. Exporte wertmäßig ausglichen, war dieses Arrangement zwar administrativ aufwendig, aber grundsätzlich praktikabel. Umgerechnet zum gültigen Wechselkurs kosteten die Waren, die Deutschland nach Belgien lieferte, genauso viel wie die belgischen Waren, die in Gegenrichtung verkauft wurden. Deutsche Bundesbank und Belgische Nationalbank tauschten in dieser Konstellation DM- bzw. BEF-Volumina aus, die sich ebenfalls wertmäßig ausglichen.

Komplizierter wurde es im Falle von Leistungsbilanzungleichgewichten, wenn also die Exporte eines Landes höher waren als die des anderen. Wenn der Wert der deutschen Exporte nach Belgien denjenigen der belgischen nach Deutschland überstieg, mussten wertmäßig mehr DM von der Bundesbank zur Belgischen Nationalbank fließen als belgische Franc von der belgischen Nationalbank zur Bundesbank. Die belgische Nationalbank baute in Höhe des belgischen Leistungsbilanzdefizites eine Verbindlichkeit bei der Bundesbank auf; analog verbuchte die Bundesbank eine Kreditforderung gegen die Belgische Nationalbank in Höhe des deutschen Leistungsbilanzüberschusses.

Eine solche Konstellation konnte in den Jahren nach 1945 grundsätzlich zwischen allen Handelspartnern auftreten. Die Rechtsgrundlage dafür stellten mehr als 200 Vereinbarungen dar, welche die (west-)europäischen Staaten jeweils bilateral miteinander und auch mit außereuropäischen Staaten abgeschlossen hatten. Diese Phase der wirtschaftlichen Beziehungen wird daher als Bilateralismus bezeichnet. In den bilateralen Vereinbarungen räumten sich immer zwei Länder (bzw. die Notenbanken dieser beiden Länder) gegenseitig beschränkte Kreditlinien ein. Das bedeutet: Sie waren bereit, ihre eigene Währung bis zu einem bestimmten Höchstbetrag an die Zentralbanken ihrer Handelspartner zu verleihen. Diese Zentralbanken leiteten die Devisen dann an die Importeure in ihrem Land weiter, die damit ihre Rechnungen bezahlen konnten. Im Rahmen dieser Kreditlinien saldierten die beiden beteiligten Zentralbanken bilateral die Forderungen und Verbindlichkeiten aus dem Außenhandel. Dabei galt der international vereinbarte Wechselkurs.

Überstiegen die Importbedürfnisse eines Landes dessen Kreditlinie gegenüber einem anderen Land, musste die Differenz in Dollar oder Gold beglichen werden. Dies wollte man vermeiden, um die in dieser Zeit ohnehin chronisch knappen Devisenreserven[4] zu schonen. Als Ausweg blieb nur die Beschränkung der Importe durch Importquoten und Zölle. Verbindlichkeiten gegenüber dem Ausland sollten im Idealfall erst gar nicht entstehen.

Für unser Beispiel bedeutet das (▶ Dar. 13): Bundesbank und Belgische Nationalbank könnten sich gegenseitig eine Kreditlinie in Höhe von 20 Mio. DM bzw. 238 Mio. BEF eingeräumt haben.[5] Hatten die deutschen Exporte in einem Zeit-

---

4   Bei den Devisenreserven (auch: Währungsreserven) handelt es sich um den Bestand an international akzeptierten Zahlungsmitteln, den eine Zentralbank hält (vor allem Gold und Dollar).
5   Der Wechselkurs war 1 DM = 11,9 BEF.

raum (beispielsweise ein Quartal) einen Wert von 70 Mio. DM und die belgischen Exporte einen von 476 Mio. BEF, ergab sich zum damaligen Wechselkurs ein deutscher Exportüberschuss von 30 Mio. DM (bzw. 357 Mio. BEF). Dies war der Saldo der Kreditbeziehung zwischen Bundesbank und Belgischer Nationalbank. Da der Saldo die gegenseitig vereinbarte Kreditlinie um 10 Mio. DM überstieg, musste die belgische Nationalbank der Bundesbank in diesem Umfang Gold und/ oder Dollar liefern. Außerdem entstand eine Kreditforderung der Bundesbank gegenüber der belgischen Nationalbank in Höhe von 20 Mio. DM. Um ein weiteres Abschmelzen ihrer Währungsreserven zu verhindern, hätte die belgische Regierung in einer solchen Situation möglicherweise durch Zölle auf deutsche Produkte versucht, die belgischen Importe aus Deutschland und damit das belgische Leistungsbilanzdefizit so weit zu senken, dass die Devisenreserven der belgischen Nationalbank künftig nicht mehr in Anspruch genommen würden.

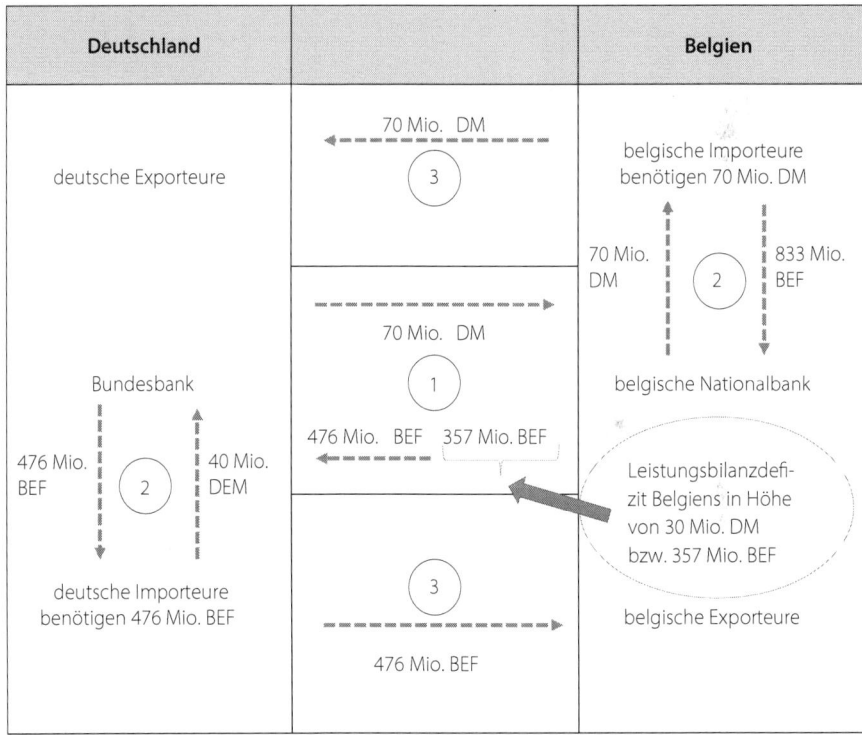

Dar. 13: Finanzierung eines Leistungsbilanzdefizits in der Zeit des Bilateralismus (Wechselkurs 1 DM = 11,9 BEF)

Für die Zahlungsbilanzen von Deutschland und Belgien ergibt sich Folgendes: Das belgische Leistungsbilanzdefizit in Höhe von 357 Mio. BEF bzw. 30 Mio. DM führt im Rahmen der vereinbarten Kreditlinie zu einer Verbindlichkeit der belgischen Nationalbank gegenüber der Bundesbank in Höhe von 238 Mio. BEF bzw. 20 Mio. DM. Die die Kreditlinie übersteigenden 119 Mio. BEF bzw. 10 Mio. DM müssen in Gold und/oder Dollar beglichen werden und führen zu einer Abnahme der belgischen bzw. Zunahme der deutschen Devisenreserven in entsprechender Höhe. Dies wird in der Bilanz der Devisenreserven verbucht (▶ Dar. 14).

Dar. 14: Beispielhafte Zahlungsbilanzen von Deutschland und Belgien im Bilateralismus

ZAHLUNGSBILANZ DEUTSCHLAND		ZAHLUNGSBILANZ BELGIEN	
LEISTUNGSBILANZ		LEISTUNGSBILANZ	
Exporte	Importe	Exporte	Importe
70 Mio. DM	40 Mio. DM	476 Mio. BEF	833 Mio. BEF
KAPITALBILANZ		KAPITALBILANZ	
Zunahme der Verbindlichkeiten	Zunahme der Forderungen	Zunahme der Verbindlichkeiten	Zunahme der Forderungen
	20 Mio. DM	238 Mio. BEF	
BILANZ DER DEVISENRESERVEN		BILANZ DER DEVISENRESERVEN	
Abnahme	Zunahme	Abnahme	Zunahme
	10 Mio. DM	119 Mio. BEF	
SUMME: 70 Mio. DM	*SUMME:* 70 Mio. DM	*SUMME:* 833 Mio. BEF	*SUMME:* 833 Mio. BEF

Mit der Ergänzung der Bilanz der Devisenreserven sind unsere stilisierten Beispiel-Zahlungsbilanzen vollständig. Sie stellen nun die wesentlichen Zusammenhänge zwischen der Leistungsbilanz auf der einen sowie der Kapitalbilanz und der Bilanz der Devisenreserven auf der anderen Seite dar. Der deutsche Leistungsbilanzüberschuss führt zum Aufbau von Auslandsvermögen, hier in der Form von Kreditforderungen gegenüber der belgischen Nationalbank und zu zusätzlichen Währungsreserven. Das belgische Leistungsbilanzdefizit muss finanziert werden, denn Belgien erhält ja wertmäßig mehr deutsche Güter als es belgische nach Deutschland liefert. Dafür verschuldet sich Belgien gegenüber Deutschland und gibt außerdem einen Teil seiner Währungsreserven ab.

Hier offenbart sich ein zentraler Zusammenhang der internationalen Makroökonomik: Überschussländer bauen Auslandsvermögen auf, Defizitländer verschulden sich im Ausland und bauen Auslandsvermögen (hier: Devisenreserven) ab.

In der Realität sind die wirtschaftlichen Transaktionen zwischen Inland und Ausland vielfältiger und werden gemäß Darstellung 15 in der Zahlungsbilanz eines Landes erfasst.

Dar. 15: Die Zahlungsbilanz mit ihren Teilbilanzen

ZAHLUNGSBILANZ	
LEISTUNGSBILANZ	
Warenexporte	Warenimporte
Dienstleistungsexporte	Dienstleistungsimporte
Vom Ausland empfangene Primäreinkommen (Erwerbs- und Vermögenseinkommen)	An das Ausland gezahlte Primäreinkommen (Erwerbs- und Vermögenseinkommen)
Vom Ausland empfangene Sekundäreinkommen	An das Ausland gezahlte Sekundäreinkommen
KAPITALBILANZ (inkl. Vermögensänderungsbilanz)	
Zunahme der Verbindlichkeiten	Zunahme der Forderungen
Vermögensübertragungen aus dem Ausland	Vermögensübertragungen an das Ausland
Verkauf inländischer Vermögenswerte an Ausländer (»Nichtgebietsansässige«)	Ankauf ausländischer Vermögenswerte durch Inländer (»Gebietsansässige«)
BILANZ DER DEVISENRESERVEN	
Abnahme der Devisenreserven	Zunahme der Devisenreserven
SUMME	*SUMME*

Die Leistungsbilanz wird untergliedert in die Handelsbilanz (Warentransaktionen), die Dienstleistungsbilanz (Bilanz der grenzüberschreitenden Käufe und Verkäufe von Dienstleistungen, u. a. Tourismusdienstleistungen), die Bilanz der Primäreinkommen (grenzüberschreitende Erwerbs- und Vermögenseinkommen, z. B. im Ausland erzielte Löhne oder Zinsen) sowie die Bilanz der Sekundäreinkommen. Bei Letzteren handelt es sich um grenzüberschreitende Zahlungen ohne direkte Gegenleistung des anderen Landes. Beispiele dafür sind Überweisungen von Gastarbeitern in ihre Herkunftsländer, laufende Zahlungen der Entwicklungshilfe oder auch Zahlungen an internationale Organisationen. Wegen der quantitativ großen Bedeutung der Handelsbilanz innerhalb der Leistungsbilanz werden die Begriffe Leistungsbilanz und Handelsbilanz oft synonym verwendet. Das kann zu gravierenden Fehleinschätzungen führen. Denn es ist durchaus möglich, dass ein Land mit einem Handelsbilanzdefizit in den drei anderen Teilbilanzen der Leistungsbilanz derart hohe Überschüsse generiert, dass die Leistungsbilanz insgesamt ebenfalls einen positiven Saldo aufweist.

In der Kapitalbilanz werden neben der Zu- bzw. Abnahme grenzüberschreitender Forderungen und Verbindlichkeiten und dem grenzüberschreitenden An- und Verkauf von Vermögenswerten auch die sog. Vermögensübertragungen verbucht. Dabei handelt es sich um einmalige Veränderungen der grenzüberschreitenden Vermögensposition ohne direkte Gegenleistung wie z. B. Erbschaften oder Schuldenerlasse im Rahmen der Entwicklungszusammenarbeit.

Anders als ihr Name vermuten lässt sind die Zahlungsbilanz und ihre Teilbilanzen keine Bilanzen im Sinne einer Gegenüberstellung des Bestandes an Vermögen und Kapital zu einem Zeitpunkt (z. B. Monats-, Quartals- oder-Jahresende). Vielmehr wird die Zahlungsbilanz zeitraumbezogen (z. B. Monat, Quartal oder Jahr) geführt und erfasst Stromgrößen.

2.1.2 Die Europäische Zahlungsunion

Je mehr sich die europäischen Volkswirtschaften von den Folgen des Krieges erholten und je mehr Handel sie daher wieder miteinander trieben, desto störender wirkte die bilaterale Abwicklung von Zahlungen über die beiden jeweils beteiligten Notenbanken. Die Konvertibilität der Währungen, also ihre Handelbarkeit auf dem Devisenmarkt, und die Freiheit des Handels mussten dringend wiederhergestellt werden und sollten mindestens das Niveau der Zwischenkriegszeit erreichen. Diesem Ziel diente die Europäische Zahlungsunion (EZU), die 1950 unter dem Dach der Organisation für wirtschaftliche Zusammenarbeit in Europa (OEEC, Organisation for European Economic Cooperation) eingerichtet wurde. Die technische Abwicklung übernahm die Bank für Internationalen Zahlungsausgleich in Basel (BIZ). Den Kern der EZU waren bilaterale Kredite zwischen den beteiligten Zentralbanken, die einmal monatlich saldiert und durch die BIZ multilateral verrechnet wurden. Der Saldenausgleich jedes Landes musste damit nicht mehr gegenüber einer zweistelligen Zahl Handelspartnern stattfinden, sondern nur gegenüber der EZU.

Dar. 16: Ausgleich bilateraler Salden durch die EZU (Leistungsbilanzsalden umgerechnet in Mio. $)

	Frankreich	Deutschland	Italien	Saldierung durch EZU
Frankreich		−20	+10	−10
Deutschland	+20		−10	10
Italien	−10	+10		0

Darstellung 16 gibt die Funktionsweise der EZU am Beispiel dreier Länder wider. Deutschland habe gegenüber Frankreich einen Leistungsbilanzüberschuss von 20 Mio. $ und gegenüber Italien ein Leistungsbilanzdefizit von 10 Mio. $.[6] Frankreich habe gegenüber Italien einen Leistungsbilanzüberschuss von 10 Mio. $. Zu Zeiten des Bilateralismus hätte jedes Land seine Salden gegenüber allen anderen Ländern überwachen und – bei Überschreiten der Kreditlinie – teilweise in Devisenreserven ausgleichen müssen. Die EZU vereinfachte die Handels- und Währungsbeziehungen erheblich, indem sie alle bilateralen Salden saldierte, so dass für jedes Land nur noch ein Saldo übrigblieb, nämlich derjenige gegenüber der EZU.

---

6   Der US-Dollar übernimmt hier die Funktion der internationalen Recheneinheit. Dazu werden die bilateralen Forderungen und Verbindlichkeiten zwischen den Notenbanken zu den international vereinbarten Dollar-Kursen umgerechnet.

Ein Teil der Defizitsalden gegenüber der EZU wurde als Kredit gewährt, der Rest musste in Gold oder Dollar ausgeglichen werden. Je höher die Defizite, desto höher der Anteil, der mit Devisenreserven auszugleichen war.

Verbuchte ein Land dauerhaft hohe Außenhandelsdefizite, importierte also dauerhaft deutlich mehr als es exportierte, drohten ihm früher oder später seine Devisenreserven auszugehen. Man spricht hier von strukturellen Zahlungsbilanzproblemen. In diesem Fall gab es die Option, die Leitkurse (also die offiziellen Wechselkurse der Währung des jeweiligen Landes gegenüber einzelnen oder allen EZU-Währungen) anzupassen. Ziel einer solchen Wechselkursanpassung ist es, durch Abwertung der Währung des Landes mit den strukturellen Zahlungsbilanzproblemen dessen Exporte zu verbilligen. Dazu ein vereinfachtes Beispiel: Nehmen wir an, Frankreich möchte sein Leistungsbilanzdefizit gegenüber Deutschland (20 Mio. USD) reduzieren. Dazu stellt Frankreich den Antrag, den DM-Preis eines Francs von 0,8336 DM auf 0,75 DM zu senken. Ein französisches Produkt mit einem Preis von 100 FF wird dadurch für deutsche Käufer günstiger. Sein DM-Preis sinkt von 83,36 DM auf 75 DM. Gleichzeitig wird es für Franzosen teurer, deutsche Produkte zu kaufen. Ein deutsches Produkt mit einem Preis von 100 DM kostet nach der Wechselkursanpassung nicht mehr 119,96 FF, sondern 133,33 FF. Im einfachsten Fall bewirkt die Paritätsänderung, dass die französischen Exporte steigen, während die Importe des Landes sinken. Das Leistungsbilanzdefizit nimmt ab.

Wollte ein Defizitland sowohl eine Abwertung der Währung als auch das Abschmelzen seiner Währungsreserven verhindern, konnte es die Importe durch direkte politische Eingriffe beschränken. Hierfür kamen entweder Importzölle oder direkte Mengenbeschränkungen in Frage. Importzölle machen als Steuer auf importierte Güter deren Kauf unattraktiver; direkte Mengenbeschränkungen setzen eine bestimmte Anzahl von Mengeneinheiten fest, die jährlich von einem bestimmten Gut importiert werden dürfen. Auch wäre es möglich gewesen, dass die Zentralbank des Defizitlandes Devisengeschäfte verweigert oder erschwert, sobald diese zur Ausweitung des Handelsdefizites beitragen. Importeure hätten dann also keine Devisen mehr (zumindest in der von ihnen gewünschten Menge) bekommen, was die Importe und damit das Leistungsbilanzdefizit begrenzt oder möglicherweise sogar gesenkt hätte.

Maßnahmen dieser Art beeinträchtigten allerdings die internationalen Handelsbeziehungen. Damit standen sie im diametralen Gegensatz zu dem erklärten Ziel einiger westeuropäischer Regierungen, dass ihre Länder ökonomisch und politisch zusammenwachsen sollten. Der Prozess des Zusammenwachsens im Sinne einer Europäisierung der nationalen Volkswirtschaften erreichte mit den Römischen Verträgen einen ersten Höhepunkt.

2.1.3 Die Römischen Verträge

Der Weg zur heutigen Europäischen Union begann mit der Europäischen Gemeinschaft für Kohle und Stahl (1951, ▶ Dar. 17). Die Römischen Verträge von 1957 konstituierten dann die Europäische Atomgemeinschaft (EURATOM) und insbesondere die Europäischen Wirtschaftsgemeinschaft (EWG). Beide nahmen am 1.1.1958 ihre Tätigkeit auf. Daraus entstanden 1967 die Europäischen Gemeinschaften (EG) und 1993 die Europäische Union (EU). Die sechs Gründungsmitglieder (Belgien, Deutschland, Frankreich, Italien, Luxemburg, Niederlande) verfolgten mit der EWG das Ziel, einen gemeinsamen Markt mit freiem Waren-, Dienstleistungs-, Personen- sowie Kapitalverkehr zu etablieren. Später strebten sie zudem eine Gemeinsame Agrarpolitik (GAP) an. Im Zusammenhang damit sollte eine Zollunion entstehen, die sich durch gemeinsame Zölle gegenüber Drittländern und den weitgehenden Wegfall der Beschränkungen des Handels zwischen den EWG-Staaten auszeichnen würde. Für die Umsetzung der Vorhaben hatte man sich zwölf Jahre Zeit gegeben, sie sollte also 1970 abgeschlossen sein.

Diesen für die damalige Zeit ambitionierten wirtschafts- und handelspolitischen Zielen steht eine auffallende Zurückhaltung in der Währungspolitik gegenüber. In den Römischen Verträgen, die die Europäische Wirtschaftsgemeinschaft konstituieren, heißt es lapidar in Absatz 1 von Artikel 107: »Jeder Mitgliedstaat behandelt seine Politik auf dem Gebiet der Wechselkurse als eine Angelegenheit von gemeinsamem Interesse.« Zuvor hatte Artikel 104 die Sicherung des Vertrauens in die Währung zu einer nationalen Aufgabe erklärt: »Jeder Mitgliedstaat betreibt die Wirtschaftspolitik, die erforderlich ist, um unter Wahrung eines hohen Beschäftigungsstands und eines stabilen Preisniveaus das Gleichgewicht seiner Gesamtzahlungsbilanz zu sichern und das Vertrauen in seine Währung aufrechtzuerhalten.«

Das Spannungsfeld zwischen der Wechselkursentwicklung als einer Angelegenheit von gemeinsamem Interesse und der nationalen Zuständigkeit für die Geld- und Währungspolitik fand seinen institutionellen Niederschlag im Beratenden Währungsausschuss gemäß Art. 105(2). Dessen Kompetenzen gingen über die Rolle eines Beobachters des Währungs-, Finanz- und Zahlungsverkehrswesens kaum hinaus. Das Gleiche gilt für den Ausschuss der Präsidenten der Zentralbanken der Mitgliedstaaten der Europäischen Wirtschaftsgemeinschaft (Gouverneursausschuss). Er wurde 1964 eingerichtet. Seine Aufgabe war es, die Zusammenarbeit der nationalen Notenbanken durch Konsultationen und einen regelmäßigen Informationsaustausch zu fördern.

Die Bedeutung der Währungspolitik für das Zusammenwachsen Europas war in den 1950er- und 1960er-Jahre also durchaus bekannt; über die Behebung praktischer Probleme in Sachen Zahlungsverkehr und Konvertibilität hinaus gab es jedoch keine nennenswerten Schritte hin zu einer monetären Integration der sechs EWG-Gründungsmitglieder. Diese schienen auch (zunächst) nicht nötig, denn die Zeit von Ende der 1950er- bis Mitte/Ende der 1960er-Jahre waren geprägt von einem stabilen makroökonomischen Umfeld mit niedriger Inflation und Arbeitslosigkeit sowie relativer Wechselkursstabilität im Bretton-Woods-Umfeld.

Dar. 17: Der Weg zu einem vereinten Europa

1951	Europäische Gemeinschaft für Kohle und Stahl (Montanunion)
1957	Europäische Atomgemeinschaft, Europäische Wirtschaftsgemeinschaft (EWG) Mitglieder: Belgien, Deutschland, Frankreich, Italien, Luxemburg, Niederlande
1967	Vereinigung der drei Gemeinschaften zu den Europäischen Gemeinschaften (EG)
1973	Erweiterung um Dänemark, Großbritannien und Irland
1981	Beitritt Griechenlands
1986	Beitritt Spaniens und Portugals
1992	Maastrichter Vertrag
1993	Europäischer Binnenmarkt Die EG werden zur Europäischen Union (EU)
1995	Erweiterung um Finnland, Österreich, Schweden
1999	Währungsunion
2003	Osterweiterung: Estland, Lettland, Litauen, Malta, Polen, Slowenien, Slowakei, Tschechische Republik, Ungarn, Zypern treten bei
2007	Beitritt Rumäniens und Bulgariens
2013	Beitritt Kroatiens
2020	Brexit

2.2 Westeuropas Währungen im Bretton-Woods-Zeitalter

2.2.1 Der Gold-Dollar-Standard im Überblick

Bis Anfang der 1970er-Jahre prägten fixe Wechselkurse im Rahmen des Bretton-Woods-Systems die Devisenmärkte der Welt. Fixe Wechselkurse sollen Importeuren, Exporteuren, Kapitalanlegern sowie Politikern Planungssicherheit geben, indem eine wesentliche makroökonomische Größe als im Grundsatz unveränderbar gesetzt wird. Die Fixierung kann entweder per administrativer Festsetzung oder mittels Devisenmarktinterventionen erfolgen. In den ersten Jahren nach dem Zweiten Weltkrieg, als es noch keinen entwickelten Devisenmarkt im heutigen Sinne gab, setzten die Staaten bilaterale Leitkurse administrativ fest, zu denen (nahezu) alle Devisengeschäfte über die beiden beteiligten Zentralbanken abgewickelt wurden (▶ Kap. 2.1.1). Alternativ können die Zentralbanken, wenn die Devisenbewirtschaftung aufgehoben ist und ein Devisenmarkt existiert, das Angebot und die Nachfrage am Devisenmarkt durch gezielte Käufe bzw. Verkäufe (Interventionen) so beeinflussen, dass die Wechselkurse sich nicht (zu weit) vom gewünschten Niveau (Leitkurs, Parität) entfernten. Die Währungen sind untereinander konvertibel, aber zu politisch vorgegebenen Wechselkursen.

Genau so funktionierte auch die Wechselkursfixierung im Bretton-Woods-System. Die 1944 in dem US-amerikanischen Städtchen Bretton Woods (New Hampshire) ausgehandelte Rahmenordnung der internationalen Wirtschaftsbeziehungen sah für den Westen einen möglichst freien Güterhandel vor. Die Mangelwirtschaft der Nachkriegsjahre sollte ebenso wie die ökonomischen Konflikte der Zwischenkriegszeit der Vergangenheit angehören. Für die Währungsbeziehungen in Europa bedeutete dies, dass an die Stelle der Devisenbewirtschaftung, die in der zweiten Hälfte der 1940er- und Anfang der 1950er-Jahre galt, eine neue Ordnung für den internationalen Austausch von Währungen treten würde. Der immer freiere weltweite Devisenmarkt ersetzte Schritt für Schritt den vorher von den Zentralbanken verwalteten Währungsaustausch mit seinen administrativ fixierten Wechselkursen. Nicht mehr Kontrolle und Zwang, sondern die Selbstbindung der Staaten innerhalb eines supranationalen Rahmenwerks bestimmte die Bedingungen der monetären Beziehungen zwischen den Ländern.

Die Liberalisierung der Währungsbeziehungen galt dabei zunächst in erster Linie für Leistungsbilanztransaktionen, also im Wesentlichen den grenzüberschreitenden Handel mit Waren und Dienstleistungen. Insbesondere der Waren- und Dienstleistungsverkehr sollte nämlich durch feste Wechselkurse gefördert werden. Kapitalbilanztransaktionen, also der internationale Austausch von Eigentum an Vermögenswerten (Wertpapiere, Immobilien etc.) standen nicht im Mittelpunkt und konnten weiter mittels staatlicher Maßnahmen beschränkt werden. Das spiegelt den damaligen Blick auf die Weltwirtschaft wider: Man wollte einen möglichst freien Handel und dabei planbare Währungsrelationen. Eine Finanzglobalisierung, wie wir sie heute kennen, erschien den meisten damals hingegen unvorstellbar.

Dar. 18: Institutioneller Aufbau, Ziele und Basis des Bretton-Woods-Systems

Institutioneller Aufbau des Währungssystems von Bretton Woods		
Internationaler Währungsfonds (IWF)	Golddeckung des US-Dollar (Einlösepflicht der Federal Reserve zu $ 35 je Feinunze)	Fixe Wechselkurse der Partnerwährungen gegenüber dem Dollar
Ziel: Stabile Rahmenbedingungen für den globalen Güterhandel		
Basis: Währungskonvertibilität für Leistungsbilanztransaktionen		

Das Bretton-Woods-System war indes mehr als ein System fester Wechselkurse. Als internationaler Gold-Dollar-Standard ruhte es auf drei Säulen (▶ Dar. 18).

1. Der Internationale Währungsfonds (IWF) bildete als supranationale Organisation das organisatorische Rückgrat des Bretton-Woods-Systems. Er sollte das Funktionieren des Gold-Dollar-Mechanismus überwachen sowie die Zahlungsbilanzsituation der Mitgliedsländer analysieren.
2. Die US-Notenbank Federal Reserve (»Fed«) garantierte den anderen Zentralbanken im System die Einlösung von Dollar in Gold zu einem Preis von 35 Dollar je Feinunze. Ihre Aufgabe war es auch, den Goldpreis durch Goldan- und -verkäufe bei 35 Dollar je Feinunze zu halten. Damit war jede Währung indirekt auch mit

Gold gedeckt. Denn man konnte sie zu einem fixen Kurs gegen Dollar tauschen, welche man wiederum zu 35 US-Dollar je Feinunze gegen Gold tauschen konnte.
3. Die Wechselkurse der wichtigsten Währungen waren spätestens seit 1958 gegenüber dem Dollar fixiert. Jede Währung hatte einen bilateralen Leitkurs (»Parität«) zum Dollar. Der tatsächliche Kurs durfte nach oben und unten nicht mehr als ein Prozent vom Leitkurs abweichen. Die Zentralbanken im System mussten den Wechselkurs ihrer jeweiligen Währung gegenüber dem US-Dollar in dieser Bandbreite halten. Die US-Notenbank Federal Reserve war nicht zur Verteidigung des Dollar-Kurses verpflichtet. Änderungen der bilateralen Dollarleitkurse mussten multilateral – also mit dem IWF und den anderen Teilnehmerstaaten – abgestimmt sein. Voraussetzung dafür war die Feststellung eines »fundamentalen Zahlungsbilanzungleichgewichtes« für das Land, welches den Antrag auf Paritätsänderung stellen wollte. Sein Leistungsbilanzsaldo musste dauerhaft deutlich positiv oder negativ sein.

Lag ein solches fundamentales Zahlungsbilanzungleichgewicht[7] vor, gab es grundsätzlich zwei Möglichkeiten: Entweder erging an das betreffende Land die dringende Empfehlung, die Ursachen des außenwirtschaftlichen Ungleichgewichtes mit wirtschaftspolitischen Mitteln anzugehen. So konnte von einem Defizitland beispielsweise verlangt werden, die Wettbewerbsfähigkeit seiner Exportindustrie zu steigern (z. B. durch Steuersenkungen und Bürokratieabbau), um so das Leistungsbilanzdefizit zu reduzieren. Die Umsetzung eines entsprechenden Maßnahmenkataloges konnte Bedingung für einen IWF-Hilfskredit sein (»Konditionalität« der Hilfskreditvergabe). Oder – das wäre die zweite Möglichkeit – eine Anpassung des Dollar-Leitkurses der Währung des Landes mit dem strukturellen Zahlungsbilanzungleichgewicht wurde eingeleitet. Bei einem Überschussland wurde die Währung aufgewertet, um dessen Exporte zu senken und Importe zu steigern. Handelte es sich um ein Defizitland, wurde die Währung entsprechend abgewertet, um die gegenteiligen Auswirkungen auf Ex- und Importe zu erreichen.

2.2.2 Wie erreicht man fixe Wechselkurse?

Die ökonomischen Mechanismen, auf denen das Bretton-Woods-System basierte, werden im Folgenden Schritt für Schritt erläutert. Im Zentrum steht dabei die Frage, wie eine politisch gewollte Fixierung von Wechselkursen auf freien Devisenmärkten mit konvertiblen Währungen möglich ist.

---

7   Streng genommen stellt der Begriff Zahlungsbilanzungleichgewicht ein Oxymoron dar, weil die Zahlungsbilanz definitionsgemäß immer ausgeglichen ist. Gemeint ist hier ein positiver oder negativer Leistungsbilanzsaldo, der durch einen Saldo der Kapitalbilanz bzw. der Bilanz der Devisenreserven mit entgegengesetztem Vorzeichen ausgeglichen wird.

2 Vorgeschichte: Der lange Weg zum Euro (1945–1989)

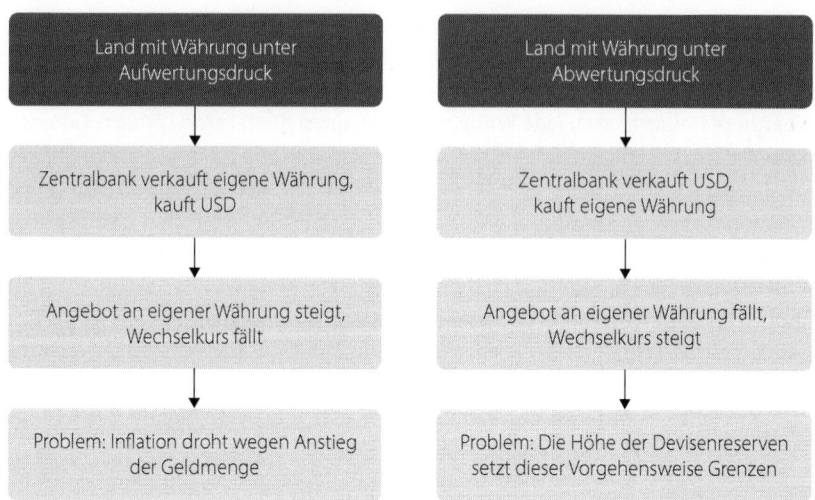

Dar. 19: Devisenmarktinterventionen im Bretton-Woods-System

Dazu ein Beispiel: Der Leitkurs (bzw. die Parität) zwischen dem US-Dollar und der D-Mark war in der Nachkriegszeit 1 $ = 4,20 DM (bzw. 1 DM = 0,2381 $). Ende der 1950er-Jahre fragten die Amerikaner verstärkt D-Mark nach, weil Deutschland attraktive Produkte herstellte und/ oder für sie ein attraktiver Investitionsstandort war. Die Amerikaner benötigten also D-Mark, um deutsche Produkte zu importieren oder Vermögenswerte in Deutschland (Immobilien, Aktien etc.) kaufen zu können. Diese verstärkte Nachfrage übte einen Aufwertungsdruck auf den D-Mark-Wechselkurs aus. Um die attraktiven Produkte bzw. Vermögenswerte aus Deutschland kaufen zu können, wären die Amerikaner bereit gewesen, beispielsweise 0,25 (statt 0,2381) Dollar für eine D-Mark zu zahlen. Die D-Mark wäre also aufgewertet, der Dollar abgewertet. Als neuer Kurs hätte sich dann 1 $ = 4 DM eingestellt. Im Bretton-Woods-System war es nun die Aufgabe der Bundesbank, dies zu verhindern. Sie musste am Devisenmarkt D-Mark zum fixierten Wechselkurs von nur 1 DM = 0,2381 $ anbieten und so die gestiegene D-Mark-Nachfrage der Amerikaner befriedigen. Das – aufgrund der Bundesbank-Interventionen – gestiegene Angebot an D-Mark ließ den Wechselkurs bei 1 DM = 0,2381 $ bzw. 1 $ = 4,20 DM verharren.

Dar. 20: Kernelemente eines Systems fixer Wechselkurse

	Beschreibung	Bretton-Woods-Regelung
Parität/ Leitkurs	politisch gewolltes fixes Austauschverhältnis zwischen zwei Währungen	Dollar-Wechselkurse für die Währungen der Teilnehmerländer
Bandbreite	Bereich, in dem der Wechselkurs nach oben und unten von der Parität abweichen darf	+/– 1 %

Dar. 20: Kernelemente eines Systems fixer Wechselkurse – Fortsetzung

	Beschreibung	Bretton-Woods-Regelung
Interventionsverpflichtung	• asymmetrisch: auf eines der beiden Länder beschränkte Verpflichtung, durch An- und Verkauf der beiden Währungen den fixen Wechselkurs zu sichern • symmetrisch: Verpflichtung beider Länder, durch An- und Verkauf der beiden Währungen den fixen Wechselkurs zu sichern	Asymmetrisch: keine Interventionsverpflichtung für die Federal Reserve, sondern nur für die jeweilige Notenbank des IWF-Mitgliedslandes
Regeln für Paritätsanpassung	Bedingungen, unter denen die Parität geändert werden kann (Stufenflexibilität)	Multilateral (in Abstimmung mit dem IWF und den Mitgliedsländern)
Beistandssystem	Unterstützung von Ländern, die den Wechselkurs einer abwertungsbedrohten Währung durch Verkauf von Fremdwährung verteidigen müssen und mit der Endlichkeit ihrer Devisenreserven konfrontiert sind; erfolgt in der Regel über Kredite.	IWF-Kredite möglich, Konditionalität (z. B. strukturpolitische Maßnahmen als Auflage)

Ist, wie in diesem Beispiel, nur eine der beiden beteiligten Zentralbanken zu Interventionen verpflichtet, handelt es sich um ein asymmetrisches Fixkurssystem. Das Bretton-Woods-System war explizit asymmetrisch. Nicht die Federal Reserve, sondern einzig die jeweilige andere Zentralbank war zu Interventionen verpflichtet, wenn sich der Kurs einer Währung zu weit (= über die Bandbreite[8] von +1%/-1% hinaus) von seiner Parität entfernte.

In unserem Beispiel kann die Bundesbank theoretisch unbegrenzt intervenieren, weil sie die für ihre Interventionen erforderliche Menge an D-Mark als Zentralbank selbst herstellen kann. Im Ergebnis steigt der Dollar-Bestand der Bundesbank, aber auch die umlaufende D-Mark-Menge. Letzteres kann zu Inflation führen. Hierbei handelt es sich um eine Form der sog. »importierten Inflation«.

Schwieriger ist die Fixierung eines Wechselkurses, wenn die betrachtete Währung unter Abwertungsdruck steht. Das wäre z.B. der Fall, wenn viele Franzosen amerikanische Güter und Vermögenswerte kaufen möchten. Damit würde das Angebot an französischen Franc und die Nachfrage nach Dollar auf dem Devisenmarkt stei-

---

8   Das Beispiel oben geht von einer Punktfixierung von 1$ = 4,20 DM aus. In der Realität war jedoch die genannte Abweichung von einem Prozent nach oben oder unten möglich.

gen, was ceteris paribus den Preis des Franc, also seinen Wechselkurs, unter den im Rahmen des Bretton-Woods-Systems festgelegten Wert fielen ließe. Um dies zu verhindern, war die Banque de France verpflichtet, die zusätzliche Dollar-Nachfrage zu befriedigen. Sie musste US-Dollar gegen französische Franc verkaufen. Das konnte sie jedoch nur so lange, wie sie über entsprechende Dollar-Bestände – also Währungsreserven – verfügt. Diese Variante der Wechselkursfixierung ist also nicht unbegrenzt möglich.

2.2.3 Die EWG-Währungen im Bretton-Woods-System

Wie Darstellung 21 zeigt, war die Wechselkursfixierung im Bretton-Woods-System für die EWG-Mitglieder auf den ersten Blick erfolgreich. Zwischen 1958 und 1970 gab es nur vereinzelte Leitkursänderungen. 1961 wurden der niederländische Gulden sowie die D-Mark aufgewertet, 1969 der Französische Franc ab- und die D-Mark ein weiteres Mal aufgewertet. Diese Wechselkursanpassungen waren innenpolitisch jeweils hoch umstritten und kamen erst nach langen Diskussionen zustande.

Dar. 21: Fixkurse der EWG-Währungen im Bretton-Woods-System (Währungseinheiten je US-Dollar)

	Deutsche Mark	Französischer Franc	niederländischer Gulden	belgischer Franc	italienische Lira
1958	4,20	4,9371	3,80	50	625
1961	4,0	4,9371	3,62	50	625
1969	3,67	5,55	3,62	50	625

Am Beispiel der beiden DM-Aufwertungen und der Franc-Abwertung soll das verdeutlicht werden. Im Zuge des »Wirtschaftswunders« war die Mark Ende der 1950er-Jahre zu einer interessanten Anlagewährung geworden, was erheblichen Aufwertungsdruck nach sich zog. Denn mit der steigenden Nachfrage nach deutschen Vermögensgegenständen ging eine steigende Nachfrage nach DM einher. Darauf konnte die Deutsche Bundesbank auf zweierlei Art und Weise reagieren: Erstens mit Devisenmarktinterventionen, hier: mit Dollar-Käufen. Das erhöhte das Angebot an D-Markt sowie die Nachfrage nach Dollar und wirkte so dem Aufwertungsdruck entgegen. Zweitens konnte die Bundesbank versuchen, das deutsche Zinsniveau zu dämpfen und so insbesondere zinstragende Anlageobjekte für Ausländer relativ unattraktiv zu machen. Beide Politikoptionen wirkten potenziell expansiv und preistreibend, waren also mit Inflationsgefahren verbunden.

Gegen die 1961 schließlich erfolgte DM-Aufwertung opponierten die Wirtschaftsverbände und – überraschenderweise – auch die Bundesbank. Die Industrie fürchtete negative Auswirkungen auf die preisliche Wettbewerbsfähigkeit der deutschen Exporte. Eine Aufwertung der DM bedeutete nämlich, dass ausländische Importeure mehr Einheiten ihrer eigenen Währung je DM aufbringen mussten. Bei einem gegebenen DM-Preis der deutschen Produkte müssten sie somit auch mehr Einheiten ihrer eigenen Währung aufwenden. Die Bundesbank hielt Paritätsanpassungen damals grundsätzlich nicht für ein geeignetes außenwirtschaftspolitisches Instrument – auch wenn sie die aus der Unterbewertung der D-Mark resultierenden Interventionsverpflichtungen sowie die damit einhergehenden Inflationsgefahren natürlich erkannte. Die Währungshüter der Deutschen Bundesbank in Frankfurt/Main plädierten für eine Steigerung der Wettbewerbsfähigkeit derjenigen Länder, aus denen Kapital in die Bundesrepublik floss. Hätten diese attraktivere Exportprodukte und Anlageobjekte, wäre das Problem geringer oder überhaupt nicht vorhanden, argumentierten sie.

Auch die Abwertung des Franc und die Aufwertung der D-Mark erfolgten erst 1969, also eine geraume Zeit, nachdem sich die zugrundeliegenden Probleme (mangelnde Wettbewerbsfähigkeit Frankreichs, Außenhandelsüberschüsse Deutschlands) zum ersten Mal manifestiert hatten. In Deutschland wehrten sich wiederum die Wirtschaftsverbände gegen die Aufwertung. In Frankreich wurde eine Abwertung als Gesichtsverlust empfunden. Die beiden Regierungen versuchten daher im November 1968 zunächst, das außenwirtschaftliche Gleichgewicht mit einer Kombination aus Kapitalverkehrskontrollen und Importförderung wiederherzustellen: Regulatorische Auflagen machten beispielsweise für deutsche Banken die Annahme ausländischer Anlagegelder unattraktiv; das sollte den Zustrom ausländischen Kapitals reduzieren. Gleichzeitig traten Änderungen des Steuerrechts in Kraft, die Importe nach Deutschland verbilligten und Exporte verteuerten. Im Ergebnis sank die Nachfrage nach D-Mark und damit der Aufwertungsdruck, wenn auch nur vorübergehend.

Die beiden Beispiele zeigen, welch hohe Bedeutung fixe Wechselkurse im Denken der damaligen Zeit hatten. Man verband mit ihnen monetäre Stabilität, während flexible Wechselkurse für die Instabilität vor dem Zweiten Weltkrieg verantwortlich gemacht wurden. Eine stabile Entwicklung des internationalen Handels ohne ein Festkurssystem konnten sich damals die wenigsten Akteure vorstellen. Das galt nicht zuletzt für die Mitglieder der EWG, deren Volkswirtschaften seit der Unterzeichnung der Römischen Verträge immer weiter zusammengewachsen waren. Hinzu kam, dass das Preissystem der gemeinsamen Agrarpolitik – einem der wichtigsten Politikfelder der EWG – für sein Funktionieren dringend auf verlässliche Wechselkursrelationen angewiesen war. Entsprechend lange zögerten die Regierungen Leitkursanpassungen hinaus.

2.2.4 Das Trilemma der Währungspolitik

Wir haben schon gesehen, dass langfristig die Fixierung der Wechselkurse im Überschussland zu Inflation führen und im Defizitland an einem Mangel an Devisenreserven scheitern kann.⁹ Außerdem kann im Defizitland die umlaufende inländische Geldmenge sinken mit der Folge inflationärer und rezessiver Tendenzen.

Dies führt uns zu einem Phänomen, das als »Trilemma der Währungspolitik« bezeichnet wird: Von den drei Zielen feste Wechselkurse, freier Kapitalverkehr und autonome Geldpolitik können immer nur zwei gleichzeitig erreicht werden. Im Bretton-Woods-Zeitalter hieß das: Die Teilnehmerstaaten mussten sich entscheiden, ob sie die geltenden festen Wechselkurse mit einem freien grenzüberschreitenden Kapitalverkehr oder einer eigenständigen nationalen Geldpolitik kombinieren wollten.

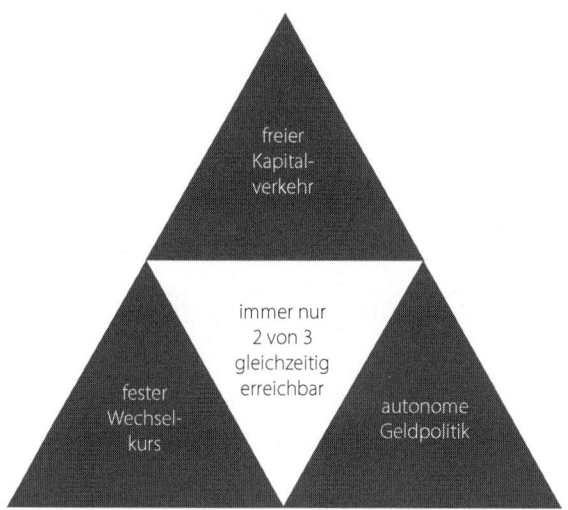

Dar. 22: Das Trilemma der Währungspolitik

Wie kann die Einschränkung des freien Kapitalverkehrs dazu beitragen, dass Länder sowohl ihren Wechselkurs fixieren als auch weiterhin die Geldmengenentwicklung kontrollieren können? Ansatzpunkt hierfür ist der kapitalmarktbezogene Teil des Angebotes an und der Nachfrage nach einheimischer Währung. Länder mit Währungen unter Aufwertungsdruck erhöhen das Angebot und senken die Nachfrage nach ihrer Währung, Länder mit Währungen unter Abwertungsdruck handeln entgegengesetzt. Dazu ergreifen die Regierungen bzw. Zentralbanken regulatorische Maßnahmen mit dem Ziel, Finanztransaktionen, die zum An- oder Verkauf heimischer Währung führen, entweder attraktiv oder unattraktiv zu machen. Darstellung 23 gibt dazu einen Überblick.

---

9   Überschussländer haben einen persistenten Leistungsbilanzüberschuss. Die Nachfrage nach ihren Exportgütern treibt die Nachfrage nach ihren Währungen und setzt sie tendenziell unter Aufwertungsdruck. Bei Defizitländern ist es umgekehrt.

Dar. 23: Beschränkungen des Kapitalverkehrs zur Wechselkursstabilisierung

Devisenmarktinterventionen und Kapitalverkehrskontrollen sind zum einen ordnungspolitisch bedenklich, weil sie direkte Eingriffe des Staates in das Wirken der Marktkräfte auf dem Devisen- bzw. Kapitalmarkt darstellen. Zum anderen sind sie ein eher kurzfristig wirksames Mittel. In Bezug auf die Devisenmarktinterventionen hatten wir das bereits gezeigt. Kapitalverkehrsbeschränkungen haben mittel- und langfristig nur eingeschränkte Wirkung, weil die Finanzmarktakteure relativ schnell Wege finden, diese zu umgehen. Im Zuge der immer weiteren Technisierung, Liberalisierung und Internationalisierung der Finanzmärkte nach dem Zweiten Weltkrieg fiel es den Regierungen und Zentralbanken entsprechend zunehmend schwerer, grenzüberschreitende Kapitalströme in ihrem Sinne zu beeinflussen.

Soll ein fixer Wechselkurs langfristig Bestand haben, führt daher kein Weg daran vorbei, dass die beteiligten Länder ihre Wirtschaftspolitik angleichen. Eine besondere Rolle spielt hierbei die Inflationsrate. Fixe Wechselkurssysteme können dauerhaft und deutlich divergierende Inflationsraten kaum überstehen. Wenn ein Land eine höhere Inflationsrate als ein anderes hat, verliert das Land mit der höheren Inflationsrate an Wettbewerbsfähigkeit, denn seine Produkte werden schneller teurer als die des Partnerlandes. Darstellung 24 verdeutlicht dies am Beispiel der Automobilbranche. Wir gehen von einem fixen Wechselkurs zwischen US-Dollar und D-Mark von 1:4 aus. Die amerikanische Inflationsrate betrage 5 %, die deutsche 2 %. In der Ausgangssituation kostet ein amerikanisches Auto 1.000 $ (bzw. für deutsche Käufer 4.000 DM) und ein deutsches Auto 4.000 DM (bzw. für amerikanische Käufer 1.000 $). Die preisliche Wettbewerbsfähigkeit der amerikanischen und der deutschen Autoindustrie ist also zunächst gleich.

Dar. 24: Divergierende Inflationsraten und Wettbewerbsfähigkeit

	amerikanisches Auto		deutsches Auto	
	Preis in $	umgerechnet in DM	Preis in DM	umgerechnet in $
Ausgangssituation	1.000 $	4.000 DM	4.000 DM	1.000 $
1 Jahr später	1.050 $	4.200 DM	4.080 DM	1.020 $

Die unterschiedlichen Inflationsraten bewirken, dass sowohl für Kaufinteressenten in den USA (1.020 $ statt 1.050 $) als auch in Deutschland (4.080 DM statt 4.200 DM) ein deutsches Auto nun günstiger ist als ein amerikanisches. Obwohl der nominale Wechselkurs – definiert als Austauschverhältnis der beiden Währungen am Devisenmarkt – unverändert bleibt (nämlich 1:4), haben sich die relativen Preise der Produkte für die Konsumenten in den beiden Ländern geändert. Dies misst der reale Wechselkurs. Er vereint Preis- und Wechselkursveränderungen. Im vorliegenden Fall hat Amerika real auf- und Deutschland real abgewertet.

Wenn sich deshalb nun die deutschen Konsumenten von amerikanischen Autos ab- und sich die amerikanischen Konsumenten deutschen Autos zuwenden, sinkt die Nachfrage nach Dollar und steigt die Nachfrage nach D-Mark. Die D-Mark gerät unter Aufwertungsdruck.

Bei langfristig voneinander abweichenden Inflationsraten (wenn weder Devisenmarktinterventionen noch Kapitalverkehrsbeschränkungen langfristig durchzuhalten sind), muss die Lösung darin bestehen, dass entweder die amerikanische Inflationsrate sinkt oder die deutsche steigt. In einem asymmetrischen System wie dem Bretton-Woods-System, wo nur die Bundesbank zu Interventionen verpflichtet war, hätte Deutschland sich an Amerika anpassen müssen, z. B. in Form einer weniger stabilitätsorientierten Wirtschaftspolitik. Bezogen auf unterschiedliche Politikfelder hätte das beispielsweise bedeuten können:

- Geldpolitik:
Die Bundesbank verfolgt eine laxere Geldpolitik (in Form vergleichsweise niedriger Zinsen) als unter binnenwirtschaftlichen Gesichtspunkten eigentlich angezeigt gewesen wäre, so dass sich die deutsche der (zunächst höheren) amerikanischen Inflationsrate annähert. Vergleichsweise niedrigere Zinsen in Deutschland

hätten zudem den Zustrom ausländischen Kapitals und so den Aufwertungsdruck auf die D-Mark gemindert.

- Fiskalpolitik:
Die Bundesregierung verfolgt eine expansivere Fiskalpolitik als unter binnenwirtschaftlichen Gesichtspunkten eigentlich angezeigt gewesen wäre. Das sorgt aufgrund der zusätzlichen Nachfrage für Inflationsdruck und erhöht zudem auch die Nachfrage nach Importprodukten. Letzteres senkt den Aufwertungsdruck auf die DM.

- Strukturpolitik:
Mittel- und langfristig kann die Inflation auch steigen, wenn die Strukturen der Wirtschaft in Richtung weniger Wettbewerb geändert werden oder wettbewerbsorientierte Strukturreformen ausbleiben. Privatisierungen, das Aufbrechen von Monopolen und Oligopolen, die Öffnung von Märkten für ausländische Konkurrenz, die Einschränkung der Machtposition von Gewerkschaften, der Abbau von Bürokratie, die Senkung von Steuern und Sozialabgaben, die Investition in Infrastruktur und den Aufbau von Humankapital – diese Maßnahmen der Strukturpolitik haben dämpfenden Einfluss auf das Preissetzungsverhalten der Unternehmen. Werden solche Maßnahmen nicht oder nur halbherzig durchgeführt, wird die Inflationsrate höher ausfallen.

Dass man zu solchen Anpassungen der eigenen Wirtschaftspolitik nicht bereit war, ist einer der Gründe für das Scheitern des Bretton-Woods-Systems. Denn ein Fixkurssystem erfordert, dass binnenwirtschaftliche Ziele (hier für das Beispiel Deutschland: eine niedrige Inflationsrate) hinter außenwirtschaftlichen zurückstehen müssen.

2.2.5 Probleme ab Mitte 1960er-Jahre und Zusammenbruch

Ab Mitte der 1960er-Jahre wuchsen die Zweifel, ob das Bretton-Woods-System wirklich geeignet war, die gewünschte Planbarkeit der internationalen wirtschaftlichen Austauschbeziehungen zu gewährleisten. Voraussetzung dafür, dass ein Fixkurssystem seine Aufgabe erfüllen kann, ist einerseits, dass das System flexibel genug ist, auf kurzfristige Schocks (mit Hilfe von Devisenmarktinterventionen, geld- und wirtschaftspolitischen Maßnahmen auf nationaler Ebene sowie gegebenenfalls. Kapitalverkehrsbeschränkungen) und langfristig veränderte Gegebenheiten (mit Hilfe von Paritätsanpassungen) zu reagieren. Andererseits darf die grundsätzlich erforderliche Flexibilität kein hektisches Hin und Her von Interventionen, nationalen Politikmaßnahmen, Kapitalverkehrskontrollen und Paritätsanpassungen mit sich bringen. Denn dies würde nicht nur die Planungen von Unternehmen und privaten Haushalten erschweren, sondern auch das dringend notwendige Vertrauen in den langfristigen Bestand des Fixkurssystems erschüttern. Um dieses Vertrauen aufzubauen und zu erhalten, braucht es erstens ein funktionsfähiges Interventions- und Beistandssystem, zweitens langfristig gleichlaufende Makropolitiken und drittens ein Verfahren der Paritätsanpassung, das glaubwürdig ist, aber die Idee des Fixkurssystems nicht unterminiert.

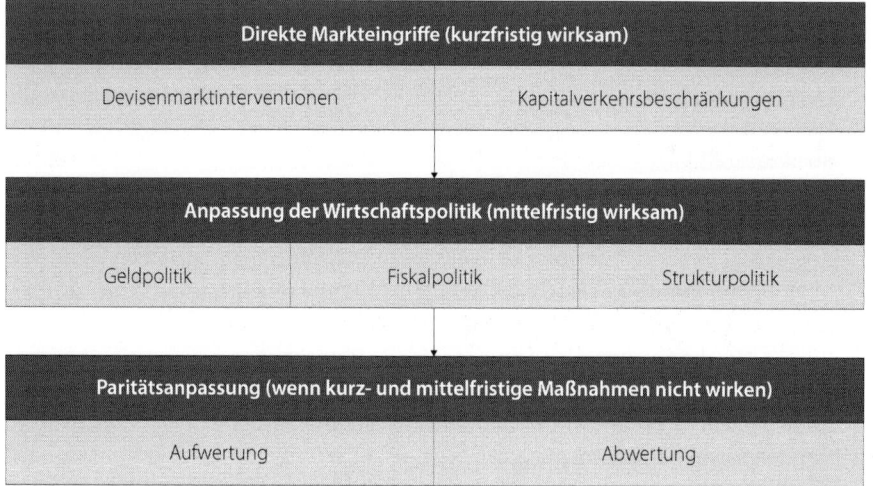

Dar. 25: Umgang mit Spannungen in einem Fixkurssystem

Fixkurssysteme haben somit ein Anpassungs- und ein Vertrauensproblem. Sie müssen anpassungsfähig bleiben, dürfen aber nicht das Vertrauen der Marktteilnehmer verlieren. Genau diese Voraussetzungen wollten und konnten immer mehr Länder im Bretton-Woods-System – allen voran die USA – ab Mitte der 1960er-Jahre nach und nach nicht mehr erfüllen. Dabei spielten die USA als Garanten des Gold-Dollar-Standards eine zentrale Rolle. Dort wurde eine zunehmend inflationäre Politik betrieben, in deren Folge amerikanische Güter und Vermögenswerte an Attraktivität verloren. Die Nachfrage nach diesen Gütern, sowohl aus den USA selbst als auch aus dem Rest der Welt, sank. Es entstand ein Überangebot an US-Dollar auf den internationalen Devisenmärkten, welches die Zentralbanken außerhalb der USA aufkaufen mussten, um eine Abwertung des Dollar bzw. Aufwertung ihrer jeweiligen Währungen zu verhindern. Hier kam die sog. n-1-Problematik zum Tragen: In einem Fixkurssystem mit n beteiligten Währungen müssen alle Teilnehmerländer außer einem (deshalb »n-1«) ihre Wirtschafts- und Währungspolitik den Erfordernissen des Fixkurssystems unterordnen. Land n kann die Richtung vorgeben, der die anderen folgen müssen. Im Bretton-Woods-System waren die USA Land n. Ihre Wirtschaftspolitik hatte Konsequenzen für Angebot an und Nachfrage nach US-Dollars, worauf alle anderen Bretton-Woods-Länder reagieren mussten.

Im konkreten Fall hatte das zwei Auswirkungen:

1. Die Zentralbanken der Überschussländer sammelten immer größere Dollarreserven an, die irgendwann (zum festgelegten Preis von 35 $ je Unze) die Goldreserven

der Federal Reserve zu übersteigen drohten. Hätten die Zentralbanken der Welt ihre Dollarreserven entsprechend den Bedingungen des Systems der Fed vorgelegt und für jeweils 35 Dollar eine Unze Gold gefordert, wäre das System mangels Erfüllbarkeit durch die USA zusammengebrochen (sog. Triffin-Dilemma). Das wollte keine Partei. Die betreffenden Zentralbanken hielten das System am Leben, indem sie Dollars nicht in Gold tauschten, sondern Dollarreserven anwachsen ließen.

2. In den Überschussländern stieg die inländische Geldmenge aufgrund der Interventionspflicht und damit die Inflationsgefahr. Länder mit niedrigerer Wettbewerbsfähigkeit und Leistungsbilanzdefizit (Defizitländer) konnten oder wollten ihre Währungen nicht abwerten, sondern versuchten, die festgelegten Wechselkurse durch Verkauf von Dollar gegen ihre Währung zu verteidigen. Die Alternative wäre gewesen, dass die Überschussländer eine inflationäre und die Defizitländer eine deflationäre Geld- und Fiskalpolitik betrieben hätten, um sich dem Niveau der amerikanischen Inflationsrate gewissermaßen »von unten« bzw. »von oben« anzunähern. Dadurch hätte sich ihre Wettbewerbsfähigkeit derjenigen der US-Wirtschaft angeglichen und der Auf- bzw. Abwertungsdruck auf ihre Währungen wäre gesunken. Ein Großteil der Interventionen und Paritätsanpassungen hätte so vermieden werden können. Sowohl die Überschuss- als auch die Defizitländer waren jedoch immer weniger dazu bereit, die Folgen dieser Politik (Inflation und Überhitzung bzw. Rezession und höhere Arbeitslosigkeit) zu tragen.

Das Grundproblem eines Systems fixer Wechselkurse trat immer deutlicher zutage: Es kann divergierende Inflationsraten infolge divergierender nationaler Wirtschaftspolitiken (welche wiederum aus divergierenden stabilitätspolitischen Vorstellungen resultieren) nicht dauerhaft überstehen. Denn mit den Inflationsraten divergiert die Kostenentwicklung für die Unternehmen und damit die Wettbewerbsfähigkeit der Teilnehmerländer. Das hat Auswirkungen auf Exporte und Importe, was die festen Wechselkurse unter Druck setzt.

Als Reaktion darauf gab es bis Ende der 1960er-Jahre wie bereits beschrieben wiederholt Anpassungen der Dollarkurse von EWG-Mitgliedsländern. Die Paritätsanpassungen konnten nicht verhindern, dass das System zusammenbrach. 1969 wurde die Gold-Konvertibilität des Dollar stark eingeschränkt und am 15. August 1971 von US-Präsident Nixon in einer TV-Ansprache völlig aufgegeben (»Nixon-Schock«). Nixon verkündete außerdem eine Reihe protektionistischer Maßnahmen, um das US-Leistungsbilanzdefizit zu senken. Die anderen Länder im System griffen ebenfalls in den Außenhandel ein und arbeiteten außerdem mit Kapitalverkehrskontrollen, um diese volatile Phase möglichst unbeschadet zu überstehen. Zwischen 1971 und 1973 gab es auf dem Papier noch fixe Wechselkurse gegenüber dem Dollar, die aber nicht durchgehalten wurden. 1973 gingen die großen Industrienationen zu einem System flexibler Wechselkurse über. Das Zeitalter des Fiatgeldes (= Geld, das weder direkt noch indirekt durch Edelmetall gedeckt ist) und der (weitgehend) freien Devisenmärkte hatte begonnen.

2.3 Die 1970er-Jahre: Werner-Plan und europäischer Wechselkursverbund

2.3.1 Der Werner-Plan: Eine EG-Währungsunion bis 1980?

Zum Ende der 1960er-Jahre hatte die Gemeinschaft zwei zentrale Ziele der Römischen Verträge erreicht: Zollunion und gemeinsame Agrarpolitik. Gleichzeitig beschleunigte sich der Niedergang des Bretton-Woods-Systems. Auf der Suche nach neuen Impulsen für den Integrationsprozess und in Sorge um die Währungsstabilität in Europa richteten die Staats- und Regierungschef 1969 eine Expertenkommission zur monetären Zukunft der Gemeinschaft ein. Unter dem Vorsitz des luxemburgische Ministerpräsidenten Pierre Werner erarbeitete die Gruppe den sog. »Werner-Plan«. Darin wurde vorgeschlagen, bis 1980 in drei Stufen eine Wirtschafts- und Währungsunion zu etablieren.

Für die Umsetzung einer Wirtschafts- und Währungsunion sah der Werner-Plan folgende Eckpunkte als unerlässlich an:

- Wechselkursschwankungen innerhalb der Gemeinschaft sollten endgültig der Vergangenheit angehören. Dazu waren die Paritäten zwischen den EWG-Währungen unwiderruflich zu fixieren. Ob die nationalen Währungen gänzlich zugunsten einer neuen Gemeinschaftswährung aufgegeben werden sollten, blieb ungeklärt.
- Es sollte vollständige Kapitalverkehrsfreiheit geben. Weder leistungs- noch kapitalbilanzbasierte Transaktionen durften irgendeiner Art der Devisenbewirtschaftung oder Kapitalverkehrskontrolle unterliegen.
- Eine europäische monetäre Institution sollte über die Geldpolitik in der Gemeinschaft entscheiden. Wie diese neue Institution konkret auszugestalten wäre, ließ der Plan offen. Klar war nur, dass es irgendeine Art eines gemeinschaftlichen Zentralbanksystems nach dem Vorbild der (dezentral organisierten) US-amerikanischen Federal Reserve geben müsste.
- Fest stand für die Verfasser des Plans hingegen, dass eine zentrale Stelle weitreichende wirtschaftspolitische Befugnisse erhalten sollte. Dieses neue Entscheidungsgremium wäre dem Europäischen Parlament gegenüber politisch verantwortlich gewesen. Die Kapitalmarktpolitiken der Mitgliedstaaten sollten vereinheitlicht und die Eckwerte der öffentlichen Haushalte ebenso wie die Grundzüge der Regional- und Strukturpolitik auf Gemeinschaftsebene festgelegt werden. Auf zentraler Ebene war auch eine regelmäßige und systematische Konsultation der Sozialpartner vorgesehen.

So sollte eine Gemeinschaft entstehen, »in der sich Güter-, Dienstleistungs-, Personen- und Kapitalverkehr frei und ohne Wettbewerbsverzerrungen vollzieht, ohne dass dadurch neue strukturelle oder regionale Ungleichgewichte verursacht werden.«[10] Die für den Weg zu diesem ambitionierten Ziel vorgesehenen Maßnahmen können folgendermaßen systematisiert werden:

- Stufe 1: Intensive Konsultationen und immer weiter gehende Koordination der nationalen Wirtschaftspolitiken (inkl. der Geldpolitik); Verengung der Bandbreiten um die Paritäten zwischen den europäischen Währungen (innerhalb des zum Zeitpunkt der Veröffentlichung des Werner-Plans noch existierenden Bretton Woods-Systems) bei gleichzeitiger Etablierung eines Beistandssystems in der Währungspolitik; Abbau von Kapitalverkehrsbeschränkungen.
- Stufe 2: Etablierung von europäischen Institutionen, auf welche nach und nach die Koordinierung der nationalen Wirtschafts- und Geldpolitiken übertragen wird. Einrichtung eines europäischen Reservefonds, dem schrittweise die nationalen Währungsreserven sowie die Verantwortlichkeit für die Devisenmarktinterventionen übertragen werden sollten; weiterer Abbau von Kapitalverkehrsbeschränkungen.
- Stufe 3: Übernahme zentraler Entscheidungsbefugnisse in der Wirtschafts- und Geldpolitik durch europäische Institutionen; vollständige Kapitalverkehrsfreiheit.

Bei der Beratung des Werner-Plans bestand weitgehende Einigkeit über das Endziel, die europäische Wirtschafts- und Währungsunion, aber nicht über den Weg dorthin. Den Werner-Plan kennzeichnet ein Parallelismus zweier notwendiger Entwicklungen: dem Aufbau europäischer institutioneller Strukturen in der Währungspolitik auf der einen und der Angleichung der nationalen Wirtschaftspolitiken sowie der Konjunkturzyklen und der Wirtschaftsstrukturen auf der anderen Seite. Diese Vorgehensweise sollte zwei grundsätzlich unterschiedliche Sichtweisen des monetären Integrationsprozesses miteinander versöhnen.

Den Monetaristen (nicht zu verwechseln mit den Anhängern von Milton Friedman und seiner geldpolitischen Konzeption) war die Vereinheitlichung der monetären Institutionen besonders wichtig. Sie sprachen sich für engere Bandbreiten zwischen den europäischen Währungen innerhalb des Bretton-Woods-Systems, abgestimmte Dollar-Interventionen der Zentralbanken der EG-Mitgliedsländer sowie die Schaffung eines Devisenausgleichsfonds aus. Letzterer sollte die Interventionspolitiken in der Gemeinschaft zunächst koordinieren und später vereinheitlichen. Ziel war eine engere monetäre Verbindung zwischen den Europäern (also nach innen) kombiniert mit einem möglichst einheitlichen Auftreten gegenüber den USA sowie dem IWF (also nach außen). Von hier aus hätte dann nach monetaristischer Auffassung der Weg zu einer Angleichung der Konjunkturzyklen und Wirtschaftsstrukturen geführt. Den monetaristischen Ansatz prägt das Vertrauen in das zentralplanerische Agieren des Staates, wie es sich auch in der französischen Planification äußert. In einem Zwi-

---

10 Vgl. Werner, P. (1970b): Report to the Council and the Commission on the Realisation by Stages of Economic and Monetary Union in the Community, Supplement to Bulletin NO. 11 of the European Communities, Brussels 1970, S. 9.

schenbericht der Werner-Kommission klingt das folgendermaßen: »Neben den mit der Schaffung des Fonds verbundenen technischen Vorteilen ist diese Einrichtung auch in politischer und psychologischer Hinsicht von unbestreitbarem Interesse. Auf diese Weise werden die auf der Den Haager Konferenz geäußerten Absichten konkretisiert, indem die Gemeinschaft mit einem wirksamen Instrument für die ausgewogene Entwicklung der Wirtschafts- und Währungsunion ausgestattet wird.«[11]

Dar. 26: Die beiden divergierenden europapolitischen Ansätze

»Monetaristen«	»Ökonomisten«
Frankreich, Luxemburg, Belgien, [Italien[12]]	Deutschland, Niederlande, [Italien[8]]
Kernaussage: Gemeinschaftliche monetäre Institutionen ziehen Konvergenz der nationalen Volkswirtschaften nach sich.	Kernaussage: Konvergenz der nationalen Volkswirtschaften ist Voraussetzung für die Etablierung gemeinschaftlicher monetärer Institutionen.
zentralplanerischer Ansatz, geprägt von Skepsis gegenüber Marktprozessen (Planification)	evolutorischer Ansatz, geprägt von Skepsis gegenüber der zentralen Steuerung ökonomischer Prozesse (Ordoliberalismus)
»Lokomotivtheorie«	»Krönungstheorie«
»Integration von oben«	»Integration von unten«

Die Ökonomisten schlugen die entgegengesetzte Reihenfolge vor. Ihr Ansatz war evolutionär ausgerichtet und spiegelte Skepsis gegenüber der zentralen Steuerung ökonomischer Prozesse wider. Für sie musste vor der monetären die ökonomische Integration stehen. Die Ausrichtung der nationalen Wirtschaftspolitiken müsse zu einer gemeinschaftlichen Stabilitätspolitik führen. Aus der Konvergenz der Wirtschaftspolitik werde dann schließlich eine Konvergenz der Konjunkturzyklen und Wirtschaftsstrukturen resultieren, die quasi automatisch eine Begrenzung der Kursschwankungen zwischen den europäischen Währungen nach sich ziehe. Eine zu frühe und zu rigide (im Sinne sehr enger Bandbreiten) Fixierung der Wechselkurse werde dagegen ohne Not Stabilitätsprobleme verursachen, weil Überschussländer zu einer expansiven und Defizitländer zu einer restriktiven Geld- und Fiskalpolitik gezwungen würden. Dies führe in den Überschussländern zu unerwünschter Inflation und in den Defizitländern zu unerwünschter Arbeitslosigkeit sowie einem Mangel an Devisenreserven. Dazu noch einmal der Zwischenbericht der Werner-Kommission: »Die anderen Mitglieder der Gruppe glauben, dass in der ersten Phase weder eine institutionelle Verringerung der Bandbreiten noch die Schaffung eines Devisenausgleichs-

---

11 Vgl. Werner, P. (1970a): Zwischenbericht an Rat und Kommission über die stufenweise Verwirklichung der Wirtschafts- und Währungsunion der Gemeinschaft, Luxemburg, 20. Mai 1970, Dokument 9.504/II/70-D, S. 14.
12 Italien war den beiden Lagern nicht eindeutig zuzuordnen.

fonds wünschenswert sind. Nach ihrer Ansicht können bedeutende Maßnahmen auf dem Gebiet der gemeinschaftlichen Währungspolitik erst in Betracht gezogen werden, wenn durch echte Fortschritte in der Harmonisierung der Wirtschaftspolitik bestimmte Voraussetzungen geschaffen sind, die das Gleichgewicht der Gesamtwirtschaft in der Gemeinschaft gewährleisten.«[13]

Wirklich aufgelöst wurde der Gegensatz zwischen Monetaristen und Ökonomisten nicht. Die beiden Lager konnten sich nur auf Kompromissformeln und ein schrittweises Vorgehen einigen. Strittige Punkte versuchte man durch unscharfe Formulierungen zu umschiffen. Dies spiegelte sich in der Tatsache wider, dass der Werner-Plan rechtlich nicht auf einer Änderung des EWG-Vertrages, sondern auf zwei Gipfelerklärungen (= Erklärungen der Staats- und Regierungschefs) sowie zwei Entschließungen des Ministerrates basierte.

Dabei handelt es sich eher um Willensäußerungen als um rechtlich einklagbare Beschlüsse zu entscheidenden Integrationsschritten. Auch diese »integrationstechnische« Betrachtung zeigt, dass das Konzept auf einem eher dünnen Fundament gebaut war – zu dünn für die globalen ökonomischen Turbulenzen der frühen 1970er-Jahre, die u. a. im Scheitern des Bretton-Woods-Systems sowie in der Stagflation im Zuge der ersten Ölkrise zum Ausdruck kamen. Die Schwierigkeiten konnten Pierre Werner und die anderen Kommissionsmitglieder nicht voraussehen. Sie hatten den Plan am Ende einer langen Wachstumsphase verfasst. Trotz aller Auf- und Abwertungsdiskussionen und der insbesondere in Deutschland verbreiteten Angst vor importierter Inflation handelte es sich bei den 1950er- und 1960er-Jahren um eine im historischen Maßstab einmaligen Phase der Prosperität sowie der inneren und äußeren monetären Stabilität. Als die Werner-Kommission 1969 eingerichtet wurde, war das Bretton-Woods-System – trotz aller Ermüdungserscheinungen – grundsätzlich noch funktionsfähig. Im Vergleich zu dem darauffolgenden Jahrzehnt waren die Arbeitslosenzahlen sowie die Inflationsraten niedrig und die Wechselkursschwankungen gering. Zudem waren Kapitalverkehrskontrollen noch weit verbreitet. Politische Entscheidungen mit harten binnenwirtschaftlichen und innenpolitischen Konsequenzen in Form steigender Arbeitslosigkeit oder Inflation mussten kaum getroffen werden. Vor diesem Hintergrund sah der Werner-Report weniger Inflation und konjunkturelle Schwächephasen als Hauptproblem, sondern eher strukturelle Divergenzen zwischen den Teilnehmern einer Währungsunion. Er basierte vor allem aber auf der impliziten Prämisse, dass es weiterhin ein internationales Währungssystem wie das von Bretton Woods mit einer starken Ankerwährung, einer Goldbindung und festen Wechselkursen geben würde. Nach 1973 waren die Europäer jedoch in dieser Beziehung auf sich allein gestellt. Es gab flexible Wechselkurse zwischen Fiatwährungen. Von den Maßnahmen, die im Werner-Plan für die drei Stufen bis zu einer europäischen Wirtschafts- und Währungsunion vorgesehen waren, hatten daher nur

---

13 Vgl. Werner, P. (1970a): Zwischenbericht an Rat und Kommission über die stufenweise Verwirklichung der Wirtschafts- und Währungsunion der Gemeinschaft, Luxemburg, 20. Mai 1970, Dokument 9.504/II/70-D, p. 15.

die wechselkurspolitischen Bestand, denn im Bereich der Wechselkurspolitik waren die Probleme am drängendsten (▶ Kap. 2.3.2).

Einen wirklichen Beitrag zur Vereinheitlichung der Wirtschaftspolitik konnte die monetäre Ordnung darüber hinaus nicht leisten. Im Gegenteil: Die Wirtschaftspolitik der europäischen Staaten lief in den 1970er-Jahren in einem bis dato unbekannten Maß auseinander. Die nationalstaatlichen Reaktionen auf die wirtschaftlichen Krisen in der Mitte des Jahrzehnts hätten unterschiedlicher nicht sein können. Das hatte einen einfachen Grund: Die nationalen Regierungen und Zentralbanken waren nicht bereit, das außenwirtschaftliche und europapolitische Ziel fester Wechselkurse ihren jeweiligen binnenwirtschaftlichen und innenpolitischen Interessen unterzuordnen. In den wirtschaftspolitisch turbulenten 1970er-Jahren (Ende des Bretton-Woods-Systems, Ölkrise, Stagflation, steigende Arbeitslosigkeit) fiel es ihnen besonders schwer, den Anforderungen des Trilemmas der Währungspolitik gerecht zu werden. Der Werner-Plan verlangte eigentlich, das eigene Preisniveaus möglichst stabil zu halten, um die vereinbarten Währungsrelationen zu erhalten. Eine stabilitätskonforme Geld-, Fiskal- und Strukturpolitik erforderte jedoch Opfer (insbesondere in Form steigender Arbeitslosenzahlen), welche die Regierungen immer weniger zu tragen bereit waren. Der Versuch, sich mit Hilfe von Kapitalverkehrsbeschränkungen über die Zeit zu retten, scheiterte nicht nur regelmäßig, sondern verstieß auch gegen das Ziel des Werner-Plans, bis 1980 eine Währungsunion mit integriertem Kapitalmarkt zu errichten. So stellte die Kommission schon 1973 in ihrer »Bilanz der ersten Stufe« fest, dass die Bedingungen für eine weitere Vertiefung der Währungsintegration nicht erfüllt waren. Da die Mitgliedstaaten weder zur Übertragung wirtschaftspolitischer Kompetenzen auf (gegebenenfalls neu zu schaffende) EG-Organe noch zur Koordination ihrer wirtschafts- und finanzpolitischen Ausrichtung bereit waren, konnte der Eintritt in die zweite Stufe des Werner-Plans nicht beschlossen werden.

2.3.2 Der Europäische Wechselkursverbund (EWV)

Die EZU, das Bretton-Woods-System und die EWG sollten auf unterschiedliche Weise das Ziel einer engeren Handelsverflechtung der beteiligten Länder erreichen. Diese Anstrengungen waren grundsätzlich von Erfolg gekrönt. Mit der engeren Verflechtung stieg jedoch der Strom an Devisen zwischen den Ländern an, und leistungsbilanzbezogene Devisenflüsse ließen sich immer schwerer von kapitalbilanzbezogenen unterscheiden. Das machte (zumindest innerhalb der EWG) feste Wechselkurse einerseits immer wichtiger, andererseits war ein festes Wechselkurssystem aber auch schwieriger zu implementieren. Denn mit den steigenden Volumina der grenzüberschreitenden Güter- und Kapitalströme stiegen auch das Angebot an und die Nachfrage nach den beteiligten Währungen. In diesem Umfeld mussten die Notenbanken immer größere Summen einsetzen, um die fixen Wechselkurse mittels Devisenmarktinterventionen zu verteidigen. Zudem nahm die Notwendigkeit, Interventionen durchzuführen, mit der wirtschaftlichen Volatilität und den damit einhergehenden Divergenzen zwischen den westeuropäischen Ländern zu. Die 1970er-Jahre sollten sich in diesem Sinne als perfekter Sturm entpuppen. Dies machen die wechselkurspolitischen Anstrengungen der EG von 1971 bis 1979 deutlich. Der Wille der Mitgliedsländer, wenigstens wechselkurspolitisch voranzukommen (wenn schon der Werner-Plan nicht umgesetzt werden konnte), stieß auf enorme ökonomische und wirtschaftspolitische Schwierigkeiten.

Dennoch stellt die Zeit des Europäischen Wechselkursverbundes (EWV) einen wesentlichen Schritt in der währungspolitischen Emanzipationsgeschichte Westeuropas dar. Die EWG-Länder lösten sich vom Gold-Dollar-Standard des Bretton-Woods-Systems und begannen, europäische Institutionen der Währungspolitik zu etablieren. Dieser Prozess lief in drei Schritten ab:

1. Bis 1971 garantierte das Bretton-Woods-System fixe Wechselkurse. Die EWG-Mitglieder intervenierten mit Dollaran- und -verkäufen, um die Paritäten zum Dollar zu verteidigen. Die fixen Dollar-Paritäten zogen feste Wechselkurse der EWG-Währungen untereinander nach sich.
2. Das Jahr 1971 war von erheblichen Turbulenzen auf den Devisenmärkten geprägt. Im Frühjahr stellten einige Länder, darunter die Bundesrepublik, die Interventionen ein und gingen zu flexiblen Wechselkursen über. Mit dem Washingtoner Abkommen (Smithsonian Agreement) vom Dezember 1971 unternahmen die Bretton-Woods-Teilnehmer einen neuen Versuch, zu fixen Wechselkursen zurückzukehren. Gleichzeitig griffen die EWG-Länder Vorarbeiten vom März 1971 wieder auf und errichteten per April 1972 den Europäischen Wechselkursverbund. Sie verpflichteten sich gegenseitig zu festen Wechselkursen zwischen den EG-Währungen mit einer Bandbreite von +/- 2,25 %. Wurde diese Grenze erreicht, waren beide beteiligten Zentralbanken zu Interventionen verpflichtet. Gleichzeitig waren die jeweiligen Dollar-Paritäten (durch Interventionen in US-Dollar) zu verteidigen. Der graphischen Darstellung der entsprechenden Wechselkursbewegungen im Zeitablauf verdankt der Europäische Wechselkursverbund den Beinamen »Schlange im Tunnel«. Dieser neue »Europäische Wechselkursverbund« war zunächst nur eine Absprache innerhalb des (wenigstens pro forma) weiterexistierenden Bretton-Woods-Systems. Mit ihm machte die EG nichtsdestoweniger einen entscheidenden Schritt hin zu einer Europäisierung der Währungspolitik. Damit Zentralbanken mit abwertungsgefährdeter Währung ihre Interventionsverpflichtung glaubwürdig erfüllen konnten, wurde ein Beistandssystem auf Kreditbasis geschaffen. Die Zentralbanken der Überschussländer stellten den Zentralbanken der Defizitländer kurzfristig ihre Währung zur Verfügung. Ein neuer Europäischer Fonds für währungspolitische Zusammenarbeit verrechnete die Forderungen und Verbindlichkeiten aus den Zentralbankkrediten. Bei vollständiger Umsetzung des Werner-Plans wären diesem Fonds die Währungsreserven der EWG-Zentralbanken und die Zuständigkeit für die Devisenmarktinterventionen übertragen worden. So hätte er die Ausgangsbasis für ein europäisches Zentralbanksystem bilden können.
3. Im März 1973 war der Dollar stark unter Druck geraten. Insbesondere nach Deutschland strömte eine wahre Dollarwelle, die für einen enormen Aufwertungs-

druck auf die Deutsche Mark sorgte. Die Bundesbank hätte in bisher nicht gekanntem Maße intervenieren müssen, was die DM-Geldmenge mit potenziell sehr schädlichen Konsequenzen für die Preisniveaustabilität aufgebläht hätte. Daraufhin wurden die fixen Wechselkurse des Bretton-Woods-Systems endgültig aufgegeben. Die EWG-Währungen sollten jedoch weiter miteinander feste Wechselkurse haben. Zu deren Verteidigung mussten beide jeweils betroffenen Zentralbanken in den jeweiligen Gemeinschaftswährungen intervenieren. Diese Konstellation wurde als Gruppenfloating bezeichnet. Die EG-Währungen hatten feste Wechselkurse untereinander und gleichzeitig schwankte (»floatete«) der Wert jeder einzelnen Währung gegenüber dem Dollar.

Der EWV regulierte die europäischen Währungsbeziehungen für annähernd sieben Jahre – in der Summe mehr schlecht als recht. Zu einer stabilen Ordnung konnte er sich nicht entwickeln. Im April 1972 zunächst mit den ursprünglichen sechs Mitgliedsländern der Gemeinschaft gestartet, war der EWV noch im gleichen Jahr (am 1. Mai) um die EG-Beitrittsaspiranten Großbritannien, Irland und Dänemark erweitert worden. Auch Norwegen schloss sich kurz danach an.

Dar. 27: Funktionsweise von Wechselkurssystemen im Vergleich

System von Bretton Woods	Europäischer Wechselkursverbund
unilaterale Interventionsverpflichtung	bilaterale Interventionsverpflichtung
(bis 1971) Konvertibilität der Leitwährung Dollar in Gold	Fiatgeld
Leitwährungsland nicht zu zahlungsbilanzpolitischen Maßnahmen verpflichtet	alle Länder zu zahlungsbilanzpolitischen Maßnahmen verpflichtet
asymmetrisch	symmetrisch
multilateral	multilateral

Schon wenige Wochen später zeigte sich aber, dass das vereinbarte Regelwerk keine stabile Grundlage für eine nach innen und außen koordinierte Währungspolitik der Teilnehmer bot. Im Juni 1972 verließen das Pfund Sterling und das irische Pfund das System, im Juni die dänische Krone – wobei letztere im Oktober zurückkehrte. Anfang 1973 schied die italienische Lira (für immer) aus. Etwas später, im März 1973, trat die schwedische Krone bei und im August 1977 wieder aus. Das Gründungsmitglied Frankreich verließ mit dem Franc die »Schlange« 1974, schloss sich ihr 1975 wieder an und schied dann 1976 endgültig aus. Durchgängig Mitglied waren nur die D-Mark, der belgische Franc und der niederländische Gulden. Gleichzeitig gab es zahlreiche Auf- und Abwertungen, also Anpassungen der Paritäten. Am Ende (1978) standen sich ein »DM-Block« (D-Mark, belgischer Franc, niederländischer Gulden, dänische Krone) und vier floatende Währungen (französischer Franc, britisches Pfund, irisches Pfund, italienische Lira) gegenüber. Das eigentliche Ziel eines Systems fixer Wechselkurse, nämlich Planbarkeit der Währungsrelationen, wurde deutlich verfehlt.

2.4 Das Europäische Währungssystem (EWS)

2.4.1 Ziele, Funktionsweise und Entwicklung im Zeitablauf

- **1979**: Gründung; Phase relativer Instabilität; zahlreiche Paritätsanpassungen
- **1983**: Beginn der Phase relativer Stabilität
- **1987**: Beginn eines Zeitraums ohne Paritätsanpassungen (bis 1992)
- **1989**: Beitritt Spaniens
- **1990**: Beitritt Großbritanniens
- **1992**: Beitritt Portugals
- **1992**: EWS-Krise
- **1999**: Einführung des Euro

Dar. 28: Das Europäische Währungssystem im Zeitablauf

Im Jahr 1976 hatte Frankreich – und damit die zweitgrößte Volkswirtschaft der EG – seinen Austritt aus der »Währungsschlange« erklärt. Spätestens damit war offensichtlich, dass der Europäische Wechselkursverbund seine Aufgabe, stabile Währungsrelationen in Westeuropa herzustellen, niemals würde erfüllen können. Das ursprüngliche Ziel, auf Basis des Werner-Plans bis 1980 eine Wirtschafts- und Währungsunion zu errichten, hatte der Marjolin-Bericht[14] bereits 1975 für gescheitert erklärt. Die Frage, wie es währungspolitisch weitergehen konnte, war wieder offen. Flexible Wechselkurse stellten für die EG keine realistische Option dar. Dafür waren die Verflechtung ihrer Volkswirtschaften zu eng, die Abhängigkeit der gemeinsamen Agrarpolitik von festen Austauschrelationen zu groß und die globalen Erfahrungen mit schwankenden Wechselkursen nach dem Ende des Bretton-Woods-System zu schlecht. Auch eine Revitalisierung des EWV schied aus. Der Verbund hatte

---

14 Marjolin, R. (1980): Report of the Study Group »Economic and Monetary Union 1980«, Brussels, March 8th, 1975, online verfügbar: http://aei.pitt.edu/1009/1/monetary_study_group_1980.pdf (letzter Aufruf 04.07.25).

so schlecht funktioniert, dass ein glaubwürdiger Neustart weder der Öffentlichkeit noch »den Märkten« vermittelbar erschien. Zudem hätte Frankreich wieder beitreten müssen. Das wäre für die Grande Nation mit einem Gesichtsverlust verbunden gewesen.

Gleichzeitig war aber auch die französische Regierung an festen Wechselkursen interessiert. Mit ihnen verband man über deren Vorteile für den Außenhandel innerhalb der EG und die Agrarpolitik hinaus womöglich auch eine gewisse Disziplinierungswirkung auf die wirtschaftspolitische Diskussion im eigenen Land: Die verantwortlichen Politiker hofften, eine stabilitätsorientierte Politik besser – nämlich mit Verweis auf außenwirtschaftliche Erfordernisse im Rahmen der europäischen Währungsintegration – vertreten zu können. So lief Ende der 1970er-Jahre alles auf die Neugründung eines Systems fixer Wechselkurse für die EG hinaus. Die Diskussion darüber verlief entlang der bekannten Argumentationslinien von Monetaristen und Ökonomisten. Während Deutschland (und insbesondere die Bundesbank) die Gefahr einer Inflationsgemeinschaft vor Augen hatte und für ein vorsichtiges Vorgehen plädierte, wollte Frankreich relativ weitreichende Integrationsschritte gehen – nicht zuletzt mit dem Ziel, eine deutsche Dominanz in der europäischen Wirtschaftspolitik zu verhindern.

1978 traten Staatspräsident Giscard d'Estaing und Bundeskanzler Schmidt mit einem Vorschlag für ein Europäisches Währungssystem (EWS) an die Öffentlichkeit. Anders als der ambitionierte Werner-Plan war ihr Konzept auf die kurzfristige Realisierbarkeit und die mittelfristigen Überlebenschancen eines Systems fixer Wechselkurse (im EWS Wechselkursmechanismus genannt) ausgerichtet. Mögliche weitergehende Schritte in der Zukunft blieben Gegenstand unverbindlicher Absichtserklärungen. So sollte innerhalb von zwei Jahren ein europäischer Währungsfonds (EWF) mit der neu geschaffenen Rechnungseinheit ECU (European Currency Unit) als Reservewährung entstehen. Der EWF hätte von den nationalen Zentralbanken deren Währungsreserven sowie die Zuständigkeit für Devisenmarktinterventionen übernommen. Damit wäre der Nukleus einer zukünftigen Wirtschafts- und Währungsunion entstanden. Das ohne Rechtsverbindlichkeit formulierte Ziel war also die schrittweise Etablierung einer supranationalen Institution mit währungs- und (perspektivisch auch) geldpolitischen Kompetenzen. Daraus wurde nichts. Das Europäische Währungssystem war zeit seines Bestehens nicht mehr als ein System fixer Wechselkurse.

Im Mittelpunkt des Wechselkursmechanismus (WKM) stand der ECU als Korbwährung.[15] Sein Wert ergab sich nach einer bestimmten Gewichtung aus der Summe der Marktkurse der Teilnehmerwährungen. So wurde der D-Mark-Wert des ECU beispielsweise berechnet, indem die aktuellen DM-Werte aller Teilnehmerwährungen

---

15 Die Funktionsweise des EWS kann hier nur überblicksweise wiedergegeben werden. Für eine detaillierte Einführung vgl. Bundesbank (1979): Das Europäische Währungssystem, Monatsbericht März/1979, S. 11–18, online verfügbar: https://www.bundesbank.de/resource/blob/690936/ed0fd7ba7b8e26bfb00c8fee6a91e130/mL/1979-03-monatsbericht-data.pdf (letzter Aufruf 04.07.25).

2.4 Das Europäische Währungssystem (EWS)

entsprechend der festgelegten Gewichtung aufaddiert wurden. Zwischen allen EG-Währungen und dem ECU wurden Leitkurse festgelegt. Aus diesen ECU-Leitkursen konnte dann für jedes EG-Währungspaar ein bilateraler Leitkurs berechnet werden. Die Darstellung aller bilateralen Leitkurse in einer Matrix ergab das sog. Paritätengitter.

Bei Überschreiten der Bandbreite von +/- 2,25 % um die bilaterale Parität zwischen zwei Währungen waren die beiden betroffenen Zentralbanken zu im Volumen unbeschränkten Interventionen verpflichtet. Ein ausgeklügeltes Kreditsystem sollte die Zentralbanken von Ländern mit Währung unter Abwertungsdruck trotz beschränkter Devisenreserven in die Lage versetzen, ihren Interventionsverpflichtungen nachzukommen. Konnte eine bilaterale Parität nicht verteidigt werden, war eine Änderung zu beantragen, der alle Mitgliedsländer zustimmen mussten.

Beim Start des EWS 1979 beteiligte sich von den damals neun EG-Ländern nur Großbritannien nicht am Wechselkursmechanismus. Italien und Irland nahmen eine Ausnahmeregelung in Anspruch und arbeiteten mit einer Bandbreite von +/- 6 %. Die ersten vier Jahre verliefen unruhig. Die vor und nach dem zweiten Ölpreisschock 1979/80 hohen und teils erheblich schwankenden Inflationsraten sowie die zunächst explizit nicht stabilitätsorientierte Wirtschafts- und Finanzpolitik des neuen französischen Staatspräsidenten Mitterand machten von 1979 bis 1983 nicht weniger als 23 Leitkurs-Anpassungen erforderlich. Ab 1984 fuhr das EWS dann in ruhigeren Fahrwassern. Frankreich schwenkte auf eine Politik des »harten Franc« (»Franc fort«) um, die globale »Great Moderation« mit weltweit sinkenden Inflationsraten begann und die Bundesbank entwickelte sich langsam zur dominierenden Zentralbank im System, an deren Stabilitätspolitik sich immer mehr Mitgliedsländer anpassten. Von 1987 bis 1992 gab es dann keinerlei Leitkursänderungen mehr, und Großbritannien (1990) sowie die beiden neuen EG-Mitglieder Spanien (1989) und Portugal (1992) traten dem Wechselkursmechanismus bei.[16]

Dann, auf dem scheinbaren Höhepunkt seines Erfolgs, geriet das System 1992/93 in eine schwere Krise. Als möglicher Auslöser der Turbulenzen gilt die dänische Ablehnung des Maastrichter Vertrages in einer Volksabstimmung am 2. Juni 1992. Das Vertrauen in das weitere Fortschreiten der europäischen Währungsintegration wurde erschüttert. Die Nervosität nahm weiter zu, weil Meinungsumfragen für das französische Referendum am 20. September desselben Jahres einen knappen Ausgang prognostizierten. Die italienische Lira und das britische Pfund gerieten unter so starken Abwertungsdruck, dass die beiden Länder den WKM verlassen mussten. Zudem wurden die spanische Pesete, der portugiesische Escudo und das irische Pfund abgewertet.

Der WKM existierte nach der Krise noch bis zum 31. Dezember 1998 (also bis zur Euroeinführung) weiter, allerdings mit der ab August 1993 deutlich erweiterten

---

16 Außer Großbritannien (Mitglied des Wechselkursmechanismus 1990 bis 1992) und Italien (Unterbrechung der Mitgliedschaft 1992 bis 1996) waren alle Gründerstaaten bis zur Euro-Einführung 1999 dabei.

Bandbreite von +/- 15 %. Da eine zweijährige Mitgliedschaft im WKM (ohne Leitkursanpassung) eines der Maastricht-Kriterien für Euro-Aspiranten war, trat Italien Ende 1996 wieder bei sowie von den drei 1995 der EU beigetretenen Staaten Österreich und Finnland. Das dritte Land, Schweden, konnte sich dazu nicht entschließen. Somit blieben am 31. Dezember 1998 nur zwei der 15 EU-Länder – nämlich Griechenland und Schweden – außen vor. Zum 1. Januar 1999 löste der »Wechselkursmechanismus II« (WKM II) die bisherigen Regelungen des EWS ab. Er soll die noch nicht der Eurozone beigetretenen EU-Mitglieder währungspolitisch an die Eurozone binden. Auch im WKM II ist Schweden bis heute kein Mitglied.

2.4.2 Wirtschaftshistorische Einordnung I: War das EWS ein Erfolg?

Das EWS war von Anfang an und ist bis heute Gegenstand ökonomischer Kritik. Dabei wird zum einen diskutiert, ob es die aus Sicht der EG-Länder dringend notwendige Wechselkursstabilität hervorgebracht hat.

Hier fällt die Bilanz gemischt aus. Denn wie wir gesehen haben, war – anders als im Europäischen Wechselkursverbund zuvor – die Teilnahme der EG-Länder (später: EU-Länder) am EWS umfassend und von relativ großer Kontinuität geprägt. Diese vordergründig positive Bilanz täuscht aber über die Turbulenzen hinweg, denen das System in den zwei Jahrzehnten seiner Existenz ausgesetzt war. Zwar trat nach den schwierigen Anfangsjahren mit zahlreichen Leitkursänderungen ab 1983 eine Phase relativer Stabilität ein; die Divergenz der Inflationsraten nahm ab. Dafür wurden zwei mögliche Ursachen identifiziert. Zum einen ist es möglich, dass die Mitgliedschaft im Wechselkursmechanismus eine Angleichung und stärkere Stabilitätsorientierung der nationalen Wirtschaftspolitiken bewirkt hat. Zum anderen könnte das EWS aber auch von einem günstigen makroökonomischen Umfeld profitiert haben. Denn im Laufe der 1980er-Jahre konvergierten die Inflationsraten in der westlichen Welt auf einem vergleichsweise niedrigen Niveau (»Great Moderation«). Die Frage ist also, ob das Wirken des EWS eine Konvergenz der Inflationsraten nach sich gezogen hat oder ob die Konvergenz der Inflationsraten Voraussetzung für das Überleben des EWS war.

In jedem Fall mündete die Phase relativer Stabilität aber in die Krise von 1992/93. Danach wurden die Bandbreiten auf +/- 15 % erhöhten und erlaubten damit derart weitgehende Wechselkursbewegungen, dass eigentlich kaum noch von einem System fester Wechselkurse gesprochen werden konnte.

Es ist nicht verwunderlich, dass die Krise von 1992/93 auf das besondere Interesse der Wirtschaftshistoriker stößt. Viel Raum nimmt in den einschlägigen Arbeiten die Erforschung der Krisenursachen ein. Was konnte das EWS derart erschüttern, nachdem es zuvor – seit 1983 – fast ein Jahrzehnt lang offenbar gut funktioniert hatte? Eine Antwort auf diese Frage lautet: Der Wechselkursmechanismus hatte möglicherweise in der Tat nur vermeintlich gut funktioniert. Das Ausbleiben jeglicher Paritätsänderungen zwischen 1987 und 1992 war demnach kein Beleg seiner Funktionsfähigkeit; vielmehr erwies sich das Europäische Währungssystem als (politisch) dysfunktional in dem Sinne, dass Paritätsänderungen nicht stattfanden, die eigentlich hätten stattfinden müssen. Alternativ hätten die späteren Krisenländer in diesen Jahren auch eine stabilitätsorientiertere Politik betreiben können. Denn die Inflationsdifferenziale gegenüber Deutschland waren zwar kleiner geworden, aber nicht verschwunden. Einmal mehr zeigte sich: Ein Fixkurssystem kann mit dauerhaft divergierenden Inflationsraten nicht fertig werden.

Die aufgestauten Probleme traten offen zutage, als Deutschland nach 1990 den Einheitsboom erlebte, während der Rest Europas ab 1991 zu großen Teilen in eine Rezession geriet. Die Bundesbank bekämpfte die aus dem Konjunkturschub resultierende Inflation entschlossen. Das deutsche Zinsniveau stieg absolut und im Vergleich zu demjenigen der anderen EWS-Länder stark an. Das daraufhin auf den deutschen Kapitalmarkt strömende Kapital löste Aufwertungsdruck auf die D-Mark und Abwertungsdruck u. a. auf das Pfund, den Escudo, die Pesete, die Lira und den französischen Franc aus. Für eine erfolgreiche Verteidigung der Leitkurse wären Interventionen in bis dato nicht gekanntem Ausmaß notwendig gewesen. In den Ländern mit den abwertungsgefährdeten Währungen kam eine Diskussion darüber auf, ob es die Nachteile in Form einer verschärften Rezession und noch höheren Arbeitslosigkeit wert seien, die Geldpolitik zu straffen, um den Wechselkurs zu verteidigen.

Diese Diskussionen weckten das Interesse von Kapitalmarktakteuren, die den politischen Willen zur Verteidigung der Wechselkurse als nicht besonders ausgeprägt einschätzten. Durch zielgerichtete Spekulation erzeugten sie zusätzlichen Druck auf die Wechselkurse (nicht zuletzt denjenigen des Pfundes), was noch weitergehende – und damit noch unpopulärere – wirtschaftspolitische Gegenmaßnahmen erzwang. Die spekulativen Attacken entpuppten sich wenigstens teilweise als selbsterfüllende Prophezeiungen. Sie legten die Probleme des Fixkurssystems offen und verschärften sie so. Es zeigte sich, dass die Interessenlage der nationalen Entscheidungsträger in den besonders betroffenen Ländern Deutschland, Großbritannien, Italien und Frankreich von inländischen – und nicht währungspolitischen – Faktoren dominiert war. Dies führte zu destabilisierender Spekulation gegen einzelne Währungen, was es den Regierungen und Zentralbanken noch schwerer machte, die verschiedenen Optionen (Interventionen, Leitkursanpassung, Änderung der Wirtschaftspolitik, Verlassen des Systems) in Ruhe gegeneinander abzuwägen.

2.4.3 Wirtschaftshistorische Einordnung II: War das EWS ein D-Mark-Block mit der Bundesbank als Leitzentralbank?

Nicht nur für die Ursache der Krise von 1992/93 interessiert sich die wirtschaftshistorische Forschung, sondern auch für die Frage, ob das EWS wirklich ein symmetrisches System war. Als solches war es zumindest 1979 angekündigt worden. Im Laufe der 1980er-Jahre entwickelte sich das EWS jedoch zu einem asymmetrischen System mit der D-Mark als Leitwährung und der Bundesbank als Leitzentralbank. Die deutsche Geldpolitik gab die Richtung vor, der der Rest der EG folgte.

Die Unterordnung der anderen Teilnehmer unter Akzeptanz der Führungsrolle der Bundesbank war zumindest teilweise unfreiwillig. Für die These einer teils freiwilligen Asymmetrie spricht die Annahme, dass die traditionell weniger stabilitätsorientierten Länder mittels der Teilnahme am EWS geldpolitische Glaubwürdigkeit importieren konnten. Diese ergab sich aus den wirtschaftspolitischen Zwängen, die mit der Mitgliedschaft in einem System fester Wechselkurse einhergingen. Wollte eine Regierung nicht ständig den mit Abwertungen verbundenen Gesichtsverlust erleiden, musste sie eine stabilitätsorientierte Geldpolitik betreiben, denn die Verteidigung des Wechselkurses ließ die Devisenreserven abschmelzen und führte zu Verschuldung im System. Diese Zwänge stärkten ihre Position gegenüber dem Kapitalmarkt, aber auch gegenüber der eigenen Bevölkerung, der man wirtschaftspolitische Belastungen mit Verweis auf das EWS erklären konnte.

Ob Abwertungen bei Druck auf den Wechselkurs wirklich eine dauerhafte Lösung gewesen wären, ist – über das politische Problem des damit verbundenen Gesichtsverlustes hinaus – auch ökonomisch fraglich. Im einfachsten Fall führt eine Abwertung zu einer Vergünstigung der eigenen Exporte für ausländische Käufer und einer Verteuerung der Importgüter für Inländer. Die Exporte steigen, die Importe sinken und die Leistungsbilanz kommt wieder ins Gleichgewicht. Zum neuen, niedrigeren Wechselkurs sind nun Angebot an und Nachfrage nach der betreffenden Währung wieder ausgeglichen und der neue Leitkurs entspricht dem Marktkurs. So viel zur einfachen Lehrbuchtheorie. In der Realität droht das Land, dessen Währung abgewertet wird, in eine Abwertungs-Inflations-Lohnspirale zu geraten. Die weitgehende Handelsintegration in der EG hätte bei einer Abwertung geeignete Rahmenbedingungen dafür geboten, dass die Nachfrage nach den Exportgütern des abwertenden Landes sehr stark auf den niedrigeren Wechselkurs reagiert (was durchaus erwünscht war), dadurch aber die Preise der betreffenden Güter ansteigen lassen. Ein niedrigerer Wechselkurs bedeutet gleichzeitig für die Inländer, dass Importgüter für sie teurer werden. Im Sinne eines Ausgleichs der Leistungsbilanz ist auch dies eigentlich erwünscht. Gibt es jedoch für diese Importgüter keine Substitute im Inland und ist die Nachfrage nach ihnen unelastisch, wie es z. B. bei Energie der Fall sein kann, dann werden die Importausgaben der Inländer kaum sinken oder vielleicht sogar steigen. Das ergibt sich aus kaum sinkenden Mengen bei gleichzeitig steigenden Preisen. Die – auch für inländische Exportunternehmen, die mit importierten Vorprodukten arbeiten – steigenden Preise der Importgüter können zusammen mit der gestiegenen Nachfrage der Ausländer nach den Exportgütern des Landes einen Inflationsschub sowie Realeinkommensverlust im Inland auslösen. Können die Gewerkschaften als Reaktion darauf höhere Löhne durchsetzen, wird die Inflation sich verfestigen, und die durch die Abwertung zunächst gestiegene Wettbewerbsfähigkeit der Exportindustrie sinkt infolge der gestiegenen Arbeitskosten wieder. Die Folge wären ein Leistungsbilanzdefizit und damit neuer Abwertungsdruck.

Als Alternative zur Abwertung blieb nur die Ausrichtung an der Wirtschaftspolitik des Leitwährungslandes Bundesrepublik. So hofften die anderen EWS-Mitglieder, die grenzüberschreitenden Zahlungsströme indirekt beeinflussen zu können, um den Wechselkurs stabil zu halten. Dass die D-Mark zur Leitwährung und die Bundesbank zur Leitzentralbank wurde, hatte natürlich auch mit der Größe und der ökonomischen Bedeutung der Bundesrepublik innerhalb der EG zu tun. Wie beschrieben versuchten die anderen EWS-Länder, an der Anti-Inflationsreputation zu partizipieren, die die Bundesbank zuvor aufgebaut hatte. Das sahen sie als Möglichkeit, die politischen Kosten ihrer Disinflationspolitik zu senken. Dass eine solche Disinflationspolitik – also eine Reduzierung der zuvor sehr hohen Inflationsraten – notwendig war, darüber herrschte wegen der nachteiligen ökonomischen und sozialen Auswirkungen der erheblichen Geldentwertung in den 1970er- und frühen 1980er-Jahre auch in den vormaligen Hochinflationsländern Südeuropas allmählich Konsens.

Über eine solche politisch motivierte Unterordnung unter eine Leitzentralbank hinaus sprachen auch grundlegende ökonomische Erwägungen dagegen, dass das EWS dauerhaft ein symmetrisches Wechselkurssystem sein würde. Die bereits erwähnte n-1-Problematik gibt es auch in einem auf Multilateralität und Symmetrie hin ausgerichteten System. Auch im EWS war es so, dass eine Zentralbank die Richtung vorgeben konnte und die anderen sich anzupassen hatten. Dabei handelt es sich typischerweise um die Zentralbank eines Landes, dessen Währung aufgrund von Exportüberschüssen und Kapitalzuflüssen unter Aufwertungsdruck stand. Im Gegensatz zu einem Land mit abwertungsgefährdeter Währung konnte das Überschussland praktisch unbegrenzt intervenieren, ohne sich bei der Partner-Notenbank verschulden zu müssen. Um den Inflationsdruck aufgrund einer durch die Interventionen steigenden inländischen Geldmenge zu mindern bzw. zu eliminieren, konnten auch nach wie vor Kapitalverkehrskontrollen eingeführt werden. Im Falle des EWS kam hinzu, dass die Bundesregierung, wie erst später bekannt wurde, der Bundesbank informell zugesichert hatte, deren Interventionspflicht würde enden, sobald die Preisniveaustabilität in Deutschland in Gefahr war. So wären beispielsweise 1986/87 gegebenenfalls erhebliche Bundesbank-Interventionen notwendig geworden, aber die Bundesbank drängte die Bundesregierung erfolgreich, in Brüssel eine Paritätsänderung durchzusetzen. Auch steht die Bundesbank bis heute in der Kritik, der aus ihrer Macht erwachsenen Verantwortung Anfang der 1990er-Jahre nicht gerecht geworden zu sein und so die EWS-Krise ausgelöst zu haben. Damals habe sie der Inflationsbekämpfung in Deutschland rücksichtslos Priorität eingeräumt und den Auswirkungen ihrer Hochzinspolitik auf die Partnerländer und damit auf das EWS keine Beachtung geschenkt.

Alles in allem sprechen die hier vorgestellten ökonomischen und politischen Argumente dafür, dass das EWS in der Praxis ein asymmetrisches System war und, ebenso wie sein Vorgänger, der Europäische Wechselkursverbund, am Ziel einer wirklichen Europäisierung der Währungspolitik gescheitert war. Eine multilaterale, symmetrische Lösung der Wechselkursproblematik wurde nicht gefunden.

2.4.4 Wirtschaftshistorische Einordnung III: War das EWS ein Wegbereiter der Währungsunion?

Das EWS war also trotz der deutlich weiter reichenden Ambitionen, die bei seiner Gründung erkennbar waren, nicht mehr als ein Fixkurssystem, und zwar ein asymmetrisches. Zwar hielt es bis 1992/93 und trug wohl auch zu mehr Stabilitätsorientierung in den Mitgliedsländern bei; das ändert aber nichts an der Tatsache, dass sich wie in den 1970er-Jahren weiter ein »Hartwährungsblock« mit Deutschland sowie den Niederlanden als Kern und eine Gruppe von »Weichwährungsländern« (Italien, Spanien, Portugal) gegenüberstanden. Die einen Währungen waren ständig unter Aufwertungs-, die anderen dauerhaft unter Abwertungsdruck. Das Europäische Währungssystem ist damit, insbesondere was seine Entwicklung ab 1990 betrifft, ein weiteres Fallbeispiel dafür, dass ein System fester Wechselkurse gemeinsamer wirtschaftspolitischer Vorstellungen unter den Teilnehmern bedarf. Früher oder später werden die Mitgliedsländer sich entscheiden müssen, ob sie sich in einer konkreten Situation für die Bekämpfung der Inflation (unter Inkaufnahme einer Rezession und höherer Arbeitslosigkeit) auf der einen oder der Arbeitslosigkeit (unter Inkaufnahme höherer Inflation) auf der anderen Seite entscheiden sollen. Sowohl der scheinbare Erfolg des EWS vor als auch sein faktisches Scheitern mit der Krise von 1992/93 können als Erklärung für den Impetus dienen, mit dem Delors, Kohl, Mitterrand und die anderen Staats- und Regierungschefs das Projekt einer gemeinsamen Währung vorantrieben:

- Der scheinbare Erfolg des EWS von 1987 bis 1992 führte den Europäern noch einmal eindrucksvoll vor Augen, was sie ohnehin längst wussten: ein vereintes Europa braucht planbare Währungsrelationen. Das galt erst recht nach der Initiierung des Binnenmarktprogramms mit der Einheitlichen Europäischen Akte (1986 ▶ Kap. 3). Die (neben anderen Zielen) darin für 1990 angestrebte vollständige Liberalisierung des Kapitalverkehrs in der EG ist gleichzeitig eine der Ursachen der EWS-Krise. Es zeigte sich, dass ein System fester Wechselkurse mit Stufenflexibilität ohne flankierende Kapitalverkehrskontrollen nicht mehr zu verteidigen war.
- Vom faktischen Scheitern mit der Krise von 1992/93 gingen widersprüchliche Signale aus. Ökonomisch und politisch war die Konvergenz der EG-Länder offenbar noch nicht groß genug. Die Strukturen der Volkswirtschaften waren noch so unterschiedlich, dass asymmetrische Schocks erhebliche Spannungen auf den Devisenmärkten nach sich ziehen konnten, die wiederum die nationalen Entscheidungsträger zwangen, binnen- und außenwirtschaftliche Faktoren gegeneinander abzuwägen. Die »Weichwährungsländer« des Südens und Frankreich mussten zudem für sich die Prestigefrage beantworten, ob sie weiter unter der geldpolitischen Führung der Bundesbank agieren wollten. In dieser Gemengelage kam zum Tragen, was der Wirtschaftshistoriker Barry Eichengreen folgendermaßen auf den Punkt gebracht hat: »Begrenzte Maßnahmen haben in einer Welt mit unbegrenzter Kapitalmobilität keinen Erfolg.«[17] An unbegrenzten Maßnahmen standen nur die völlige Freigabe der Wechselkurse oder deren unwiderrufliche Fixierung im Rahmen einer Währungsunion zur Verfügung. Die völlige Freigabe der Wechselkurse war im Europa des einheitlichen Binnenmarktes, in dem ab 1993 die »vier

---

17 Eichengreen, B. (2000): Vom Goldstandard zum Euro. Die Geschichte des internationalen Währungssystems, Verlag Klaus Wagenbach, Berlin 2000, S. 248.

Freiheiten« verwirklicht waren, keine Option mehr. Damit blieb nur der Weg zur Währungsunion.

3 Vorbereitung: Delors-Report, Maastrichter Vertrag, Stabilitäts- und Wachstumspakt (1989–1998)

3.1 Der Delors-Report

Der Ökonom Jacques Delors (*1925) übte unterschiedliche Funktionen in der französischen Verwaltung, Politik und Zentralbank aus und war auch als Hochschullehrer tätig. Von 1985 bis 1995 war er EG-Kommissionspräsident. In diesem Amt setzte Delors das Binnenmarktprogramm auf Basis der Einheitlichen Europäischen Akte um und ebnete mit seinem Delors-Report der Währungsunion den Weg. Damit gilt er als einer der einflussreichsten europäischen Politiker überhaupt. Delors starb 2023 in seiner Geburtsstadt Paris. [Foto: Europäische Gemeinschaften 1993/EC 1993]

Etwa zeitgleich mit der schrittweisen Stabilisierung des Europäischen Währungssystems (EWS) ab 1983 nahm die europäische Integration insgesamt wieder Fahrt auf. 1985 legte die Kommission ein Strategiepapier (»Weißbuch«) zur Vollendung des Binnenmarktes vor. Das darin formulierte Ziel, diesen Binnenmarkt – definiert als Raum ohne Binnengrenzen mit freiem Personen-, Waren-, Dienstleistungs- und Kapitalverkehr (»Vier Freiheiten«) – bis 1993 zu schaffen, wurde mit der Einheitlichen Europäischen Akte zu einer verbindlichen Aufgabe der Gemeinschaftsorgane (insbesondere der Kommission) sowie der damals zwölf EG-Mitgliedstaaten.

Als diese Einheitliche Europäische Akte am 1. Juli 1987 in Kraft trat, lagen die Unterzeichnung der Römischen Verträge dreißig und die Vollendung der Zollunion knapp zwanzig Jahre zurück. Zum ersten Mal seit Jahrzehnten also waren spürbare Integrationsfortschritte in Form grundlegender Änderungen des EWG-Vertrages mit ambitionierten Zielen zu verzeichnen. Diese Vertragsänderungen betrafen die Kompetenzen der EG ebenso wie deren Entscheidungsprozesse. Auch die monetäre Integration war Thema – wenngleich der Begriff Wirtschafts- und Währungsunion zwar genannt, aber nicht konkretisiert wurde.

Wie sich jedoch bald zeigen sollte, löste die Einheitliche Europäische Akte dennoch nicht zuletzt in Sachen Währungsintegration eine neue Dynamik aus. Sie enthielt einen umfangreichen Katalog von fast dreihundert Maßnahmen zur Durchsetzung der »Vier Freiheiten«. Hemmnisse, die durch nationale Produktnormen und Lebensmittelstandards sowie Steuergesetze begründet waren, sollten ebenso wegfallen wie Personen- und Warenkontrollen an den innergemeinschaftlichen Staatsgrenzen, Marktzugangsbeschränkungen in einzelnen Branchen (z. B. Finanzdienstleistungen, Transportgewerbe, Energieversorgung) sowie staatliche Monopole (z. B. Post, Telekommunikation, Eisenbahn). Um die dafür notwendigen politischen Schritte zu erleichtern, ersetzte die Einheitliche Europäische Akte für alle binnenmarktrelevanten Entscheidungen das bisherige Einstimmigkeitsprinzip im Rat durch die Beschlussfassung mit qualifizierter Mehrheit.

Dies betraf auch eine Richtlinie, die die vollständige Liberalisierung des Kapitalverkehrs in der Gemeinschaft zum Ziel hatte und die Aufhebung aller Beschränkungen der grenzüberschreitenden Kapitalströme in der EG ab dem 1. Juli 1990 vorsah. Aus den Ausführungen zum Trilemma der Währungspolitik in Abschnitt 2.2.4 ergibt sich: Damit würden die EWS-Mitglieder unter den EG-Ländern ihre noch verbliebenen Spielräume in der Wirtschafts- und insbesondere Geldpolitik nicht weiter durch Eingriffe in den grenzüberschreitenden Kapitalverkehr bewahren können. Das galt jedenfalls so lange, wie sie die festen EWS-Wechselkurse beibehalten wollten.

Es verwundert daher nicht, dass 1987/88 mit Blick auf den Binnenmarkt und besonders die Kapitalverkehrsfreiheit mehrere Vorstöße (darunter vor allem das Balladur-Memorandum, der Padoa-Schioppa-Bericht sowie das Genscher-Memorandum) in Richtung einer Vertiefung der währungspolitischen Zusammenarbeit in Europa unternommen wurden. Dabei ging es einerseits ganz konkret darum, die in Frankreich besonders stark wahrgenommene Asymmetrie des EWS (▶ Kap. 2.4.3) zu überwinden und den freien Waren- und Dienstleistungsverkehr ein für alle Mal von Wechselkursschwankungen unabhängig zu machen. Andererseits stand aber auch das strategische Ziel im Raum, die EG über die unbestreitbaren Vorteile der Einheitlichen Europäischen Akte hinaus zu einer wirklichen Union mit weitreichenden Kompetenzen nicht nur in der Wirtschafts- und Währungs-, sondern auch der Innen-, Außen- und Verteidigungspolitik weiterzuentwickeln. So kam die Idee einer Währungsunion wieder auf die Tagesordnung, als der Europäische Rat im Sommer 1988 in Hannover zusammenkam. Ohne weitschweifende Diskussionen erteilten die Staats- und Regierungschefs einer Arbeitsgruppe unter Leitung von Kommissionspräsident Jacques Delors den Auftrag, die Möglichkeiten und Grenzen einer über das EWS hinausgehenden Währungsintegration zu untersuchen. Dieser Arbeitsgruppe gehörten neben Delors drei unabhängige Sachverständige, die elf Notenbankgouverneure sowie ein Vertreter des luxemburgischen Finanzministeriums an.[18]

Im April 1989 präsentierten die Experten ihren Abschlussbericht – den Delors-Report[19]. Für viele Beobachter überraschend schlugen sie einstimmig vor, eine Wirt-

---

18 Luxemburg und Belgien bildeten seit Jahrzehnten eine Währungsunion. Luxemburg hatte daher keine eigene Notenbank.
19 Committee for the Study of Economic and Monetary Union (1989): Report on Economic and Monetary Union in the European Community («Delors Report"), April 17th, 1989, Brussels

schafts- und Währungsunion anzustreben. Als konstitutive Merkmale einer Wirtschaftsunion sahen sie

- den Binnenmarkt mit den »Vier Freiheiten«
- eine einheitliche Wettbewerbspolitik zur Gewährleistung gleicher Spielregeln für alle Marktteilnehmer
- die Koordinierung der nationalen Fiskalpolitiken (u. a. durch verbindliche Regeln für die Budgets der Mitgliedsländer)
- eine Struktur- und Regionalpolitik, die den schwächeren Teilen der EG den Anschluss an den Rest ermöglichen sollte

Eine Währungsunion wiederum erfordert gemäß dem Delors-Bericht

- die uneingeschränkte und irreversible Konvertibilität der Währungen
- die vollständige Freiheit des Kapitalverkehrs sowie die Integration der nationalen Banken- und Finanzmärkte
- die Beseitigung der Bandbreiten und unwiderrufliche Fixierung der Wechselkurse

Eine so definierte Wirtschafts- und Währungsunion sollte über drei Stufen erreicht werden:

- Stufe 1: Innerhalb der bereits bestehenden institutionellen Rahmenbedingungen (darunter beispielsweise die vollständige Kapitalverkehrsliberalisierung zum 1. Juli 1990) sollten die nationalen Wirtschafts- und Geldpolitiken besser koordiniert werden.
- Stufe 2: Gemeinschaftsinstitutionen für die EG-Wirtschafts- und Währungspolitik sollten entstehen und schrittweise mit Kompetenzen versehen werden.
- Stufe 3: Vollständige Übertragung aller Befugnisse, die für das Funktionieren der Wirtschafts- und Währungsunion relevant sein würden, auf die Gemeinschaftsinstitutionen.

Mit dem zwei Jahrzehnte zuvor entstandenen Werner-Plan (▶ Kap. 2.3.1) verband den Delors-Bericht die gleiche Definition des Endziels Währungsunion sowie die Strategie, dieses Ziel über drei Stufen anzusteuern. An zwei Stellen unterschieden sich die beiden Konzepte aber erheblich: Der Werner-Plan hielt ein wirtschaftspolitisches Beschlussorgan auf Gemeinschaftsebene für notwendig; es sollte die europäische Wirtschafts- und Finanzpolitik steuern und dem Europäischen Parlament gegenüber verantwortlich sein. Gleichzeitig ließ er die institutionelle Verankerung der gemeinsamen Geld- und Währungspolitik offen und verwies bloß, ohne Details zu nennen, auf ein Gremium »analog dem Federal Reserve Board«. Im Delors-Bericht (und später im Maastrichter Vertrag) war es genau umgekehrt: Sein Tenor blieb zurückhaltend in Bezug auf die europäische Koordinierung – und erst recht Steuerung – der Wirtschafts- und Finanzpolitik; gleichzeitig positionierte er sich eindeutig für ein unabhängiges, föderal aufgebautes und der Geldwertstabilität verpflichtetes Europäisches System der Zentralbanken (ESZB).

Das ESZB war damit klar nach dem Vorbild der Deutschen Bundesbank geplant – was den französischen Vorstellungen von Wirtschaftspolitik diametral zuwiderlief. In Frankreich wurde die Geldpolitik traditionell als Teilbereich der staatlichen Exekutive gesehen. Französische Politiker waren es zudem gewohnt, auch fiskalpolitisch, regulatorisch und über große Staatsunternehmen aktiv in den Wirtschaftsprozess einzugreifen. Das Fehlen einer europäischen Wirtschaftsregierung (gouvernement économique) in der Delors-Konzeption verstärkte das französische Unbehagen, denn die Wirtschaftsregierung hätte ein Gegengewicht zu dem unabhängigen Zentralbanksystem darstellen können. Dass sich die Delors-Kommission dennoch einstimmig für das deutsche Zentralbankmodell ausgesprochen hatte, resultiert möglicherweise aus der Annahme, dass ein hoch ambitioniertes Projekt wie die Währungsunion gegen die Mehrheitsmeinung im größten – und seiner Notenbank sowie deren stabilitätsorientierten Geldpolitik traditionell sehr wohlgesonnenen – Mitgliedsland nicht durchzusetzen gewesen wäre.

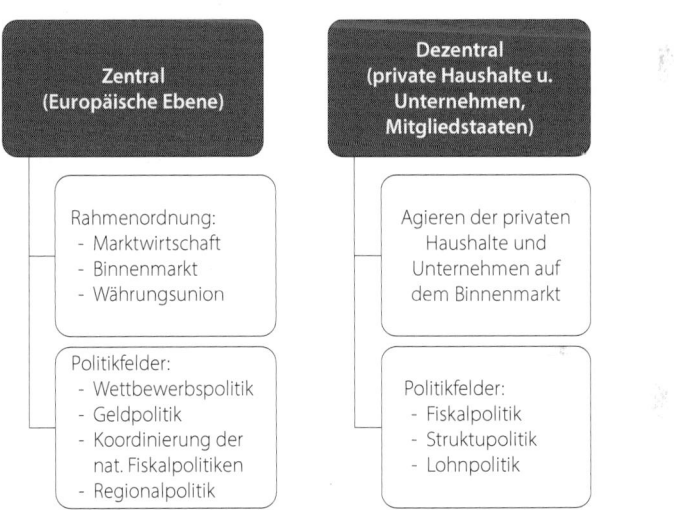

Dar. 29: Doppelte Dezentralität der Währungsunion gemäß Delors-Report

Betrachtet man das Delors-Konzept in seiner Gesamtheit, so erkennt man eine doppelte Dezentralität (▶ Dar. 29):

- Zum einen sollten ökonomische Entscheidungen (im Zweifel) nicht zentral vom Staat, sondern von privaten Haushalten und Unternehmen getroffen werden. Diese Grundsatzentscheidung für die Marktwirtschaft sicherte die EG ab, indem sie das Privateigentum, individuelle Entscheidungsfreiheit, den Schutz des freien Wettbewerbs und die Einhaltung rechtsstaatlicher Prinzipien garantierte. Gleichzeitig sollte Brüssel zur Koordinierung der nationalen Fiskalpolitiken beitragen und mit regionalpolitischen Maßnahmen darauf hinarbeiten, dass ärmere Teile der Gemeinschaft nicht den Anschluss verlören. Auf dieser Basis boten der entstehende Binnenmarkt und die zukünftige europäische Währungsordnung den Rahmen, innerhalb dessen die privaten Wirtschaftsteilnehmer dezentral miteinander agieren konnten.

- Während auf der Gemeinschaftsebene somit das ordnungspolitische Gefüge bestimmt wurde, sollten zum anderen die auch in einer Marktwirtschaft erforderlichen Eingriffe des Staates in den Ablauf und die Strukturen der Wirtschaft, also die Prozesspolitik, weiter Aufgabe der Mitgliedstaaten bleiben. Diese sollten eigenverantwortlich dafür sorgen müssen, dass ihre Volkswirtschaften den Anforderungen des Binnenmarktes und der gemeinsamen Währung gewachsen sind. Auch die Mechanismen der Lohnfindung wurden auf nationaler Ebene geregelt.

Der Delors-Report vereint also die Notwendigkeit eines zentralen, europäischen Rahmens für das Handeln von Unternehmen und privaten Haushalten sowie der nationalen Regierungen mit der Quintessenz des Subsidiaritätsprinzips, dass eine möglichst dezentrale Entscheidungsfindung zentralen Regelungen im Zweifel überlegen ist. Daraus ergibt sich eine besondere Konstellation: Es sollte eine gemeinsame Währung und eine starke Notenbank geben, aber keine politische Union. Die neue europäische Währung würde somit nicht einem (National-)Staat zugeordnet sein, sondern einem von einer Staatengruppe organisierten Markt. Der Titel einer Studie der EG-Kommission von Anfang der 1990er-Jahre – »One Market, One Money«[20] – bringt das auf den Punkt. Diese besondere Konstellation resultiert aus den beiden unterschiedlichen Motiven, die der Einsetzung der Delors-Gruppe zugrunde lagen. Das eine Motiv war die Überwindung der deutschen Hegemonie im Europäischen Währungssystem. Insbesondere Frankreich wollte die Macht der Bundesbank durch eine Europäisierung der Geldpolitik brechen. Gleichzeitig mussten die Vorschläge aber durchsetzbar sein, also die deutsche Abwehrhaltung gegenüber einer politisierten Zentralbank und einer europäischen Wirtschaftsregierung berücksichtigen. Diesen machtpolitisch-taktischen Überlegungen stand das zweite, proeuropäisch-strategische Motiv zur Seite. Nicht wenige Verfechter der gemeinsamen Währung sahen diese als Schrittmacher auf dem Weg zu einer wirklichen (politischen) Union. Die Betrachtung der nationalen Interessenlagen darf nämlich nicht vergessen machen, dass Politiker wie Delors auch integrationspolitische Motive hatten. Für sie war Europa ein historisches Projekt, das die Europäer für immer zusammenführen sollte. Entsprechend hatte Delors auch die emotionale Bedeutung des (später so bezeichneten) Euro für die europäische Integration insgesamt im Blick, als er Anfang 1989 sagte: »You cannot fall in love with the

---

20 European Commission (1990): One market, one money – An evaluation of the potential benefits and costs of forming an economic and monetary union, European Economy, Vol. 44, October 1990, online verfügbar: https://ec.europa.eu/economy_finance/publications/pages/publication7454_en.pdf (letzter Aufruf: 04.07.2024).

single market.«[21] Der Binnenmarkt war zwar von enormer Bedeutung, jedoch vorwiegend ökonomisch-technokratischer Natur. Die Europäer sollten Europa aber nicht nur akzeptieren, sondern lieben lernen. Und der Euro sollte ein Objekt dieser Liebe sein.

3.2 Ökonomische Grundlagen der Diskussion in den 1990er-Jahren

3.2.1 Die Theorie der optimalen Währungsräume

Während die ökonomische Sinnhaftigkeit des Binnenmarktes nie ernsthaft bestritten wurde, lag dies im Fall der Währungsunion völlig anders: Nach der Veröffentlichung des Delors-Reports begann unter Ökonomen eine intensive Diskussion über das Für und Wider einer gemeinsamen Währung in Europa. Zahlreiche Debattenbeiträge bezogen sich dabei auf die Theorie der optimalen Währungsräume (Optimum Currency Area Theory, OCA), die sich ausgehend von einem grundlegenden Beitrag von Robert Mundell seit den 1960er-Jahren entwickelt hatte.[22]

Die Theorie der optimalen Währungsräume soll eine einfache Frage beantworten: Wann lohnt es sich für ein Land, die eigene Währung aufzugeben und einem anderen Währungsraum beizutreten bzw. mit anderen Ländern einen neuen Währungsraum zu begründen? Auch die Antwort auf die Frage ist einfach: Dieser Schritt lohnt sich dann, wenn für das betreffende Land der Nutzen höher ist als die Kosten. Weniger einfach ist es, diesen Nutzen und diese Kosten zu identifizieren und quantitativ einzuordnen.

Kapitel 1 dieses Buches hat gezeigt, dass der internationale Handel ein internationales Zahlungsmittel erfordert. Hier wirken Netzwerkeffekte. Je mehr Käufer ein Zahlungsmittel nutzen möchten, desto mehr Verkäufer werden es akzeptieren. Und je mehr Verkäufer ein Zahlungsmittel akzeptieren, desto mehr Käufer werden es nutzen. Dies scheint nahezulegen, dass sich die gesamte Welt auf ein und dasselbe Zahlungsmittel festlegen sollte. Doch ganz so einfach ist die Sache nicht. Das liegt an den sog. asymmetrischen Schocks. Dabei handelt es sich um relativ plötzlich auftretende Preis- und/ oder Mengenentwicklungen, die sich geografisch unterschiedlich (= asymmetrisch) auswirken. Entgegen dem allgemeinen Sprachgebrauch müssen Schocks nicht unbedingt negativ, sondern können auch positiv ein. Darstellung 30 gibt einen Überblick.

---

21 Delors, J. (1989): Address given to the European Parliament, January 17th, 1989, online verfügbar: https://www.cvce.eu/content/publication/2003/8/22/b9c06b95-db97-4774-a700-e8aea5172233/publishable_en.pdf (letzter Aufruf: 04.07.2024)

22 Vgl. Mundell, R. (1961): A theory of optimum currency areas, in: American Economic Review, Vol. 51 (4/1961), S. 657-665.

Dar. 30: Beispiele für asymmetrische Schocks

	Beispiel für asymmetrische Preisentwicklung	Beispiel für asymmetrische Mengenentwicklung
positiver Schock	Öl- und Gaspreise fallen, nachdem neue Vorkommen entdeckt wurden → positiv für Länder, deren Energieverbrauch sich stark auf fossile Energien stützt	Nachfrage nach Seltenen Erden aufgrund E-Mobilität und Digitalisierung steigt sprunghaft an. → Positiv für Land, das Seltene Erden fördert und exportiert
negativer Schock	CO2-Preis steigt aus klimapolitischen Gründen drastisch → negativ für Länder mit energieintensiver Industrieproduktion	Embargos gegen erdöl- und erdgasproduzierende Länder verknappen Mengen erheblich → negativ für sanktionierte Länder → negativ für Länder, deren Energieverbrauch sich stark auf fossile Energien stützt

Dazu ein Beispiel: Zwei Länder unterscheiden sich in der Art der Produkte, die sie exportieren. Das erste Land exportiert hauptsächlich Agrarprodukte, das zweite Autos. Kommt es nun – warum auch immer – zu einem weltweiten Einbruch der Auto-Nachfrage, wird dies im zweiten Land eine Rezession mit steigender Arbeitslosigkeit auslösen, aber am ersten weitgehend spurlos vorübergehen. Wenn die beiden Länder jeweils über eine eigene Währung verfügen, kann das zweite Land die Binnenkonjunktur mit expansiver Geldpolitik stärken und darauf hoffen, dass eine Wechselkursabwertung auch die Exporte ankurbelt. Ganz ähnlich verhält es sich bei einem starken Anstieg der Nachfrage nach Autos. Dies könnte im zweiten Land einen Boom mit hohen Preissteigerungsraten auslösen, worauf dieses Land mit höheren Zinsen zur Dämpfung der Binnennachfrage reagieren könnte, was bei einer Wechselkursaufwertung auch zu einer sinkenden Nachfrage nach den Exportgütern des Landes und zu einer Verbilligung der Importgüter führen könnte. Im Ergebnis würde der Boom ebenso wie die Inflation abgeschwächt.

Diese Möglichkeiten bestehen nicht, wenn das zweite Land Mitglied einer Währungsunion ist und keine eigenständige Zins- und Wechselkurspolitik mehr betreiben kann. Das ist nicht nur theoretisch von Interesse. Inflation und Arbeitslosigkeit können massive Auswirkungen auf das Wohlergehen der Bürger haben, im Extremfall drohen gravierende soziale Verwerfungen. Wenn der Regierung in einer solchen Situation mit der Geld- und Wechselkurspolitik zentrale wirtschaftspolitische Ansatzpunkte fehlen und sie die Probleme deshalb nicht lösen kann, verliert schlimmstenfalls nicht nur sie, sondern das politische System insgesamt den Rückhalt der Bürger.

Diesem gravierenden Nachteil der Aufgabe einer eigenen Währung steht eine Reihe von Vorteilen gegenüber:

- Für Konsumenten und Produzenten sinken die Kosten, wenn bei der Bezahlung grenzüberschreitend gehandelter Güter keine Umtauschgebühren mehr anfallen.

- Für Importeure und Exporteure steigt die Planungssicherheit und entfallen die Kosten des Wechselkursrisikomanagements, wenn sie ihre Kalkulationen nur noch in einer Währung durchführen müssen.
- Die höhere Planungssicherheit und die Eliminierung des Wechselkursrisikos kommen auch multinational tätigen Unternehmen zugute, die über Produktionsstandorte in mehreren Mitgliedsländern der Währungsunion verfügen.
- Eine einheitliche Währung ermöglicht es den Verbrauchern, die Preise in- und ausländischer Produkte zu vergleichen. Das stärkt den Wettbewerb.
- Für Kapitalmarktinvestoren entfällt die Notwendigkeit, bei ihren Investitionsentscheidungen Wechselkursrisiken zu berücksichtigen – sofern sowohl der Investor als auch das Investitionsobjekt in der Währungsunion beheimatet sind. Die Zinsen auf Staats- und Unternehmensanleihen werden ceteris paribus fallen.

Alles in allem ist zu erwarten, dass die gemeinsame Währung die Güter- und Kapitalmärkte besser arbeiten lässt. Die volkswirtschaftlichen Ressourcen können besser eingesetzt werden und das Wachstum steigt.

Die Theorie der optimalen Währungsräume hat nicht nur Kosten und Nutzen einer gemeinsamen Währung herausgearbeitet, sondern auch, unter welchen Bedingungen diese Vorteile zum Tragen kommen und größer als die Nachteile sind.

- Handelsintegration:
  Wenn in einem einheitlichen Währungsraum infolge des Wegfalls der Wechselkurse die Kosten (für Konsumenten und Produzenten, für Importeure und Exporteure) sinken und die Planungssicherheit zunimmt, dann ist dieser Effekt natürlich umso stärker, je mehr grenzüberschreitenden Handel es schon gibt.
- Homogenität und Diversifikationsgrad der beteiligten Volkswirtschaften:
  Im Beispiel oben bewirkte der Einbruch der globalen Autonachfrage einen asymmetrischen Schock. Die Situation wäre anders, wenn beide Länder [1] vorrangig entweder beide Autos oder beide Agrarprodukte produzieren würden (d. h., wenn sie homogen wären in dem Sinne, dass in dieser Währungsunion entweder nur Autos oder nur Agrarprodukte hergestellt würden) oder [2] auf beide Branchen gleichzeitig spezialisiert (d. h., diversifiziert) wären. Im ersten Fall würde der Einbruch der Autonachfrage entweder beide Länder gleichzeitig treffen oder keines von beiden. Wären beide Länder Autoexporteure und damit mit einem Nachfragerückgang konfrontiert, könnte die gemeinsame Zentralbank in einer Währungsunion diesem symmetrischen Schock mit einer expansiven Geldpolitik wirksam begegnen. Im zweiten Fall wäre die Autobranche in beiden Ländern nicht so dominierend, dass der globale Nachfrageeinbruch eines oder beide Länder in eine ernstzunehmende Krise ziehen könnte.
- Lohnflexibilität:
  In unserem Beispiel würde der Nachfrageeinbruch auf dem Automarkt den Arbeitskräftebedarf der Autohersteller senken. Wenn die Löhne sich flexibel an veränderte Gegebenheiten anpassen können, werden sie in diesem Fall sinken. Bei flexiblen Löhnen wäre mit deren Rückgang zu rechnen. Sinkende Löhne wiederum

erhöhen die Wettbewerbsfähigkeit der Exportindustrie, was deren Produkte auf dem Weltmarkt und das Land insgesamt für Investitionen attraktiver macht. Die ausländische Nachfrage nach inländischen Waren und Investitionsgütern würde steigen und die negativen Auswirkungen des asymmetrischen Schocks wenigstens teilweise kompensieren.

- Offenheit der nationalen Kapitalmärkte:
Kommt es in einem Land der Währungsunion aufgrund eines asymmetrischen Schocks zu einer Rezession, so sinken die Preise von Vermögensgütern wie Wertpapieren, Unternehmensbeteiligungen und Immobilien. Diese werden damit zu einem lohnenden Objekt für Investoren aus anderen Teilen der Währungsunion – in unserem Beispiel aus dem Land, das schwerpunktmäßig Agrarprodukte exportiert. Das in das Autoland strömende Kapital stabilisiert die Preise der Vermögensgüter und damit den Konsum und erleichtert Investitionen. Dieser Prozess kann seine stabilisierende Wirkung umso besser entfalten, je einfacher grenzüberschreitende Investitionen möglich, je untereinander offener also die Kapitalmärkte der Mitgliedsländer sind.

- Grenzüberschreitende Diversifikation der Kapitalanlagen:
Wenn private Haushalte, Unternehmen und Banken aus allen Ländern der Währungsunion ihre Kapitalanlagen gleichmäßig auf alle Länder der Währungsunion verteilt haben, verteilt sich die Wirkung eines asymmetrischen Schocks auf die gesamte Währungsunion. In unserem Beispiel würde das bedeuten: Private Haushalte, Unternehmen und Banken in den beiden Ländern haben ihre Kapitalanlagen gleichmäßig auf die Agrar- und die Autobranche aufgeteilt und beziehen somit von dort jeweils einen Teil ihres Einkommens. Der asymmetrische Schock bewirkt nun, dass die Erträge aus Investitionen in die Autoindustrie sinken, während die Erträge aus Investitionen in die Agrarbranche unverändert bleiben. Damit sind die Erträge im Agrarland niedriger und im Autoland höher, als sie ohne grenzüberschreitende Kapitalanlagen wären. Die Auswirkungen des asymmetrischen Schocks werden im eigentlich betroffenen Land abgemildert und von dem anderen Land teilweise getragen. Aus dem asymmetrischen wird (teilweise) ein symmetrischer Schock.

- Finanztransfers:
Ein negativer asymmetrischer Schock kann auch durch öffentliche Transferzahlungen an die Regierung des betroffenen Landes abgemildert werden. Es gibt unterschiedliche Formen von Transferzahlungen. Wenn die Währungsunion beispielsweise über einen zentralen Haushalt verfügt, würde im Beispiel aus dem Autoland wegen der Wirtschaftsschwäche weniger Geld in das Budget eingezahlt, gleichzeitig würde die Währungsunion aber weiter in dem Land Geld ausgeben, z. B. für den Aufbau einer grenzüberschreitenden Verkehrs- oder Energieinfrastruktur. Damit läge ein impliziter Finanzausgleich vor, weil diese Ausgaben teilweise aus dem Agrarland finanziert würden. Das wäre auch der Fall, wenn es eine zentrale Arbeitslosenversicherung gäbe. Aus dem schwächelnden Mitgliedsland flössen dann weniger Beiträge in die Arbeitslosenversicherung, gleichzeitig stiegen dort die Arbeitslosengeldzahlungen an. In dem nicht von einem Schock be-

troffenen Mitgliedsland wäre es umgekehrt. Denkbar wäre auch ein expliziter Finanzausgleich. In unserem Fall würde dann ein Teil des Steueraufkommens des Agrarlandes in das Autoland fließen, um den dortigen Staatshaushalt (und damit die Staatsnachfrage nach Waren und Dienstleistungen) zu stabilisieren.

- Homogenität der wirtschaftspolitischen Präferenzen:
Eine Währungsunion kann nur spannungsfrei funktionieren, wenn zwischen den Mitgliedsländern ähnliche Vorstellungen bezüglich der geldpolitischen Prioritätensetzung herrschen. Andernfalls drohen regelmäßig Konflikte über den Kurs der Zentralbank.

Dar. 31: Die Theorie der optimalen Währungsräume im Überblick

Vor- und Nachteile der Aufgabe der eigenen (nationalen) Währung
Vorteile: niedrigere Kosten, höhere Planungssicherheit, mehr Markttransparenz
Nachteil: Verzicht auf eigenständige Zins- und Wechselkurspolitik

Rahmenbedingungen, die Vorteile einer Währungsunion besonders zum Tragen bringen bzw. deren Nachteile in Grenzen halten
Währungsunion ist desto vorteilhafter, je ausgeprägter die Handelsintegration zwischen den Partnerländern ist.
Begrenzung der Nachteile durch: • hohe Homogenität und Diversifkation der beteiligten Volkswirtschaften   • ausgeprägte Lohnflexibilität   • Offenheit der nationalen Kapitalmärkte   • grenzüberschreitende Diversifikation der Kapitalanlagen   • Existenz von Finanztransfers   • Homogenität der wirtschaftspolitischen Präferenzen

Alternativer Ansatz: Endogenität der Optimalitätsbedingungen
Die Währungsunion schafft die Voraussetzungen dafür, dass sie gut funktioniert, selbst durch ihre Existenz.

3.2.2 Endogenität der Funktionsbedingungen einer Währungsunion?

Die Erkenntnisse der traditionellen Theorie der optimalen Währungsräume wurden in den 1990er-Jahren um einen neuen Argumentationsstrang ergänzt: Demnach können sich die Voraussetzungen für das Funktionieren einer Währungsunion gleichsam von selbst einstellen; sie können endogen sein, also aus dem Prozess der Währungsintegration heraus entstehen. Anders ausgedrückt: Durch ihre Existenz bewirkt die Währungsunion das notwendige ökonomische und politische Zusammenwachsen – die Konvergenz – ihrer Mitglieder.

In ökonomischer Beziehung ist zunächst einmal zu erwarten, dass die Währungsunion der Handelsintegration förderlich ist. Somit steigt der Nutzen aus dem Wegfallen der Wechselkurse, je länger die Währungsunion existiert, immer mehr.

Gleichzeitig sorgt die immer intensivere Verflechtung dafür, dass sich die Wirtschaftsstrukturen und Konjunkturzyklen angleichen. Wenn die Autohersteller des einen Landes in unserem Beispiel Teile ihrer Produktion in das andere Land ausgelagert haben und dieses Land seine Lebensmittel von dort bezieht, weil eine gemeinsame Währung die Planungssicherheit erhöht hat, dann wird ein Einbruch der globalen Autonachfrage auch das Agrarland negativ beeinflussen: Die dort mittlerweile ansässige Teileproduktion wird ebenso zurückgehen wie der Export von Lebensmitteln in das Autoland. Aus dem anfänglich asymmetrischen Schock ist (teilweise) ein symmetrischer geworden.

Finanzwirtschaftliche Prozesse verstärken solche Mechanismen. Es ist zu erwarten, dass die Kapitalmärkte der Mitgliedsländer einer Währungsunion mit dem Wegfallen des Wechselkursrisikos untereinander offener werden und es zur grenzüberschreitenden Diversifikation der Kapitalanlagen kommt. Zu den oben beschriebenen Vorteilen der finanzwirtschaftlichen Integration kommt hinzu, dass sie auch die Angleichung der Wirtschaftsstrukturen vorantreiben kann. Im Idealfall fließt Kapital aus den reicheren Ländern der Währungsunion in diejenigen mit Aufholbedarf, wenn dort eine höhere Rendite auf das eingesetzte Kapital zu erwarten ist. Die Nutzung dieses zuströmenden Kapitals für die Modernisierung ihrer Wirtschaft hilft den wirtschaftlich schwächeren Ländern dann später, ihre aus dem Kapitalzufluss resultierenden Auslandsverbindlichkeiten zu bedienen.

Auch in Bezug auf politische Institutionen kann die Existenz der Währungsunion selbst deren Funktionsfähigkeit verbessern. Dies gilt sowohl für die europäische wie für die mitgliedstaatliche Ebene. Auf europäischer Ebene ist zu erwarten, dass die Teilnehmer der Währungsunion im mit der Zeit die Institutionen der gemeinsamen Währung ständig an neue Herausforderungen anpassen und so stetig verbessern. Der Wettbewerbsdruck zwingt die Mitgliedstaaten, nachdem sie auf asymmetrische Entwicklungen nicht mehr mit eigenen geldpolitischen Maßnahmen reagieren können, ihre Arbeits- und Produktmärkte zu flexibilisieren. Dies erleichtert es ihnen nicht nur, wie oben beschrieben, mit länderspezifischen Schocks fertig zu werden, sondern führt auch zu einem höheren Wachstumspotenzial der nationalen Volkswirtschaften. Gewichtige Gegenargumente zur Debatte über eine mögliche Endogenität der Funktionsbedingungen liefert die ökonomische Theorie der Geographie nach Paul Krugman.[23] Demnach sorgt die Integration von Wirtschaftsräumen nicht notwendigerweise für eine Diversifikation der Wirtschaftsstrukturen. Ganz im Gegenteil ist es auch denkbar, dass sich einzelne Branchen in bestimmten Teilen der Währungsunion konzentrieren, um Größenvorteile auszunutzen. Aufgrund historischer Gegebenheiten ist die Produktion unterschiedlicher Sektoren nicht geographisch gleich verteilt, sondern von Clustern gekennzeichnet. Wo sich Unternehmen einer Branche vor längerer Zeit angesiedelt haben, sind ihnen beispielsweise Zulieferer gefolgt, und

---

23 Vgl. Krugman, P. (1993): Lessons of Massachusetts for EMU, in Torres F, Giavazzi F. (eds): Adjustment and Growth in the European Monetary Union. Cambridge University Press; 1993, S. 241–266.

im Umfeld wurden Ausbildungseinrichtungen angesiedelt. So sind regionale Know-how-Zentren entstanden, die nicht ohne Weiteres an anderen Orten repliziert werden können. Der Abbau von Handelsschranken und der Wegfall von Wechselkursen bewirken dann, dass sich immer mehr Unternehmen an oder in der Nähe der bereits seit langem bestehenden Produktions- und Wissenscluster ansiedeln. Im Ergebnis kann das für eine Währungsunion bedeuten, dass es nicht zu einer geographischen Diversifikation, sondern im Gegenteil zu einer Spezialisierung der Wirtschaftsstrukturen kommt. In der Folge würden asymmetrische Schocks wahrscheinlicher.

In Kapitel 5.3 wird gezeigt, dass insbesondere die finanzwirtschaftliche Integration der Eurozone deren Funktionieren nicht verbessert, sondern im Gegenteil der Euro-Staatsschuldenkrise ab 2010 den Weg bereitet hat.

3.2.3 Die politökonomische Betrachtung

Das Nebeneinander der älteren und der neueren Theorie der optimalen Währungsräume spiegelt das traditionelle Gegeneinander von ökonomistischer und monetaristischer Haltung zur europäischen Währungsintegration wider (▶ Kap. 2.3.1). Die Aussage der älteren Theorie, dass für das Gelingen einer Währungsunion bestimmte Voraussetzungen erfüllt sein müssen, stützt die Argumentation der Ökonomisten; demgegenüber können sich die Monetaristen auf die Annahme der neueren Theorie berufen, eine Währungsunion stelle die Bedingungen für ihr Gelingen nach ihrer Etablierung gewissermaßen automatisch her.

Welche Seite Recht behalten würde, konnte nach Veröffentlichung des Delors-Reports, als die Diskussion über eine gemeinsame Währung in Politik, Wissenschaft und Öffentlichkeit Fahrt aufnahm, niemand auch nur ansatzweise abschätzen. Dafür waren der Nutzen und die Kosten einer Währungsunion zu schwer zu ermitteln und die Mechanismen hinter einer möglichen Endogenität ihrer Funktionsbedingungen zu komplex. Am Ende ist jede politische Entscheidung – insbesondere im supranationalen Bereich – Ausfluss einer Vielzahl von Einflussfaktoren, von denen wirtschaftswissenschaftliche Lehrbuchweisheiten in der Regel nicht die wichtigsten sind.

Die ökonomische Theorie der Politik (Public-Choice-Theorie) steuert vor diesem Hintergrund politökonomische Aspekte zur Diskussion bei. Diese basieren auf der Annahme, dass Politiker rationale Eigennutzmaximierer sind und ihre Entscheidungen dementsprechend treffen. Das führte in den 1990er-Jahren zu zwei Fragen: [1] Was war das Eigeninteresse der handelnden Personen (i.e., in erster Linie der Staats- und Regierungschefs der zunächst zwölf und nach der Erweiterungsrunde von 1995 15 EG- bzw. EU-Mitglieder? [2] Zu welchen Entscheidungen würde deren Eigennutzmaximierung führen – sowohl vor Einführung einer gemeinsamen Währung als auch, falls es dazu kommen sollte, danach?

Die erste Frage beantwortet die Public-Choice-Theorie zunächst mit der Wiederwahlorientierung von Politikern. Die Staats- und Regierungschefs mussten demzufolge alles, was sie in Sachen europäische Währungsintegration beschlossen, ihren jeweiligen Wählern »daheim« vermitteln können. Neben dem Interesse, im Amt zu bleiben, könnte auch der »Platz in den Geschichtsbüchern« ein Motiv sein, welches den einen oder anderen Politiker antreibt. Und last but not least kommt auch in Frage, dass Politiker, wenn es darauf ankommt, ihren Eigennutz sozusagen altruistisch maximieren, indem sie das tun, was ihrer festen Überzeugung zufolge im Interesse des Landes oder sogar eines ganzen Kontinents liegt – gegebenenfalls unter Inkaufnahme geringerer Wiederwahlchancen und ohne Rücksicht auf das nachträgliche Urteil der Historikerzunft.

Welche dieser Motivlagen im Einzelfall vorherrschte, würde die Antwort auf Frage [2] beeinflussen. Die Verhandlungen einer Gruppe von eigennutzorientierten Staats- und Regierungschefs mussten in einen Kompromiss münden, der dem neuen Geld idealerweise eine gute Zukunft ermöglichen würde.

3.2.4 Geldpolitik und Staatsverschuldung in einer Währungsunion

Die öffentlichen Finanzen standen während der gesamten 1990er-Jahre im Fokus der Aufmerksamkeit, und das tun sie – über die ständige Kritik am Stabilitäts- und Wachstumspakt (▶ Kap. 3.4) – bis heute. Ursache für die hohe Bedeutung der staatlichen Haushalte in der politischen Diskussion ist die Gefahr einer sog. fiskalischen Dominanz. Darunter versteht man einen Zustand, in dem die Zentralbank ihr eigentliches Ziel (Sicherung der Preisniveaustabilität) zugunsten der finanzpolitischen Interessen der Regierung zurückstellt. Fiskalische Dominanz kann in Nationalstaaten mit eigener Währung auftreten, stellt aber in einer Währungsunion eine besondere Herausforderung dar.

Demokratische Prozesse sind oftmals durch die sog. Defizitneigung (deficit bias) gekennzeichnet. Um ihren Wählern vor der Wahl gleichzeitig sowohl relativ niedrige Steuern als auch relativ hohe staatliche Leistungen anbieten zu können, finanzieren Regierungen ihr Budget im Zweifel teilweise über Kredite, nehmen also Staatsdefizite in Kauf. Gleichzeitig fehlt ihnen nach der Wahl in der Regel die Kraft, die so entstehende Verschuldung ausreichend zurückzuführen – auch in guten Zeiten mit sprudelnden Steuereinnahmen. So droht die Staatsverschuldung über die Jahre und Jahrzehnte unaufhörlich anzusteigen. Ganz grundsätzlich kann es nun zu fiskalischer Dominanz kommen, wenn das Niveau der öffentlichen Verschuldung so ausgeufert ist, dass die Regierung – das ist der seltenere Fall – entweder gar keinen Zugang zum Kapitalmarkt mehr hat, dort also keine Kredite mehr aufnehmen kann, oder die Kreditaufnahme – das ist der häufigere Fall – nur zu immer höheren Zinsen möglich ist. Denn wenn die Fiskalpolitik eines Landes nicht nachhaltig ist, also wie beschrieben zu ständig steigender Verschuldung führt, sinkt das Vertrauen (potenzieller) Kreditgeber in dessen Zahlungsfähigkeit. Sie verlangen als Gegenleistung eine höhere Risikoprämie in Form eines Zinsaufschlags. Die Regierung wird die Aufnahme neuer bzw. Refinanzierung alter Kredite dann nur zu für sie gestiegenen Zinsaufwendungen bewerkstelligen können. Damit sinkt ihr fiskalpolitischer Handlungsspielraum. Die Märkte (im Sinne der internationalen Investoren, die ihr Kapital auch in Staatsanleihen anlegen) haben das nicht nachhaltige Agieren der Regierung bestraft. Das

Geld, welches jetzt zusätzlich für Zinszahlungen aufgewendet werden muss, fehlt den Politikern an anderer Stelle. Um die Staatstätigkeit weiter finanzieren zu können, verblieben als einziger Ausweg Steuererhöhungen und Ausgabenkürzungen. Diese drohten im Extremfall die Wirtschaft zum Zusammenbruch zu bringen und eine Staatskrise zu provozieren.

In einer solchen Situation könnte sich die Zentralbank genötigt sehen, die fiskalische Notlage des Staates mit geldpolitischen Mitteln zu lindern. In einem frühen Stadium der staatlichen Haushaltsprobleme könnte das einfach bedeuten, die Zinsen nicht anzuheben oder sogar zu senken, obwohl mit Blick auf die Preisniveaustabilität ein höheres Zinsniveau angebracht wäre. Das würde dem Finanzminister wenigstens im Hinblick auf die Zinszahlungen Entlastung verschaffen. Ist die Finanzkrise des Staates schon weiter fortgeschritten, kann die Zentralbank den Staatshaushalt direkt finanzieren, entweder durch unmittelbare Kreditvergabe oder den Ankauf von Staatsanleihen. Das würde zum einen die Geldmenge über ein stabilitätsverträgliches Maß hinaus erhöhen und zum anderen das Vertrauen der Öffentlichkeit in den Willen der Zentralbank, die Inflation zu bekämpfen, erschüttern. Die Inflationserwartungen würden zunehmen und mit ihnen und der gestiegenen Geldmenge recht bald auch die Inflation.

In einer Währungsunion kommt erschwerend hinzu, dass dieser Mechanismus durch zwei Faktoren verstärkt wird: Überschwappeffekte und faktische Fremdwährungsverschuldung. Überschwappeffekte (Spillovers) erfordern eine Koordination der nationalen Fiskalpolitiken in einer Währungsunion. Dazu einige Beispiele: Eine expansive Fiskalpolitik in einem Land erhöht über die Importnachfrage auch die Nachfrage im Nachbarland, weil dessen Exportindustrie entsprechend profitiert. Über den gleichen Wirkungskanal kann eine kontraktive Fiskalpolitik auch die Nachfrage im Nachbarland dämpfen. Werden beispielsweise zur Stimulierung bzw. Drosselung der Wirtschaftstätigkeit in einem Mitgliedsland die Steuern gesenkt/ erhöht, so steigert/ reduziert diese Maßnahme u. a. die Nachfrage der dort lebenden privaten Haushalte nach Konsumgütern. Da die privaten Haushalte auch Konsumgüter aus anderen Mitgliedsländern konsumieren, wirkt sich die steuerpolitische Maßnahme der nationalen Regierung in einem Mitgliedsland auch auf den Konsumgüterabsatz in den anderen Mitgliedsländern aus. Daraus können unerwünschte Anreize resultieren. Wenn sich beispielsweise alle Mitgliedsländer einer Währungsunion in einer Rezession befinden, könnte jede Regierung darauf hoffen, von den Spillovers der expansiven Fiskalpolitik in den Nachbarländern zu profitieren, und sich daher mit eigenen Anstrengungen zurückhalten. In der Summe könnte die fiskalpolitische Reaktion auf die Rezession dann zu schwach ausfallen. Auch wenn ein Teil der Währungsunion mit einem Boom konfrontiert ist, während der andere unter einer Rezession leidet, können Spillovers Probleme verursachen. Wenn hier die Boomländer eine restriktive Fiskalpolitik betreiben, reduzieren sie auch die Nachfrage in den Rezessionsländern und verschärfen die dortigen Probleme. Wenn die Rezessionsländer wiederum ihre Fiskalpolitik expansiv gestalten, ist es umgekehrt so, dass sie die Konjunktur in den Boomländern weiter anheizen.

Die Zentralbank ist aber in einer Währungsunion darauf angewiesen, dass alle Mitgliedsländer eine stabilitätskonforme Finanzpolitik betreiben. Das liegt nicht nur an der Gefahr, unter fiskalische Dominanz zu geraten, sondern auch an dem zusätzlichen Inflationsdruck, der von einer zu lockeren Fiskalpolitik ausgehen kann. In einer Boomphase beispielsweise ist es angeraten, die Steuern zu erhöhen und/oder die staatlichen Ausgaben zu senken, um die Nachfrage nach Waren sowie Dienstleistungen und damit die Auftriebstendenz bei den Preisen zu drosseln. Die politischen Kosten dieser Politik in Form unzufriedener Wähler trägt die jeweilige Regierung allein, während sich der stabilisierende Effekt, wie wir gesehen haben, auch auf die anderen Teilnehmerstaaten erstreckt. Im Ergebnis könnte die Konsolidierung der öffentlichen Haushalte in den Mitgliedsländern daher niedriger ausfallen als stabilitätspolitisch erforderlich, weil jeder einzelnen Regierung die politischen Kosten zu hoch erscheinen und sie daher darauf hofft, dass die Nachbarregierungen vorangehen.

Schließlich ist auch denkbar, dass die nationalen Fiskalpolitiken zwar untereinander koordiniert sind, aber im Widerspruch zur Ausrichtung der europäischen Geldpolitik stehen. Bei einem Angebotsschock beispielsweise könnte die Zentralbank eine restriktive Geldpolitik verfolgen, um den aus dem Schock resultierenden Inflationsrisiken zu begegnen. Wenn nun gleichzeitig die nationalen Regierungen fiskalische Unterstützungsprogramme für die privaten Haushalte und Unternehmen initiieren, wirkt dies potenziell preistreibend und der restriktiven Geldpolitik entgegen. Dazu ein Beispiel: Eine geopolitische Krise zieht einen massiven Preisanstieg bei fossilen Energieträgern nach sich. Dadurch steigt die Inflationsrate. Die Zentralbank muss darauf mit einer restriktiven Geldpolitik reagieren, damit sich die Inflation nicht verfestigt. Gleichzeitig beschließen die Mitgliedstaaten der Währungsunion, die privaten Haushalte und sowie die Unternehmen finanziell massiv zu unterstützen, damit sie besser mit den steigenden Energiepreisen umgehen können. Der restriktiven Geldpolitik der Zentralbank steht also eine expansive und damit inflationsfördernde Fiskalpolitik der Regierungen gegenüber. Auch in der Richtung einheitliche Fiskalpolitik kann also in einem gemeinsamen Währungsraum negative Konsequenzen haben.

Hinzu kommt, dass öffentliche Verschuldung in einer Währungsunion de facto Verschuldung in einer fremden Währung ist. Dabei ist »fremd« in folgendem Sinne zu verstehen: Jedes einzelne Mitgliedsland hat allein keine Kontrolle über die Geldpolitik, denn die wird ja von einer supranationalen Institution betrieben. Die beschriebene Linderung der fiskalischen Notlage der Regierung mittels einer gefälligen Geldpolitik kann somit nicht erfolgen. Für Staatsanleihegläubiger steigt daher das (nominale) Verlustrisiko, weil die Regierung ihre Solvenz nicht durch Zugriff auf die Zentralbank aufrechterhalten kann. Als Folge dessen wären die Staatsanleiherenditen in jedem Mitgliedsland der Währungsunion ceteris paribus höher als in einer hypothetischen Vergleichssituation mit nationalen Währungen.

Das Fehlen eigenständiger nationaler Zentralbanken bringt es also mit sich, dass fiskalische Dominanz auf Ebene der einzelnen Mitgliedstaaten eigentlich ausgeschlossen ist. Denn es gibt ja keine nationale Zentralbank mehr, die im Zweifel »ihrer« Regierung zu Hilfe eilt. Die enge politische und ökonomische Verflechtung innerhalb der Währungsunion kann die gemeinsame Zentralbank aber zwingen, auch zugunsten einzelner nationaler Regierungen tätig zu werden. Das gilt insbesondere dann, wenn große Mitgliedsländer in Finanznöten sind und gegebenenfalls sogar ein Staatsbankrott nicht mehr ausgeschlossen werden kann. Dann würde sie möglicherweise entweder eine lockerere Geldpolitik betreiben, als mit Blick auf die Preisniveaustabilität eigentlich erforderlich wäre, oder sogar zum gezielten Ankauf der Staatsanleihen einzelner oder aller Mitgliedsländer übergehen – deren Staatsdefizite also monetär finanzieren. Dies täte die gemeinsame Zentralbank nicht zuletzt mit dem Ziel, eine Vertrauenskrise zu verhindern, die auf die gesamte Währungsunion übergreifen könnte.

Da den Marktteilnehmern (private Haushalte, Unternehmen, Kapitalmarktinvestoren) die umfangreichen Wechselwirkungen zwischen Fiskal- und Geldpolitik bekannt sind und sie mit dem Problem der fiskalischen Dominanz rechnen, trauen sie der Zentralbank eine entschlossene Inflationsbekämpfung nur zu, wenn eine finanzpolitisch motivierte Beeinflussung der Geldpolitik so weit wie möglich ausgeschlossen ist. Die entsprechenden Artikel des Maastrichter Vertrages und das auf ihnen basierende Sekundärrecht beschäftigen die europäische Politik – und teilweise auch die Gerichte – bis heute.

3.3 Der Maastrichter Vertrag

3.3.1 Die EZB als »europäische Bundesbank«?

Die weltpolitische Umwälzung im Herbst 1989 verdrängte den im Frühjahr desselben Jahres veröffentlichten Delors-Report zunächst aus dem Blickfeld der europäischen Öffentlichkeit. Das traf natürlich nicht zuletzt auch auf Deutschland zu, das im Zuge von Mauerfall und Wiedervereinigung zunächst einmal seine eigene, nämlich die deutsch-deutsche, Währungsunion vollzog. In der zweiten Jahreshälfte 1990 nahm die Diskussion über die monetäre Integration Europas dann wieder Fahrt auf. Während französische Stimmen weiterhin eine europäische Wirtschaftsregierung forderten und dafür eintraten, der EZB zusätzlich zur Sicherung der Preisniveaustabilität mit gleicher Gewichtung die Förderung von Wachstum und Beschäftigung als Ziel vorzugeben, kommentierte die Deutsche Bundesbank den Delors-Bericht aus ökonomistischer Perspektive und mit Blick auf die Begrenzung der Geldentwertung in einer zukünftigen Währungsunion (▶ Kap. 3.1). Wieder und wieder wiesen ihre Repräsentanten auf die ihrer Ansicht nach teils gravierenden politischen, institutionellen und ökonomischen Unterschiede zwischen den EG-Mitgliedern hin und forderten, vor der Einführung einer gemeinsamen Währung auf eine Angleichung der Wirtschaftsstrukturen hinzuwirken und die politische Union zu vollenden. Sie warnten vor einem europäischen Finanzausgleichssystem, mahnten strenge Regeln für die nationalen Haushaltspolitiken an und forderten die alleinige Zuständigkeit des ESZB für Devisenmarktinterventionen. Zudem müsse die künftige europäische Zentralbank ganz generell ein Mitspracherecht in der äußeren Währungspolitik erhalten. Andernfalls drohten wechselkurspolitische Festlegungen beispielsweise in Bezug auf den US-Dollar oder den Yen und damit Interventionspflichten, welche die geldpolitische Autonomie der Zentralbank aushebeln könnten.

Die Maastrichter Einigung der Staats- und Regierungschefs auf den Vertrag über die Europäische Union vom Dezember 1991 hat damals viele Beobachter überrascht und wirft auch heute noch Fragen auf. Denn die Skepsis gegenüber dem Projekt war sowohl in Deutschland und den anderen traditionell eher stabilitätsorientierten Ländern als auch in Frankreich und den ehemaligen Schwachwährungsländern weit verbreitet. Während Deutschland ein Ende der Inflationsbekämpfung, wie die Bundesbank sie seit Jahrzehnten betrieben hatte, fürchtete und sich sorgte, der (damals noch nicht so bezeichnete) Euro könne eine Weichwährung werden, hatten viele Franzosen und Südeuropäer Angst vor dem Gegenteil: einem Europa, das in geld- und fiskalpolitischer Hinsicht »zu deutsch«, also zu restriktiv und regelorientiert, ausgestaltet sein würde. Die einen schreckte der Verlust der Bundesbank, die anderen die Aussicht auf eine zukünftige EZB, die sich als neue, noch mächtigere »Euro-Bundesbank« entpuppen könnte.

Wieso ist »Maastricht« dennoch möglich geworden? Das zu beantworten ist Aufgabe der Geschichtswissenschaft, nicht der Ökonomik. Ganz sicher haben die Erkenntnisse der Theorie der optimalen Währungsräume bei der Entscheidungsfindung nur eine Nebenrolle gespielt. Das liegt schon daran, dass sich die ökonomischen Vor- und Nachteile einer Währungsunion noch nicht einmal ansatzweise abschätzen, geschweige denn seriös quantifizieren lassen. Nimmt man dann noch den Grundgedanken einer Endogenität der Erfolgsbedingungen monetärer Integration hinzu, ist kein eindeutiges, ökonomisch fundiertes Urteil mehr möglich. Das Votum der Staats- und Regierungschefs für die Wirtschafts- und Währungsunion kann deshalb nur im politischen Kontext der damaligen Zeit verstanden werden. Sehr wahrscheinlich spielte die Einbindung Deutschlands in Europa eine Rolle, erst recht nach der Wiedervereinigung. Eine gewisse Selbstbindung seines Landes hatte dabei womöglich auch Helmut Kohl im Sinn. Sein Diktum »Deutsche und europäische Einheit sind zwei Seiten derselben Medaille« gibt aber nur einen Teil der Wahrheit wieder. Schließlich wurde der Delors-Report veröffentlicht, als noch niemand vom Fall des Eisernen Vorhangs auch nur zu träumen wagte; zudem war die Zähmung des ökonomischen Hegemonen Deutschland auch schon ein Ziel des EWS gewesen. Die deutsche Einheit dürfte den Prozess der europäischen Währungsintegration aber deutlich beschleunigt haben. Dass Frankreich und die südeuropäischen EG-Länder ihre Wirtschaftspolitik schon seit Mitte der 1980er-Jahre am Vorbild Deutschland ausgerichtet hatten, machte es ihnen sicher leichter, eine europäische Zentralbank nach dem Vorbild der Bundesbank zu akzeptieren. Dabei leitete sie gewiss die nicht unberechtigte Hoffnung, die Geldpolitik dieser zukünftigen »europäischen Bundesbank« mitbestimmen und so ein bisschen weniger »deutsch« machen zu können.

»Maastricht« übernahm die wesentlichen Elemente des Delors-Reports. An erster Stelle stand hier die Übertragung der Geldpolitik an eine neue supranationale Organisation, die Europäische Zentralbank bzw. genauer das Europäische System der Zentralbanken (ESZB), in dem die zu gründende EZB mit den weiterexistierenden nationalen Zentralbanken zusammenwirken würde. Solange noch nicht alle EU-Mitgliedstaaten den Euro eingeführt haben, gibt es auch noch das Eurosystem, dem die EZB und die nationalen Zentralbanken der Euroländer angehören.

Das ESZB war föderal konzipiert und sollte unabhängig sowie dem primären Ziel Preisniveaustabilität verpflichtet sein. Zum Zeitpunkt der Maastrichter Konferenz hatte sich die Idee der Zentralbank-Unabhängigkeit zwar bei weitem nicht in der Praxis der meisten Staaten, wohl aber in der akademischen Analyse der Geldpolitik durchgesetzt. Unabhängigen Zentralbanken wurde am ehesten zugetraut, die sog. Zeitinkonsistenzproblematik zu überwinden. Darunter versteht man, dass ein politisches Versprechen zum Zeitpunkt seiner Abgabe glaubwürdig sein kann, jedoch Umstände denkbar sind, unter denen seine Einhaltung realistischerweise nicht zu erwarten ist. Ein Beispiel: Läge die Zuständigkeit für die Geldpolitik in den Händen der Regierung, dann könnte diese Regierung zu Beginn der Wahlperiode zwar glaubwürdig versprechen, die geldpolitischen Instrumente allein zum Zwecke der Inflationsbekämpfung einzusetzen. Kurz vor der nächsten Wahl wäre ihr Interesse, diese Wahl zu gewinnen, aber möglicherweise so groß, dass sie ihre Geldpolitik ohne Rücksicht auf die Inflation expansiv ausgestalten würde, um das Wirtschaftswachstum und damit ihre Wiederwahlchancen zu erhöhen. Eine solche Überraschungsinflation hätte aber nur einmalig und kurzfristig eine wachstumsfördernde Wirkung. Würde dieses Vorgehen wiederholt, käme es langfristig zu höheren Inflations-, aber niedrigeren Wachstumsraten.

Um dies zu verhindern, sollen die Entscheidungsträger des ESZB ihrer Arbeit unabhängig von Wiederwahl- und sonstigen Interessen nachgehen können. Ihre Unabhängigkeit weist dabei unterschiedliche Dimensionen auf:

- institutionell:
  Der Vertrag über die Europäische Union regelt klar, dass »...weder die EZB noch eine nationale Zentralbank noch ein Mitglied ihrer Beschlussorgane Weisungen von Organen oder Einrichtungen der Gemeinschaft, Regierungen der Mitgliedstaaten oder anderen Stellen einholen oder entgegennehmen«. Und: »Die Organe, Einrichtungen und sonstigen Stellen der Union sowie die Regierungen der Mitgliedstaaten achten diese Unabhängigkeit.« Auch die nationalen Zentralbanken müssen unabhängig sein; da deren Vertreter über die Mehrheit der Stimmen im EZB-Rat, dem wichtigsten Beschlussorgan verfügen, hat die institutionelle Unabhängigkeit des ESZB auch eine vertikale bzw. föderale Komponente.
- personell:
  Der Rat beruft die Mitglieder des Direktoriums der EZB für eine Amtszeit von acht Jahren ohne Möglichkeit der Wiederberufung. Eine Abberufung ist nur bei sehr schweren Verfehlungen möglich oder wenn ein Direktoriumsmitglied aus gesundheitlichen Gründen nicht mehr in der Lage ist, seine Aufgabe zu erfüllen. Die Mitgliedstaaten müssen für die Präsidenten der nationalen Zentralbanken ähnliche Regeln verankern. Das soll einerseits verhindern, dass sich Entscheidungsträger den Regierungen gegenüber willfährig verhalten, um nach Ablauf ihrer Amtszeit wiederernannt zu werden. Andererseits sollen die Regierungen keine Möglichkeit

haben, Direktoriumsmitglieder oder Präsidenten der nationalen Zentralbanken aus dem Amt zu entfernen, wenn deren Geldpolitik den Interessen der Regierungsmitglieder zuwiderläuft.
- finanziell:
Das ESZB finanziert sich selbst aus den Erträgen seiner Tätigkeit und ist somit nicht auf das Wohlwollen staatlicher Geldgeber (Regierung, Parlament) angewiesen.
- instrumentell:
Der EZB sind keine spezifischen Instrumente vorgeschrieben; sie »...ist in der Ausübung ihrer Befugnisse ... unabhängig.« Insbesondere darf das ESZB nicht zur sog. Monetarisierung der Staatsschuld herangezogen werden: Weder der EZB noch den nationalen Zentralbanken ist es erlaubt, staatlichen Stellen Kredite zu gewähren oder ihnen unmittelbar Schuldtitel abzukaufen. So soll vermieden werden, dass Staatsschulden – und damit Staatsausgaben – »aus der Notenpresse« (also mit neu geschaffenem Zentralbankgeld) finanziert werden. Denn damit würde die Geldpolitik von der Verfolgung ihres primären Ziels abweichen.

Zwar werden die Mitglieder des EZB-Direktoriums sowie die nationalen Zentralbankpräsidenten von demokratisch legitimierten Gremien, dem Europäischen Rat bzw. den Regierungen der Mitgliedsländer, ernannt; ist dies einmal geschehen, sind sie jedoch acht Jahre lang frei von demokratischer Kontrolle und auch juristisch kaum angreifbar. Eine so weitgehende Unabhängigkeit ernannter, aber nicht gewählter Technokraten bedarf in einer rechtsstaatlichen Demokratie einer besonderen Begründung. Drei Bedingungen müssen dazu erfüllt sein:

- Die Erfüllung der Aufgabe ist von herausragender gesellschaftlicher Bedeutung.
Auf den primären Auftrag der EZB, nämlich Preisniveaustabilität zu gewährleisten, trifft dies zu. In einer Marktwirtschaft kommt Preisen die Aufgabe zu, die Marktteilnehmer auf unzähligen Märkten über die Knappheit des Angebotes sowie die Stärke der Nachfrage zu informieren und die Ressourcen dorthin zu lenken, wo ihr Einsatz den höchsten Nutzen für Produzenten und Konsumenten verspricht. Inflation beeinträchtigt die so beschriebene Informations- und Lenkungsfunktion der Preise erheblich. Deshalb gibt es einen positiven Zusammenhang zwischen niedrigen, stabilen Inflationsraten und langfristigem Wachstum. Gerät die Inflation außer Kontrolle, droht ein ruckartiges Auf und Ab der konjunkturellen Entwicklung verbunden mit einer langen Phase schwachen Wachstums. Inflation bringt zudem Verteilungswirkungen mit sich, die erfahrungsgemäß von vielen Bürgern als unerwünscht angesehen werden. So können sich reichere Menschen mit relativ niedriger Konsumquote und hohen Einnahmen aus Realvermögen (Immobilien, Aktien, Unternehmensbeteiligungen) besser vor Geldentwertung schützen als ärmere, die von Lohn- bzw. Transferzahlungen leben und (fast) ihr gesamtes Einkommen für die Miete und Güter des täglichen Bedarfs ausgeben müssen.
- Die Zielerreichung muss messbar sein und von der Zentralbank maßgeblich beeinflusst werden können.

Das Ausmaß, zu dem das Ziel Preisniveaustabilität erreicht wird, kann nach international anerkannten wissenschaftlichen Maßstäben mit dem Verbraucherpreisindex und der Inflationsrate gemessen werden. Die Zentralbank besitzt geeignete Instrumente, um die Inflationsrate mittel- und langfristig in ihrem Sinne zu kontrollieren.
- Die Zentralbank legt den demokratischen Gremien und der Öffentlichkeit gegenüber Rechenschaft über ihre Tätigkeit ab.

Die EZB muss einmal jährlich dem Europäischen Parlament sowie dem Rat und der Kommission über ihre Tätigkeit Bericht erstatten. Der EZB-Präsident und gegebenenfalls weitere Mitglieder des Direktoriums sind zudem verpflichtet, dem Wirtschafts- und Währungsausschuss des Europäischen Parlamentes vierteljährlich Rede und Antwort zu stehen. Über diese obligatorischen Informationspflichten hinaus veröffentlicht das ESZB-Protokolle der EZB-Ratssitzungen, aber keine individuellen Meinungsäußerungen oder das individuelle Abstimmungsverhalten einzelner Mitglieder des EZB-Rates. So will man die Debatte europäisieren bzw. entnationalisieren. Nach den EZB-Ratssitzungen stellt sich der Präsident im Rahmen einer Pressekonferenz den Fragen der Journalisten.

Die Verpflichtung auf die Sicherung der Preisniveaustabilität, der dezentrale Aufbau, das Verbot der Kreditvergabe an öffentliche Haushalte und die Unabhängigkeit von Weisungen erklären, warum die EZB als eine Zentralbank »nach dem Vorbild der Bundesbank« bezeichnet wurde – denn das alles waren Wesensmerkmale der deutschen Notenbank. Zur Erinnerung: Diese Konstruktion sah man als notwendig an, um die Zustimmung der ebenso inflationsaversen wie bundesbanktreuen deutschen Bevölkerung zu erreichen. Gleichzeitig gab es aber auch wesentliche Unterschiede zwischen EZB und Bundesbank: Dazu zählen die Rechenschaftspflichten der EZB (welche die Bundesbank in diesem Umfang nicht hatte) und auch das unterschiedliche Niveau der gesetzlichen Verankerung von Rechten und Pflichten. Das Bundesbank-Gesetz konnte der Gesetzgeber mit einfacher Mehrheit ändern. Der Vertrag über die Europäische Union mit dem begleitenden Protokoll über die Europäische Zentralbank hingegen ist Teil des europäischen Primärrechts und kann nur einstimmig, also mit Zustimmung aller Mitgliedstaaten, geändert werden. Wie beschrieben haben Kernelemente der Notenbankunabhängigkeit mittlerweile in allen EU-Ländern Verfassungsrang.

Man kann also sagen: Die EZB ist in gewissem Sinne unabhängiger aufgestellt worden, als es die Bundesbank je war. Daraus musste allerdings nicht zwangsläufig folgen, dass es ihr leichter fallen würde, das primäre Ziel Preisniveaustabilität zu erreichen. Das liegt an der besonderen Stellung der Zentralbank in einer Währungsunion, deren Maastrichter Bauplan den Empfehlungen des Delors-Berichtes folgt und die Finanzpolitik bei den Mitgliedstaaten ansiedelt.

Geld- und Finanzpolitik finden damit auf unterschiedlichen Ebenen statt. Das kann ein Vorteil sein, weil die Mitgliedstaaten keinen Zugriff auf die Geldschöpfung »ihrer« jeweiligen nationalen Zentralbanken (mehr) haben und die Zentralbank sich gleichzeitig nicht vor den Beeinflussungsversuchen einer mächtigen Zentralregierung auf gleicher Ebene verteidigen muss. Jede nationale Regierung für sich genommen muss die »von oben« gesetzten monetären Rahmenbedingungen und den Verlust einer eigenständigen Zins- und Wechselkurspolitik als gegeben akzeptieren. Dabei sind die nationalen Regierungen auf sich allein gestellt, denn der Maastrichter Vertrag sieht vor, dass weder die Mitgliedstaaten noch die EU insgesamt für Verbindlichkeiten der Teilnehmerländer der Währungsunion bzw. ihrer föderalen Untergliederungen haften (sog. No-Bailout- bzw. Nichtbeistands-Klausel). Auch ist keine wie auch immer geartete Form eines Finanzausgleichs oder ein quantitativ nennenswertes Budget auf europäischer Ebene vorgesehen. Den »europäischen Finanzminister« bzw. die »europäische Wirtschaftsregierung« sollte es nicht geben. So etwas hätte der oben erläuterten doppelten Dezentralität des Delors-Plans widersprochen und wäre wohl auch politisch nicht durchsetzbar gewesen. Denn für viele Länder hätte die Abgabe fiskalpolitischer Kompetenzen »nach Brüssel« einen zu weitgehenden Souveränitätsverzicht bedeutet. Die externe Kontrolle der nationalen Fiskalpolitiken lag damit in den Händen der Gläubiger der Staaten, also der Kapitalmarktinvestoren, die Staatsanleihen hielten. Man setzte auf Marktdisziplin: Drohte die Fiskalpolitik eines Landes den Pfad der Nachhaltigkeit zu verlassen, würden die Märkte dies mit Renditeaufschlägen (also höheren Zinsforderungen als Ausgleich für das gestiegene Insolvenzrisiko) sanktionieren und die nationale Politik so zu einer stabilitätsorientierten Haushaltsführung zwingen.

Zudem wurde befürchtet, ein zentraler europäischer Haushalt bzw. ein Umverteilungsmechanismus würde die Funktionsweise der Währungsunion nicht verbessern, sondern verschlechtern. Anlass für diese Sorge waren negative Anreizeffekte (Moral Hazard) auf Seiten der nationalen Regierungen, die von einer wie auch immer gearteten fiskalischen Unterstützung hätte ausgehen können. Konkret wurde befürchtet, die Mitgliedsländer könnten im Vertrauen auf Geldzahlungen von anderen Mitgliedsländern oder aus Brüssel auf eigene wirtschafts- und fiskalpolitische Anstrengungen verzichten. Ohne Konsolidierungszwang fehle beispielsweise der Druck, Privatisierungen und Subventionskürzungen durchzuführen. Ganz generell drohe eine Aufblähung des Staatssektors und des Sozialsystems. Strukturreformen unterblieben, weil das jeweilige Land aufgrund der Unterstützung »aus Europa« auch ohne sie ein gewisses Wohlstandsniveau halten könne. Gleichzeitig könnten die Gewerkschaften in einem Umfeld von attraktiven Tätigkeiten im Staatsdienst und einem hohen (impliziten) Mindestlohn bei relativ großzügigen Sozialleistungen hohe Lohnforderungen durchsetzen. All das verschlechtere die Wettbewerbsfähigkeit.

Der Zentralbank als einzig wirklich handlungsfähiger wirtschaftspolitischer Institution auf Gemeinschaftsebene sollten also ein Dutzend oder mehr Mitgliedsländer gegenüberstehen, deren autonomes Agieren mit kaum vorhersehbaren Wechselwirkungen untereinander und in Richtung der gemeinsamen Geldpolitik verbunden sein konnte. Die Verfasser des Maastrichter Vertrages zogen daraus die Konsequenz, Teilnahmebedingungen für die Währungsunion zu definieren: die sog. Konvergenzkriterien. Sie sollen sicherstellen, dass nur solche Länder an der Währungsunion teilnehmen können, die dafür ökonomisch geeignet sind. Institutionen, die eine Koordinierung der nationalen Wirtschaftspolitiken zum Ziel hatten, wurden jedoch nicht geschaffen.

3.3.2 Die Konvergenzkriterien

Die Konvergenzkriterien atmen den Geist der Erfahrungen, die die (West-)Europäer in den 1970er- und 1980er-Jahren in einem Umfeld hoher und schwankender Inflationsraten mit zwei Fixkurssystemen (»Währungsschlange« ▶ Kap. 2.3 und Europäisches Währungssystem ▶ Kap. 2.4) gemacht hatten. Sie resultierten aus der Erkenntnis, dass feste Wechselkurse – und damit letztendlich auch eine Währungsunion – dauerhaft divergierende Inflationsraten und Wirtschaftspolitiken in den Teilnehmerländern nicht überstehen können (▶ Kap. 2.2.5). Vor diesem Hintergrund testen die Konvergenzkriterien den Willen und die Fähigkeit der nationalen Regierungen und Zentralbanken, den Anforderungen einer Währungsunion zu genügen. Dabei fällt auf, dass die Kriterien nur die Geld-, Wechselkurs- sowie Fiskalpolitik erfassen. Eine Konvergenz der realen Wirtschaftsstrukturen (z. B. BIP pro Kopf, Beschäftigungsquote) und der institutionellen Rahmenbedingungen (Arbeitsmarktflexibilität, Verfahren der Lohnpolitik, Sozialsysteme) in den potenziellen Mitgliedsländern der zukünftigen Währungsunion stand nicht im Zentrum des Interesses. Dafür kann es verschiedene Gründe geben. So wurden solche Faktoren nicht primär als ursächlich für das Scheitern der »Währungsschlange« und die Schwierigkeiten des EWS 1992/93 angesehen. Abgesehen davon waren sie – sieht man einmal vom BIP pro Kopf ab – relativ schwer zu quantifizieren. Darüber hinaus gingen immer mehr Beobachter von der Endogenität der Optimalitätsbedingungen aus, erwarteten also eine quasi automatische Konvergenz der realen Wirtschaftsstrukturen. Und schließlich hätten die Mitgliedstaaten eine Berücksichtigung von Bereichen wie der Sozialpolitik oder den Arbeitsmarktstrukturen wahrscheinlich als Eingriff in ihre ureigene Kompetenz betrachtet und Vorgaben von der europäischen Ebene daher abgelehnt.
Folgende Konvergenzkriterien sind vor diesem Hintergrund zu nennen:

- Inflationskriterium:
  Die Inflationsrate darf nicht höher als 1,5 Prozentpunkte über der Inflationsrate der drei preisstabilsten Länder liegen.
- Zinskriterium:
  Der langfristige Nominalzinssatz darf nicht mehr als zwei Prozentpunkte über den entsprechenden Vergleichswerten in den drei preisstabilsten Ländern liegen.
- Wechselkurskriterium:
  Das Land muss mindestens zwei Jahre spannungsfrei am Wechselkursmechanismus des EWS teilgenommen haben.
- Defizitkriterium:
  Die staatliche Nettoneuverschuldung darf maximal 3 % des Bruttoinlandsproduktes betragen.

- Schuldenstandskriterium:
Der staatliche Gesamtschuldenstand darf 60 % des Bruttoinlandsproduktes nicht übersteigen.

Von Ländern, die das Inflationskriterium erfüllen, wird erwartet, dass sie zu der in einer Währungsunion notwendigen Politik monetärer Stabilität in der Lage sind. Um der Gefahr einer fiskalischen Dominanz der Geldpolitik zu begegnen (▶ Kap. 3.2.4), sollen nur Länder mit nachhaltigen Staatsfinanzen an der Währungsunion teilnehmen können. Das ist der Sinn der Fiskalkriterien. Das Zins- und das Wechselkurskriterium stellen eine Ergänzung der anderen drei Kriterien dar: Mit ihnen soll geprüft werden, wie die Kapitalmarktteilnehmer die fiskal- und geldpolitische Solidität der Währungsunionskandidaten einschätzen. Wesentliche Determinanten des langfristigen Nominalzinssatzes sind die Bonität eines Landes und die Inflationserwartungen. Mit niedrigen Langfristzinsen bescheinigt der Kapitalmarkt einem Emittenten von Staatsanleihen, seine Finanzen im Griff zu haben und eine auf Preisniveaustabilität angelegte Wirtschaftspolitik zu betreiben. Wird dem Wechselkurskriterium Genüge getan, erwarten die internationalen Investoren keine Abwertung der betreffenden Währung. Auch das spricht für eine nachhaltige Wirtschaftspolitik.

Insbesondere die beiden Fiskalkriterien waren schon in den 1990er-Jahren heftig umstritten. Neben der grundsätzlichen Frage, ob eine solche Beschränkung der nationalen Fiskalpolitiken sinnvoll und gerechtfertigt war, störten sich viele Kritiker an den starren Zahlenwerten 3 % bzw. 60 %. Diese seien willkürlich festgesetzt worden und müssten daher von Anfang an mit einem Glaubwürdigkeitsproblem kämpfen. Unglaubwürdige Vorgaben wiederum würden nur widerwillig befolgt und könnten somit nur gegen erhebliche Widerstände durchgesetzt werden. Dem stand das Argument entgegen, dass im politischen Prozess gerade einfache Regeln wie das Defizit- und das Schuldenstandskriterium Bestand hätten, weil sie gut verständlich seien und ihre Verletzung leicht erkannt werden könne. Flexiblere und differenzierte Regeln hingegen würden dazu einladen, umgangen zu werden, was wegen der mit der Flexibilität und Differenzierung einhergehenden Intransparenz dann kaum aufgedeckt werden könnte.

Unabhängig von diesem bis heute nicht entschiedenen Streit liegt die Festlegung der konkreten Zahlenwerte 3 % und 60 % im Dunkeln der Geschichte. Was das Schuldenstandskriterium betrifft, wird vielfach vermutet, dass 60 % insbesondere für die beiden großen Länder Frankreich und Deutschland erreichbar erschienen. Für die Defizitgrenze von 3 % gibt es unterschiedliche Erklärungsansätze. Richard Baldwin und Charles Wyplosz führen sie in ihrem Standwerk *The Economics of European Integration* auf die damals herrschende Verschuldungsregel in Deutschland zurück.[24] Dieser sog. Goldenen Regel zufolge durfte die staatliche Nettoneuverschuldung nicht höher sein als das Niveau der öffentlichen Investitionen. Letztere wiederum hätten in Deutsch-

---

24 Vgl. Baldwin, R./Wyplosz, C. (2023): The Economics of European Integration, 7th edition, McGraw Hill 2023, S. 378.

land im langfristigen Durchschnitt circa 3 % des Bruttoinlandsproduktes ausgemacht. Der Wert sei dann von Deutschland in die Verhandlungen über die Konvergenzkriterien eingebracht und von den anderen Mitgliedsländern akzeptiert worden. Einer alternativen Hypothese zufolge geht die Zahl auf einen französischen Vorschlag zurück, dessen Geschichte bis in das Jahr 1981 zurückreicht. Demnach brauchte der damals neu gewählte Staatspräsident Francois Mitterand eine Begründung dafür, nicht alle Wahlversprechen sofort erfüllen zu können. Die mit der Suche nach dieser Begründung betrauten Beamten des Finanzministeriums legten sich ohne theoretische Fundierung auf eine Begrenzung der Neuverschuldung auf 3 % fest. Dies erschien ihnen einerseits streng genug, um zu weit gehende Begehrlichkeiten abzuwehren, erforderte bei der damaligen Situation der Einnahmen und Ausgaben aber auch keine allzu strikten Sparvorgaben. Ein Jahrzehnt später habe man diese Zahl dann in die Konzipierung der Rahmenbedingungen der Währungsunion eingebracht und sei auf Zustimmung gestoßen.[25]

Die beiden Kriterien wurden anschließend in einen scheinbar rationalen Zusammenhang gebracht: Bei einem nominalen Wachstum von 5 % und einer Inflationsrate von 2 % sei, ausgehend von einem Schuldenstand von 60 %, eine Nettoneuverschuldung von 3 % genau das Ausmaß an Kreditaufnahme, das die Staatsverschuldung bei ebenjenen 60 % konstant halte.[26] Diese nachträgliche ökonomische Verknüpfung gab den beiden Zahlenwerten den Anschein einer theoretischen Fundierung, basierte aber auf einer unrealistischem Wachstumsannahme und erwies sich damit schnell als nicht haltbar.

3.4 Der Stabilitäts- und Wachstumspakt

Im Zuge der Vorbereitung auf die Währungsunion kam es zu einer Debatte darüber, wie die fiskalische Solidität der EU-Länder auch nach Einführung der gemeinsamen Währung sichergestellt werden könne. Denn die Maastrichter Konvergenzkriterien galten zunächst einmal nur für den Beitritt, während die konkreten Regeln für die Zeit danach noch festzulegen waren. Federführend aktiv war hierbei Bundesfinanzminister Theo Waigel. Als wesentliche Gefahr für eine stabilitätsorientierte Geldpolitik galt damals die Schuldenpolitik der Staaten, womit der Zentralbank fiskalische Dominanz drohen könne (▶ Kap. 3.2.4). Deshalb setzte sich Waigel ab 1995 entschieden für einen Stabilitätspakt der EU-Mitglieder ein. Klare Regeln (insbesondere in

---

25 Vgl. Schubert, C. (2013): Wie das Maastricht-Kriterium im Louvre entstand, Frankfurter Allgemeine Zeitung vom 25.9.2013, S. 10, sowie o.V. (2012): The secret of 3% finally revealed, voxeurop, online verfügbar: https://voxeurop.eu/en/the-secret-of-3-finally-revealed (letzter Aufruf 07.07.2025).

26 Vgl. Sachverständigenrat zur Begutachtung der gesamtwirtschaftlichen Entwicklung (1994): Jahresgutachten 1994/95, Drucksache des Deutschen Bundestages 13/26 vom 21.11.1994, Randnummer 183, p. 155.

Bezug auf die staatliche Neuverschuldung), deren Verletzung auch zu sanktionieren war, sollten langfristig für nachhaltige Staatsfinanzen sorgen. Frankreich, das dem Vorhaben skeptisch bis ablehnend gegenüberstand, plädierte dafür, den nationalen Regierungen möglichst weitgehende Spielräume in der Finanzpolitik zu erhalten. Sie sollten die staatlichen Einnahmen und Ausgaben weiterhin für eine aktive Konjunkturpolitik nutzen können. Die Verhandlungen ergaben einen Kompromiss. Es gab zwar einen Pakt, aber der deutsche Finanzminister Theo Waigel musste Änderungen an seinem Plan akzeptieren. Eher kosmetisch war dabei die von der französischen Seite durchgesetzte Namensänderung in Stabilitäts- und Wachstumspakt. Im Gegensatz dazu hatte die Abkehr von automatischen Sanktionen bei Regelverstößen substanzielle Bedeutung. Über die Durchsetzung von Sanktionen sollte der Rat mit Mehrheitsbeschluss entscheiden.

Am 1. Juli 1998 trat der Stabilitäts- und Wachstumspakt schließlich in Kraft. Er gilt grundsätzlich auch für EU-Staaten, die nicht Mitglied der Eurozone sind, und hat zwei Teile:

- präventiver Arm:
  Ziel ist hier, Verstöße gegen die Fiskalkriterien von vornherein zu vermeiden. Die Kommission überwacht die Haushaltssituation der Mitgliedstaaten insbesondere im Hinblick auf die staatliche Neuverschuldung. Mittelfristig sollen die Haushalte der Mitgliedstaaten ausgeglichen sein. Dazu müssen die Regierungen ein Stabilitätsprogramm vorlegen, welches den mittelfristigen Pfad zu einem ausgeglichenen Haushalt aufzeigt. Die Kommission prüft die Stabilitätsprogramme und kann Korrekturen verlangen. An dieser Stelle des Verfahrens können Mitgliedstaaten bei Regelverstößen zu einer verzinslichen Einlage – also gewissermaßen zur Hinterlegung eines Pfandes – verpflichtet werden. Die Rückzahlung erfolgt erst, wenn die Vorgaben des Verfahrens wieder eingehalten werden.
- korrektiver Arm:
  Neben dem mittelfristigen Haushaltsausgleich war das 3-Prozent-Ziel zu beachten – es sei denn, es lag ein außergewöhnliches Ereignis, das sich der Kontrolle des betreffenden Mitgliedstaates entzog, oder ein schwerer Wirtschaftsabschwung vor. Ohne einen solchen Ausnahmetatbestand führte eine Neuverschuldung in Höhe von mehr als 3 % des Bruttoinlandsproduktes zur Einleitung eines Defizitverfahrens. Dieses sollte damit beginnen, dass der Rat auf Empfehlung der Kommission feststellte, dass ein übermäßiges Defizit besteht. Im weiteren Verlauf waren Sanktionen möglich. Sie reichten von der Umwandlung der oben genannten verzinslichen in eine unverzinsliche Einlage bis zu einer Geldbuße in Höhe von 0,2 % des nationalen Bruttoinlandsproduktes, die bei Nichtbefolgen der Empfehlungen weiter erhöht werden konnte. Die Sanktionen waren vom Rat zu beschließen.

Mit dem Kompromiss konnten beide Seiten nicht wirklich zufrieden sein. Die Befürworter eines strengen Stabilitätspaktes sahen es als Problem an, dass der Rat über die Verhängung von Sanktionen zu beschließen hatte. Die Staats- und Regierungschefs sollten also entscheiden, ob und in welcher Höhe einer ihrer Kollegen (bzw. das Land,

3.4 Der Stabilitäts- und Wachstumspakt

das er vertrat) für fiskalpolitisches Fehlverhalten bestraft würde – wohlwissend, dass jeder Einzelne von ihnen demnächst selbst auf der Anklagebank sitzen konnte. Das politisierte die Umsetzung der Regeln. Die einzelnen Verfahrensschritte des Paktes würden Teil der Verhandlungsmasse des Brüsseler Politikbetriebes – ein Phänomen, das die Kritiker der beschlossenen Regelung bald mit dem Diktum »Sünder richten über Sünder« beschrieben. Dem hielten die Verfechter einer möglichst weitgehenden politischen Flexibilität des Verfahrens entgegen, dass eine automatische Sanktionierung der Mitgliedstaaten einen zu weitgehenden Eingriff in deren Budgetautonomie und damit in den Kern der demokratischen Selbstbestimmung dargestellt hätte.

Zudem wurde die Frage aufgeworfen, ob und inwieweit Geldstrafen in diesem Zusammenhang überhaupt sinnvoll seien. Immerhin vergrößerten sie die Probleme der sanktionierten Länder zusätzlich, und zwar in doppelter Hinsicht. Zum einen seien die Länder ja gerade wegen zu hoher Defizite bzw. Schuldenstände in das Verfahren geraten. Die nach Brüssel zu überweisenden Geldbußen machten ihre finanzielle Lage nur noch schlimmer. Zum anderen erzwinge die Umsetzung des Regelwerks eine Sparpolitik, die kontraproduktiv sei. Die akuten Haushaltsprobleme der »Sünder« träten in der Regel in einer Phase niedriger oder sogar negativer BIP-Veränderungsraten zutage. Wenn sie sich nun zu Steuererhöhungen und Ausgabensenkungen genötigt sähen, um die Sanktionen des Defizitverfahrens zu verhindern, verschlechtere dies die Wirtschaftslage und damit die Haushaltssituation zusätzlich. Der Versuch, sich gewissermaßen aus einer Krise »herauszusparen«, komme einer Quadratur des Kreises gleich. Unabhängig von ihrer konkreten Umsetzung und gegebenenfalls Sanktionierung machten die Vorgaben es den EU-Ländern generell schwer, in einer Rezession angemessen auf die Lage zu reagieren. Eine antizyklische Fiskalpolitik sei schwierig, wenn das staatliche Defizit auch in einer Rezession einer starren Begrenzung unterworfen sei.

Dem stellten die Befürworter des Paktes wiederum entgegen, was der Europäische Rat 1997 in einer Entschließung zum Stabilitäts- und Wachstumspakt verlautbart hatte: »Das Festhalten an dem Ziel eines soliden, nahezu ausgeglichenen oder einen Überschuss aufweisenden Haushalts wird es allen Mitgliedstaaten ermöglichen, die normalen Konjunkturschwankungen zu bewältigen und dabei das öffentliche Defizit im Rahmen des Referenzwerts von 3 % des BIP zu halten.« Darin wird also bekräftigt, dass das mittelfristige – also über den Konjunkturzyklus hinweg zu erreichende – Ziel der staatlichen Finanzpolitik ein ausgeglichener Haushalt sein muss. Kommt es nun zu einer Rezession, so gewährt das erlaubte Defizit von 3 % des Bruttoinlandsproduktes genug Spielraum für eine antizyklische Gestaltung der Einnahmen und Ausgaben. In der Praxis entwickelte sich das Defizit von 3 % jedoch schnell zur eigentlichen Zielmarke sowohl für die guten wie die schlechten Zeiten. Die prozyklische Fiskalpolitik in der Krise war daher nach Ansicht der Verfechter des Stabilitäts- und Wachstumspakt nicht dem 3-Prozent-Defizitkriterium geschuldet, sondern der zu laxen Haushaltsführung in Aufschwung- und Boomzeiten.

3.5 Entscheidende Schritte auf dem Weg zur Währungsunion

Nach der Ratifizierung durch die zwölf Mitgliedstaaten trat der Vertrag über die Europäische Union am 1.11.1993 in Kraft. Seit der Maastrichter Konferenz waren somit fast zwei Jahre vergangen. In dieser Zeit überstand das Projekt nicht nur die EWS-Krise, sondern auch eine Volksabstimmung in Frankreich und gleich zwei in Dänemark. Das zweite dänische Referendum war nötig geworden, weil die Dänen den Maastrichter Vertrag zunächst abgelehnt hatten. Daraufhin wurde ihnen ein Opt-out aus der Währungsunion gewährt, was im zweiten Anlauf ihre Zustimmung sicherte. Ein solches Opt-out war von Anfang an die Bedingung der Briten für ihre Unterschrift gewesen. Die anderen zehn Mitgliedstaaten übernahmen mit ihrem Votum für die Etablierung der Europäischen Union auch die Verpflichtung, die gemeinsame Währung einzuführen, sobald sie die Konvergenzkriterien erfüllen würden. In Deutschland gab es zwar keine Volksabstimmung, aber verschiedene Kläger legten beim Bundesverfassungsgericht Verfassungsbeschwerde gegen die Ratifizierung des Vertrages durch den Bundestag ein. In ihrem Maastricht-Urteil erklärten die Karlsruher Richter den Maastrichter Vertrag für grundgesetzkonform, stellten aber gleichzeitig fest, dass der demokratische Einfluss der Bürger der Bundesrepublik Deutschland auf die europäische Entscheidungsfindung gewahrt werden müsse und die künftige Währungsunion als Stabilitätsunion auszugestalten sei.

Mit dem Beginn der zweiten Stufe der Währungsunion nahm 1994 das Europäische Währungsinstitut mit Sitz in Frankfurt seine Arbeit auf. Ihm oblagen die stärkere Koordinierung der nationalen Geldpolitiken sowie insbesondere vorbereitende Arbeiten für die künftige europäische Geldpolitik. Den Mitgliedstaaten war für diese Zeit auferlegt, die rechtlichen Rahmenbedingungen für ihren möglichen Beitritt zu schaffen. Dazu zählte nicht zuletzt, die Unabhängigkeit ihrer jeweiligen Notenbanken verfassungsrechtlich zu verankern und die monetäre Finanzierung des Staatshaushaltes auszuschließen.

Der in Maastricht beschlossene Stufenplan sah sodann vor, dass die dritte Stufe – also die eigentliche Währungsunion – frühestens am 1.1.1997, spätestens aber am 1.1.1999 beginnen sollte. Ein Start vor 1999 hätte die Feststellung des Ministerrates zur Voraussetzung gehabt, dass eine Mehrheit der seit 1995 fünfzehn EU-Mitgliedstaaten die Beitrittsbedingungen erfüllte. Der zwingende Einstieg in die Währungsunion 1999 sollte zur Not auch mit einer Minderheit der Mitgliedstaaten stattfinden. Diese Festlegung war ein Zugeständnis an die Monetaristen, darunter insbesondere Frankreich. Dem stand der ökonomistisch begründete Zwang gegenüber, die Konvergenzbedingungen erfüllen zu müssen. Schnell stellte sich heraus, dass weder das Inflations- noch das Wechselkurs- oder das Zinskriterium die entscheidende Hürde darstellen würden. Die seit Mitte der 1980er-Jahre wirksame Great Moderation bewirkte weltweit einen Rückgang der Inflationsraten. Dieser machte sich auch in Europa bemerkbar. Die Preissteigerungsraten der vormaligen »Schwachwährungsländer« im Süden Europas sanken nachhaltig und näherten sich denjenigen der »Hartwährungsländer« an. Das Wechselkurskriterium war mit der Ausweitung der Bandbreite nach der EWS-Krise ohnehin erheblich aufgeweicht worden (▶ Kap. 2.4.1). Doch selbst wenn dies nicht der Fall gewesen wäre: Auch die Wechselkurse konvergierten ab Mitte der 1990er-Jahre. Da die Inflations- sowie die Wechselkursänderungserwartungen entscheidende Determinanten des langfristigen Nominalzinses sind, kam es auch hier zu einem Zusammenlaufen. Diese positive Entwicklung resultierte aus drei Faktoren: Neben der erwähnten Great Moderation waren das tatsächliche materielle Fortschritte in Richtung einer stabilitätsorientierten (Geld-)Politik sowie die Erwartung, dass eine künftige Europäische Zentralbank verlässlich für Stabilität der monetären Rahmenbedingungen sorgen würde. In welchem »Mischungsverhältnis« die drei Determinanten damals die Konvergenz von Inflationsraten, Wechselkursen und Zinsen bewirkten, ist bis heute Gegenstand der wirtschaftshistorischen Debatte.

Anders als im Falle von Inflation, Wechselkurs und Nominalzins verhielt es sich bei der Kreditaufnahme und dem Schuldenstand. Vielen Mitgliedstaaten fiel es sehr schwer, die beiden Fiskalkriterien einzuhalten. Dabei war das Defizitkriterium (3 % des BIP ▶ Dar. 32) kurzfristig leichter zu beeinflussen als das Schuldenstandskriterium (60 % des BIP ▶ Dar. 33). Insbesondere Belgien und Italien waren weit von den geforderten 60 % entfernt. Sie mussten auf den Passus setzen, dass eine Mitgliedschaft in der Währungsunion auch bei hinreichender Annäherung des Wertes an die Zielgröße möglich sein könne. Bei ihren fiskalpolitischen Bemühungen profitierten die Euro-Aspiranten nach der schweren Rezession Anfang des Jahrzehnts von einer tendenziell günstigeren Konjunkturentwicklung. Zudem förderte ein stärkerer Dollar ab 1995 die Exportwirtschaft, und niedrige Ölpreise trugen darüber hinaus in den Jahren 1997 und 1998 zu günstigen außenwirtschaftlichen Rahmenbedingungen bei. Schließlich entlastete auch die Konvergenz der langfristigen Zinsen auf im historischen Vergleich sehr niedrigen Niveau die Staatshaushalte. Dennoch suchten einige EU-Länder Zuflucht bei Einmalmaßnahmen und Ad-hoc-Aktionen, die in den Augen der Öffentlichkeit teilweise den Charakter von »Buchungstricks« annahmen. Neben Ausgabenkürzunge und Steuererhöhungen kamen hier u. a. (Teil-)Privatisierungen von Staatsunternehmen (so etwa in Deutschland und Frankreich) oder die vorgezogene Verbuchung von Steuereinnahmen, die erst 1999 angefallen wären (Italien), zum Einsatz. In Deutschland brachte Bundesfinanzminister Theo Waigel zudem eine Neubewertung der Goldreserven der Bundesbank ins Spiel. Das Vorhaben scheiterte jedoch am Widerstand der Frankfurter Währungshüter und der deutschen Öffentlichkeit.

3 Vorbereitung

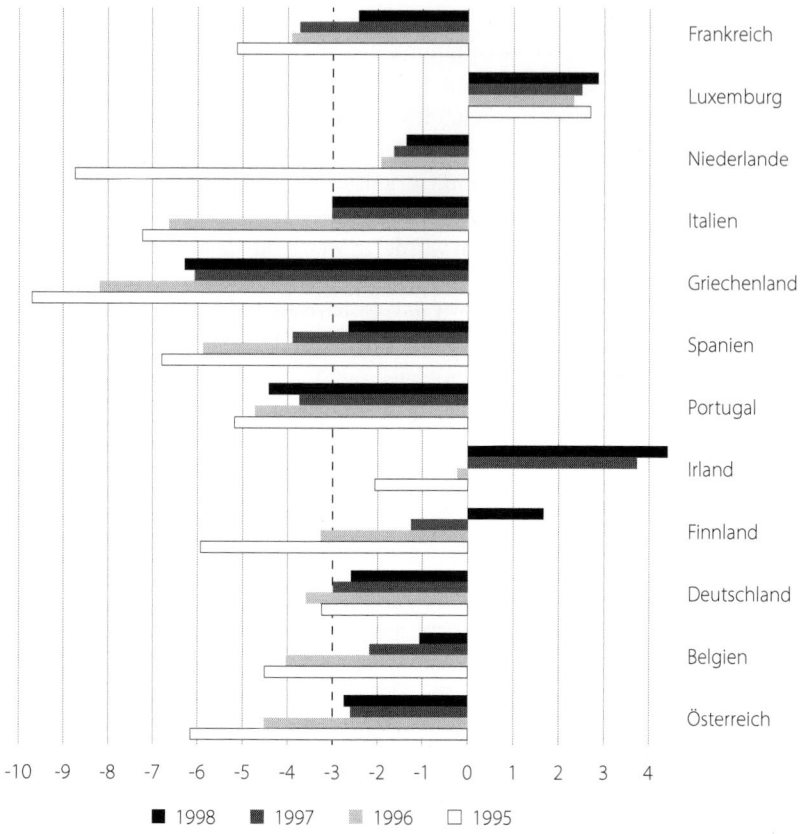

Dar. 32: Staatliche Nettokreditaufnahme in Prozent des BIP in den elf ersten Teilnehmerländern der Währungsunion (zzgl. Griechenland, das 2001 beitrat; Daten: EZB)

Während solche Einmalmaßnahmen auf einhellige Kritik stießen, wurden die fiskalpolitischen Anstrengungen der Euroaspiranten insgesamt unterschiedlich bewertet. Die optimistische Interpretation lautete: Die Erwartung der kommenden Währungsunion verändere das Verhalten der Akteure. Regierungen, Tarifparteien und Bevölkerung in den Mitgliedsländern hätten erkannt, dass nach Eintritt der Währungsunion neue Spielregeln gälten. Politik und Unternehmen müssten sich einem aufgrund der gestiegenen Preistransparenz stärkeren Wettbewerbsdruck auf dem Binnenmarkt stellen. Gleichzeitig falle die nationale Geld- und Wechselkurspolitik als Ausgleichsmechanismus weg. Vor diesem Hintergrund habe sich ein Konsens herausgebildet, demzufolge Strukturreformen sowohl auf staatlicher als auch auf Unternehmensebene notwendig seien. Neben einer stabilitätsorientierten Fiskalpolitik gehörten dazu die Flexibilisierung der Arbeits- und Gütermärkte, die Reduzierung der Sozialpolitik auf das Wesentliche sowie die Ausrichtung der Unternehmen auf den europäischen Binnenmarkt. Die Optimisten gingen also von einer grundlegenden Verhaltensänderung hin zu einer marktorientierten Wirtschaftspolitik aus.

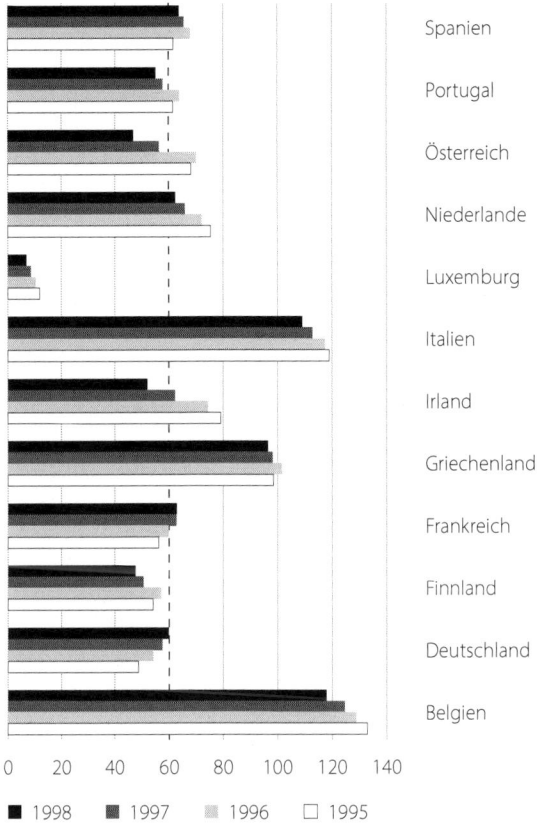

Dar. 33: Staatlicher Schuldenstand in Prozent des BIP in den elf ersten Teilnehmerländern der Währungsunion (zzgl. Griechenland, das 2001 beitrat; Daten: EZB)

Dem stand eine eher pessimistische Perspektive gegenüber, derzufolge der fiskalpolitische Kraftakt in den Jahren vor der Euro-Einführung bloß taktisch motiviert war. Die Länder hätten die vor ihnen liegende Hürde überspringen wollen; eine Änderung der wirtschaftspolitischen Präferenzen habe es nicht gegeben. Die Homogenität der wirtschaftspolitischen Präferenzen als Funktionsbedingung für einen optimalen Währungsraum sei mithin nicht vorhanden. Ein bedeutender Akteur, der dieses Problem immer wieder benannte, war die Deutsche Bundesbank. Deren Repräsentanten wiesen in zahllosen Reden und Veröffentlichungen darauf hin, dass eine Währungsunion mehr brauche als Konvergenzbedingungen, fiskalpolitische Spielregeln und eine unabhängige Zentralbank. Bundesbankpräsident Schlesinger forderte schon Ende 1991, kurz nach der Maastrichter Konferenz, im Handelsblatt eine »›Stabilitätskultur‹ in Öffentlichkeit und Politik«, wie sie sich in Deutschland nach zwei Hyperinflationen entwickelt habe. Weiter schreibt er: »Politik und Gesellschaft müssen die Stabilitätsorientierung aktiv mittragen.« Denn: »Man darf nicht vergessen, dass die Zentralbank nicht im Alleingang für stabile Preise sorgen kann, auch wenn eine gute

Geldpolitik der wesentliche Baustein ist.«[27] Ohne eine stabilitätsorientierte Fiskalpolitik, wettbewerbsorientierte strukturelle Rahmenbedingungen für das Agieren der Unternehmen sowie nicht zuletzt geeignete Mechanismen, mit deren Hilfe Arbeitgeber und Gewerkschaften zu einer produktivitätsorientierten Lohnpolitik zusammenfänden, sei eine nachhaltig erfolgreiche Inflationsbekämpfung kaum möglich. Der Wille zur Stabilität dürfe nicht nur auf dem Papier des Maastrichter Vertrages stehen, sondern müsse von den politisch Verantwortlichen und der Bevölkerung im Wirtschaftsalltag gelebt werden.

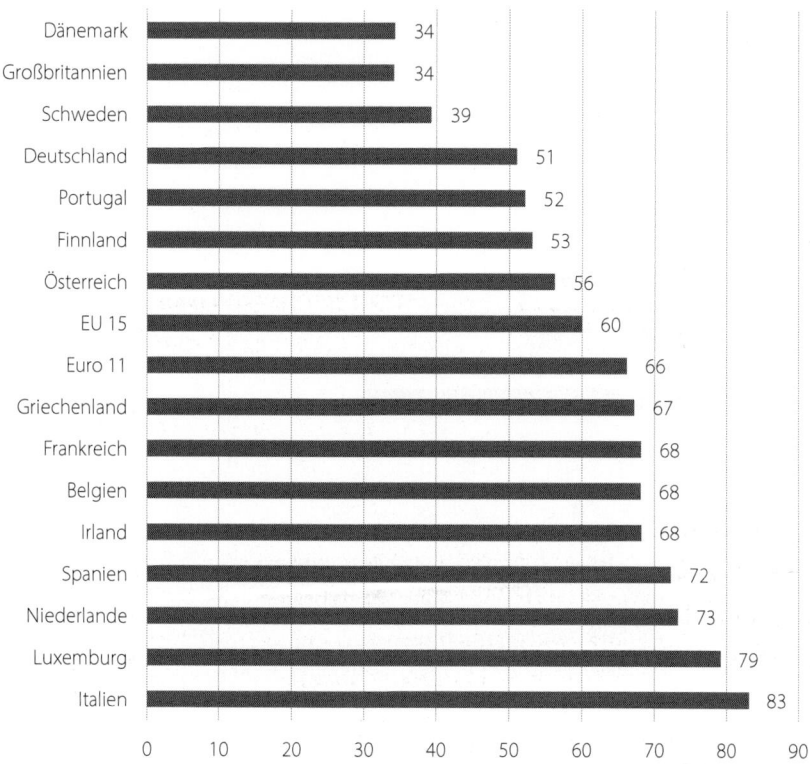

Dar. 34: Zustimmung zum Euro in den EU-Ländern (% der Befragten; Frühjahr 1998; Daten: Eurobarometer 49)

Die Staats- und Regierungschefs trieben unterdessen die Vorbereitung der dritten Stufe voran. Sie schlossen sich dem Vorschlag von Bundesfinanzminister Waigel an, die neue Währung »Euro« zu nennen, und sendeten mit der Festlegung auf Frankfurt als dem Sitz der Europäischen Zentralbank ein Signal an die nach wie vor euro-

---

27 Schlesinger, H. (1991): »Eine europäische Währung muss genauso stabil sein wie die D-Mark«, in Handelsblatt vom 31.12.1991, S. 9.

skeptischen Deutschen: Wo die Bundesbank und ihre Vorgängerinstitution, die Bank deutscher Länder, ein halbes Jahrhundert für stabiles Geld gesorgt hatten, sollte die EZB zukünftig für einen Euro verantwortlich sein, der genauso stark sein würde wie die D-Mark. Am 2. Mai 1998 schließlich stellte der Rat die Erfüllung der Konvergenzkriterien für 13 der 15 EU-Länder fest. Als (noch) nicht reif für die Währungsunion erwies sich Griechenland. Dänemark und Großbritannien nutzten die ihnen im Maastrichter Vertrag eingeräumte Opt-out-Klausel. Schweden nahm absichtlich nicht am Wechselkursmechanismus teil und verfehlte damit gewissermaßen freiwillig das Wechselkurskriterium, um sich so selbst ein faktisches Opt-out einzuräumen. Dass Schweden, Dänemark und Großbritannien der Währungsunion aus freien Stücken nicht beitraten, spiegelt die Skepsis der Bevölkerung in den drei Ländern wider. Dort war der Anteil der Eurogegner größer als derjenige der Befürworter. Überall anders überwog die Zustimmung, wenn auch in Deutschland, Portugal, Finnland und Österreich nur etwas mehr als die Hälfte der Bevölkerung für die gemeinsame Währung war. Betrachtet man die elf Länder, mit denen es am 1.1.1999 losging, so sprach sich im Durchschnitt eine Zweidrittel-Mehrheit für das Projekt aus. Die höchste Zustimmung hatte der Euro in Italien (▶ Dar. 34).

Der Euro startete am 1.1.1999 mit elf, also mit relativ vielen Teilnehmerländern (▶ Dar. 35). Dies war das Resultat einer komplizierten politischen Gemengelage. Die Ökonomisten konnten sich mit ihrem Pochen auf eine strenge Auslegung der Konvergenzkriterien nicht durchsetzen. Frankreich wollte keine zu kleine Währungsunion, in der Deutschland eine übermäßig starke Stellung gehabt hätte, denn das hätte eine Fortsetzung des von der Bundesbank dominierten Europäischen Währungssystems unter anderen Vorzeichen bedeutet. Insbesondere Belgien und Italien standen im Fokus der Debatte. Sie gehörten in den 1950er-Jahren zu den sechs Mitgliedern der Montanunion sowie zu den Unterzeichnerstaaten der Römischen Verträge. Außerdem waren die beiden Länder wirtschaftlich eng mit Deutschland und Frankreich verbunden. Gleichzeitig lag ihr Schuldenstand aber über 100 % des BIP und damit weit von der 60-Prozent-Grenze entfernt. Die Befürworter eines frühestmöglichen Eurobeitritts von Belgien und Italien beriefen sich auf einen Passus in den Verträgen, demzufolge es ausreichte, wenn der Schuldenstand sich der Zielgröße erkennbar annähere. Dadurch kommt ein Erfolgskriterium für Beschlüsse auf europäischer Ebene zum Ausdruck: Sie müssen so interpretationsoffen formuliert sein, dass möglichst viele Mitgliedsländer darin ihre jeweilige Position wiederfinden können. Neben den Beitrittsbedingungen für die Währungsunion ist der Stabilitäts- und Wachstumspakt dafür ein Beispiel. Insgesamt zeigt die Betrachtung der 1990er-Jahre einmal mehr, dass Fortschritte bei der europäischen Integration immer nur als Ergebnis eines fein austarierten Systems von Kompromissen möglich sind (▶ Dar. 36). Inwieweit die zugrundeliegenden Entscheidungen die ökonomische und politische Situation des Kontinents gestalten oder sie nur widerspiegeln, bleibt zum Zeitpunkt der Beschlussfassung oft offen und offenbart sich erst in längerer Perspektive.

3 Vorbereitung

Beitritt 1.1.1999	Beitritt nach 1999	"Opt out"-Länder	(Potenzielle) Beitrittskandidaten
• Belgien • Deutschland • Finnland • Frankreich • Irland • Italien • Luxemburg • Niederlande • Österreich • Portugal • Spanien	• Griechenland (2001) • Slowenien (2007) • Malta (2008) • Zypern (2008) • Slowakei (2009) • Estland (2011) • Lettland (2014) • Litauen (2015) • Kroatien (2023)	• Großbritannien (nicht mehr in der EU) • Dänemark	• Bulgarien • Rumänien • Polen • Schweden • Tschechien • Ungarn

Dar. 35: Mitgliedschaft in der Eurozone

Neben der Festlegung des Teilnehmerkreises zum 1.1.1999 waren weitere wichtige Entscheidungen zu treffen, darunter nicht zuletzt die Besetzung des sechsköpfigen Direktoriums der Europäischen Zentralbank. Ein heftiger Streit über den Chefposten endete mit einem Kompromiss. Erster Präsident wurde der Niederländer Wim Duisenberg; um dem mit Nachdruck vertretenen Anspruch Frankreichs auf das Spitzenamt entgegenzukommen, kündigte Duisenberg an, nach vier-Jahren, also der Hälfte seiner Amtszeit, zugunsten eines französischen Nachfolgers zurückzutreten. Dieser Kompromiss stieß ebenso wie die zuvor geführte Auseinandersetzung auf heftige Kritik in der Öffentlichkeit. Dass die EZB, die sich ihre geldpolitische Glaubwürdigkeit erst noch würde erarbeiten müssen, schon vor ihrer eigentlichen Gründung derart in das Fadenkreuz politischer Interessen der Mitgliedsländer geraten war, wurde von vielen als schlechtes Omen für den Euro angesehen. Im Gegensatz zur Position des Präsidenten war die des ersten Chefvolkswirts unumstritten: Sie ging an den ehemaligen Würzburger Ökonomieprofessor Otmar Issing, der zuvor in gleicher Funktion für die Deutsche Bundesbank tätig gewesen war. Vizepräsident wurde Christian Noyer aus Frankreich, die weiteren Direktoriumsmitglieder kamen aus Finnland (Sirkka Hämäläinen), Spanien (Eugenio Domingo Solans) und Italien (Tommaso Padoa Schioppa). Damals begann die bis heute fortgeführte Tradition, dass die drei großen Euroländer Deutschland, Frankreich und Italien immer im EZB-Direktorium vertreten sind.

Dar. 36: Der Euro als Kompromiss

Wie hat sich die deutsche (tendenziell ökonomistische) Position niedergeschlagen?	Wie hat sich die französische (tendenziell monetaristische) Position niedergeschlagen?
EZB nach Bundesbank-Vorbild EZB-Sitz Frankfurt	Keine politische Union vor Wirtschafts- und Währungsunion

Dar. 36: Der Euro als Kompromiss – Fortsetzung

Wie hat sich die deutsche (tendenziell ökonomistische) Position niedergeschlagen?	Wie hat sich die französische (tendenziell monetaristische) Position niedergeschlagen?
Euro nur für geeignete Länder (Konvergenzkriterien)	Start spätestens zum 1.1.1999; Konvergenzkriterien nicht streng ausgelegt; dadurch relativ viele Teilnehmer zu Beginn
Durchsetzung des Stabilitäts- und Wachstumspaktes	Wachstum wenigstens begrifflich im Namen; Sanktionsmechanismus unscharf
Wim Duisenberg, Otmar Issing im ersten EZB-Direktorium	Wim Duisenberg tritt freiwillig nach vier-Jahren zugunsten eines Franzosen zurück

3.6 Die EZB formuliert ihre Strategie

Die Europäische Zentralbank nahm am 1.7.1998 ihre Arbeit auf. Diese Arbeit bestand in den ersten sechs Monaten darin, eines der größten Experimente in der Geschichte des Geldes durchzuführen. Dazu standen den sechs Direktoriumsmitgliedern zunächst nur die begrenzten Erfahrungen des Europäischen Währungsinstitutes sowie einige hundert Mitarbeiter zur Verfügung. Die nationalen Notenbanken hingegen konnten auf eine Geschichte zurückblicken, die bis in das 19. Jahrhundert zurückreichte, und verfügten außerdem – alle zusammengerechnet – über eine fünfstellige Zahl von Beschäftigten.

Der niederländische Ökonom Wim Duisenberg (1935–2005) war beruflich u. a. beim Internationalen Währungsfonds, der niederländischen Zentralbank und als Minister sowie Parlamentarier aktiv, bevor er nach einer Zwischenstation bei der Rabobank Präsident der Zentralbank der Niederlande wurde. Bevor er 1998 das Amt des Präsidenten der Europäischen Zentralbank antrat, leitete Duisenberg das Europäische Währungsinstitut, die Vorgängerinstitution der EZB. Duisenberg stellte seine Position 2003 zur Verfügung, um einem Nachfolger aus Frankreich, Jean-Claude Trichet, Platz zu machen, wie es vor seiner Ernennung 1998 vereinbart worden war. [Foto: Europäische Zentralbank]

Die EZB musste nun in einer begrenzten Zeitspanne und mit sehr begrenzten Ressourcen zwei Ziele erreichen. Dabei handelte es sich zum einen um den Aufbau von Reputation. Die wichtigste Ressource, mit der eine Zentralbank arbeitet, ist das Vertrauen der Öffentlichkeit, dass sie zur Erfüllung ihrer Aufgabe (hier: Gewährleistung der Preisniveaustabilität) in der Lage ist. Als komplett neue Institution musste die

EZB auch in dieser Beziehung bei null anfangen. Daneben galt es zum anderen, sich intern auf die Übernahme der geldpolitischen Verantwortung zum 1.1.1999 vorzubereiten. Um aus elf nationalen Geldpolitiken eine europäische machen zu können, brauchte die EZB eine operative Konzeption, wie sie Preisniveaustabilität für die gesamte (zukünftige) Eurozone erreichen wollte. Die EZB brauchte also einen Instrumentenkasten.

Otmar Issing (geboren 1936) war Professor für Geld und internationale Wirtschaftsbeziehungen an den Universitäten Erlangen-Nürnberg (1967–1973) sowie Würzburg (ab 1973) und 1988 bis 1990 Mitglied des Sachverständigenrates zur Begutachtung der gesamtwirtschaftlichen Entwicklung (»Rat der fünf Weisen«). 1990 bis 1998 fungierte er als Chefökonom der Deutschen Bundesbank, bevor er in gleicher Funktion zur Europäischen Zentralbank wechselte. Nach Ablauf seiner achtjährigen Amtszeit schied Issing, der als der geistige Vater der Zwei-Säulen-Strategie gilt, aus dem EZB-Direktorium aus. Seitdem ist er vielfältig engagiert, u. a. am Center for Financial Studies der Goethe-Universität Frankfurt, dessen Präsident er von 2006 bis 2022 war. [Foto: O. Issing]

Die Basis für das Erreichen beider Ziele war die Entwicklung und Kommunikation einer geldpolitischen Strategie. Darunter ist eine verbindliche Aussage darüber zu verstehen, wie die Zentralbank die für ihre Meinungsbildung notwendigen Informationen generieren und verarbeiten möchte und wie sie auf dieser informationellen Basis zu ihren geldpolitischen Entscheidungen kommen möchte. Kurz: Die Zentralbank verkündet, auf welche grundsätzliche Weise sie ihr Mandat zu erfüllen gedenkt.

Im Gegensatz zu anderen Zentralbanken musste die EZB ihre strategische Ausrichtung festlegen, ohne ihr Handlungsfeld, die zukünftige Eurozone, wirklich zu kennen. Bis zum 31.12.1998 würden elf nationale Währungsräume mit ihrer jeweils eigenen ökonomischen Strukturen, Finanzsystemen und geldpolitischen Traditionen existieren. Nur für diese Währungsräume getrennt gab es Erfahrungen der jeweiligen nationalen Notenbanken in Bezug auf die Wirkungsweise ihrer Instrumente, und auch historisches Datenmaterial lag fast ausschließlich auf der Ebene der zukünftigen Mitgliedsländer der Währungsunion vor. Der Blick in die Vergangenheit konnte die EZB also nicht lehren, wie sich die Eurozone ökonomisch entwickeln würde. Selbst ein einfaches Aufaddieren der wesentlichen makroökonomischen Kennzeichen war wenig hilfreich, weil sich die Volkswirtschaften der Mitgliedsländer in ihrem grundlegenden Aufbau und den wirtschaftspolitischen Institutionen teils erheblich voneinander unterschieden. Das machte auch eine analytische Ist-Beschreibung auf aggregierter, also Eurozonen-Ebene, sehr schwierig.

Dazu kam, dass das neue Gebilde mit großer Wahrscheinlichkeit ein »Moving Target«, also ein bewegliches Ziel sein würde. Das bedeutet: Die Gründung der Eurozone selbst hätte den Wirtschaftsraum in unbekannte Richtung verändern können. So war es beispielsweise völlig unklar, wie die Summe der elf nationalen Volkswirtschaften auf die ab dem 1.1.1999 wirksame europäische Geldpolitik reagieren würde. Mit einem grenzüberschreitend einheitlichen Zinssatz, implementiert mit einheitlichen und teils neuen geldpolitischen Instrumenten, hatten die Banken und Kapitalmarktakteure der Mitgliedsländer keine Erfahrung. Das wegfallende Wechselkursrisiko könnte die Konkurrenz auf den nationalen Finanzmärkten zunehmen lassen, gleichzeitig war mit deren Vertiefung zu rechnen. Die bessere Vergleichbarkeit der Preise wäre gegebenenfalls mit veränderten Wettbewerbsstrukturen auch auf den Produktmärkten verbunden gewesen. Und last but not least würden vormalige Hochinflationsländer eine bis dato nicht gekannte Stabilität des Preisniveaus erfahren.

Die große Unsicherheit im Herbst 1998 machte die Formulierung einer konsistenten Strategie umso bedeutsamer. Es galt, die Erwartungen der Öffentlichkeit bezüglich des Vorgehens der EZB zu stabilisieren. Der EZB-Rat fasste dazu am 13.10.1998 einen bahnbrechenden Beschluss mit drei Kernelementen: einer konkreten quantitativen Definition des Ziels Preisniveaustabilität, der Ausrichtung der Geldpolitik an einem Referenzwert für das Geldmengenwachstum sowie der Abschätzung künftiger Preisentwicklung anhand eines breiten Indikatorenkatalogs.

Der Maastrichter Vertrag gab der EZB nur vor, dass ihr primäres Ziel Preisniveaustabilität sei, ließ aber offen, was darunter zu verstehen ist. Diese Lücke schloss die EZB, indem sie Preisniveaustabilität als eine jährliche Veränderung des Harmonisierten Verbraucherpreisindex in Höhe von unter 2 % definierte. Dieses Ziel sollte nicht zu jedem Zeitpunkt, sondern mittelfristig erreicht werden. Die mittelfristige Ausrichtung ist zum einen der Tatsache geschuldet, dass geldpolitische Maßnahmen üblicherweise mit einer Zeitverzögerung von mehreren Monaten zu wirken beginnen. Inflationsraten über der Zielmarke können zum anderen vorübergehend sein und Ursachen haben, die von der Zentralbank nicht beeinflusst werden können. Das ist insbesondere im Fall von externen Schocks höchst bedeutsam. Diese können eine Zentralbank zu der Entscheidung zwingen, ob sie ihr primäres Ziel Preisniveaustabilität zeitweise zugunsten sekundärer Ziele wie dem Wachstum und der Arbeitsmarktentwicklung zurückstellt oder nicht. Ein Beispiel dafür ist eine Krisensituation im Nahen Osten, die kurzzeitig den Öl- und Gaspreis und damit die Inflation in die Höhe treibt. Nach Abflauen der Krise sinkt die Inflationsrate wieder. In einer solchen Situation sollte eine Zentralbank mit ruhiger Hand agieren; erstens, weil sie die Öl- und Gaspreise mit ihren Instrumenten ohnehin nicht direkt beeinflussen kann, und zweitens, weil restriktive geldpolitische Maßnahmen ihre Wirkung erst entfalten würden, wenn sich die geopolitische Lage im Nahen Osten möglicherweise schon längst wieder geändert hätte. Ein zu hektisches Reagieren auf externe Schocks könnte vor diesem Hintergrund kaum kalkulierbare Konsequenzen für die realwirtschaftliche Entwicklung haben. Neben der Betonung einer mittelfristigen Ausrichtung ihrer Geldpolitik legte die EZB besonderen Wert auf die Tatsache, dass das 2-Prozent-Ziel für die gesamte Eurozone gelten sollte. Nationale Preisentwicklungen standen und stehen nicht im Fokus der EZB. Sie will eine europäische Geldpolitik ohne Rücksichtnahme auf die Interessenlagen der Mitgliedsländer betreiben.

Die beiden weiteren Elemente des Beschlusses vom 13.10.1998 (Orientierung an einem Referenzwert für die Geldmenge sowie eine breit angelegte Analyse möglicher Inflationsdeterminanten) spiegeln die damalige Diskussion über geldpolitische Strategien wider.[28] Zwei Ansätze standen sich gegenüber, die Geldmengensteuerung und die direkte Inflationssteuerung (Inflation Targeting).

Geldmengensteuerung bedeutet, dass die Zentralbank ihre geldpolitischen Instrumente nutzt, um die prozentuale Entwicklung eines sog. monetären Zwischenziels – einer Geldmengengröße – zu beeinflussen. Dieser Ansatz basiert auf der Annahme, dass es einen prognostizierbaren Zusammenhang zwischen der gewählten Geldmengengröße und dem Preisniveau bzw. zwischen der prozentualen Veränderung dieser Geldmengengröße und der Inflationsrate gibt. Beim Inflation Targeting hat die Zentralbank eine Zielgröße für die Inflationsrate und steuert diese an. Wichtigster Anhaltspunkt für ihr geldpolitisches Handeln sind die Inflationserwartungen als Zwischenziel, denn diese beeinflussen die Lohnverhandlungen zwischen den Tarifparteien ebenso wie das Preissetzungsverhalten der Unternehmen – und damit die tatsächliche zukünftige Inflationsrate. Sobald die Inflationserwartungen über der Zielinflationsrate liegen, zieht die Zentralbank die geldpolitischen Zügel an, andernfalls reagiert sie mit einer Lockerung ihres Kurses.

Inwieweit Geldmengensteuerung oder Inflation Targeting das Handeln der EZB bestimmen sollten, war heftig umstritten. Für die Geldmengensteuerung sprach u. a., dass sich die monetäre Zwischengröße direkt mit geldpolitischen Instrumenten beeinflussen ließ, dagegen ihr unklarer Zusammenhang mit dem Preisniveau. Das Inflation Targeting lässt sich gut kommunizieren, allerdings stellen die tatsächlichen Zusammenhänge zwischen Geldpolitik, Inflationserwartungen und Inflationsrate eine Black Box dar.

Der unklare Ausblick auf die Zeit ab dem 1.1.1999 veranlasste die EZB, sich auf die Zwei-Säulen-Strategie festzulegen. Darunter versteht man die oben beschriebene Ankündigung der EZB, ihr geldpolitisches Handeln sowohl an einem Referenzwert der Geldmengenentwicklung (monetäre Analyse) als auch an einer breit angelegten Untersuchung der Preisentwicklung in der Eurozone (ökonomische Analyse) auszurichten. Dass sie diesen Mittelweg zwischen den beiden Antipoden Geldmengensteuerung und Inflation Targeting ging, lag im Wesentlichen an der Eigenschaft der Eurozone als »Moving Target«.

Die Geldmengensteuerung war seit Mitte der 1970er-Jahre zentraler Bestandteil der Bundesbank-Kommunikation. Mit der Ankündigung eines Referenzwertes für die Geldmengenentwicklung stellte die EZB sich einerseits in die Tradition der stabilitätspolitisch erfolgreichen deutschen Notenbank und hoffte so, von deren Glaubwürdigkeit in Sachen Inflationsbekämpfung profitieren zu können. Anderseits äu-

---

28 Über die grundsätzliche Wirkungsweise geldpolitischer Maßnahmen informiert Abschnitt 4.1.

ßerten viele Ökonomen erhebliche Zweifel an der Existenz eines mehr oder weniger direkten, prognostizierbaren Zusammenhangs zwischen Geldmengenwachstum und Inflation in der zukünftigen Eurozone. Die EZB verfolgte daher auch keine reine Geldmengenstrategie in dem Sinne, dass sie die Geldmenge als einziges Zwischenziel ihrer Geldpolitik ansah und eine konkrete prozentuale Veränderung der Geldmenge anstrebte. Vielmehr formulierte sie einen Referenzwert für das prozentuale Geldmengenwachstum. Lag das tatsächliche Geldmengenwachstum höher, konnte das Preisrisiken signalisieren, bedeutete aber nicht, dass die EZB ihren geldpolitischen Kurs automatisch verschärfte. Der Referenzwert für die Geldmengenentwicklung war also mehr eine Informationsgrundlage für die Geldpolitik als ein wirklich zu erreichendes Zwischenziel. Darüber hinaus sollte die monetäre Analyse auch eine detaillierte Betrachtung des Kreditvergabeverhalten der Geschäftsbanken umfassen. Bankkredite waren damals eine tragende Säule der Investitionsfinanzierung (und sind es bis heute). Die Finanzierungsbedingungen der Realwirtschaft (im Sinne der quantitativen Höhe des Kreditvolumens, aber auch der Zinssätze und der Anforderungen an Sicherheiten) geben daher einen Hinweis auf die künftige konjunkturelle Situation und die Wachstumsperspektiven einer Volkswirtschaft. Auch dieser Teil der monetären Analyse spielte also in erster Linie die – wenn auch wichtige – Rolle einer Informationsgrundlage für die Geldpolitik.

So, wie die erste Säule ihrer Strategie keine vollständige Geldmengensteuerung darstellt, bedeutete die zweite Säule nicht, dass die EZB eine Strategie der direkten Inflationssteuerung verfolgte. Eine Inflationsprognose zu veröffentlichen und die Inflationserwartungen der Marktteilnehmer sowie der Öffentlichkeit ständig im Blick zu behalten, war zwar auch Grundlage des Inflation Targeting; dessen Umsetzung im engeren Sinne hätte aber erfordert, dass die Zentralbank eine konkrete Zielvorgabe für die Inflation bekommt. Ganz ähnlich wie die Bundesbank, deren gesetzlich vorgegebenes Ziel es war, die Währung zu sichern, hatte auch die EZB nur eine abstrakte Vorgabe, nämlich die Preisstabilität zu gewährleisten. Zudem sollten die Inflationserwartungen kein Zwischenziel der EZB-Geldpolitik sein, sondern wie das Geldmengenwachstums nur eine, wenn auch wichtige, Information unter vielen, auf welche die Zentralbank ihre Beurteilung der Risiken für die Preisniveaustabilität stützen wollte. Schließlich gab die EZB in der Erklärung vom 13.10.1998 auch nicht an (wie es im Falle der direkten Inflationssteuerung aber hätte sein müssen), eine konkrete Inflationsprognose zu veröffentlichen, sondern eine »breit angelegte Beurteilung zukünftiger Preisentwicklungen und Risiken für die Preisniveaustabilität«.

4 Honeymoon: Der Euro vor der Finanzkrise (1999–2007)

4.1 Die EZB bewährt sich – und passt ihre Strategie an

Der 1.1.1999 brachte einen sog. Regime Shift. Darunter versteht man eine tiefgreifende Änderung der grundlegenden Strukturen eines Systems. Im vorliegenden Fall war das Währungssystem Europas, das wiederum ein zentraler Bestandteil des Weltwährungssystems war und ist, einem solchen Regime Shift unterworfen. Es ist keine Übertreibung, dafür das Adjektiv »historisch« zu verwenden. Zum ersten Mal in der Geschichte gaben dermaßen viele (nämlich elf) unabhängige Staaten auf der Basis einer freiwilligen völkerrechtlichen Vereinbarung ihre monetäre Souveränität auf und traten sie an eine gemeinsame supranationale Institution ab. 300 Mio. Menschen in elf Ländern bezahlten nun mit dem Euro. Das war den meisten von ihnen zu diesem Zeitpunkt allerdings noch gar nicht bewusst. Schließlich sollte das Euro-Bargeld erst drei Jahre später eingeführt werden. Bis Anfang 2002 zirkulierten noch die Banknoten und Münzen der vormaligen Währungen. Alle Transaktionen zwischen den Geschäftsbanken und mit der Europäischen Zentralbank wurden aber bereits in Euro abgewickelt. Forderungen und Verbindlichkeiten in den nationalen Währungen waren zuvor zu einem festen Kurs in Euro umgerechnet worden. Die noch bis zum 31.12.2001 gültigen nationalen Noten und Münzen waren daher de facto bereits Euro-Bargeld. Wer beispielsweise eine D-Mark für eine Ware ausgab, bezahlte dafür (bei einem Umrechnungskurs von 1€ = 1,95583 DM), also eigentlich auch schon vor 2002 51 Cent.

Der Regime Shift brachte es mit sich, dass ab Ende 1998 alle Augen auf die EZB gerichtet waren. Sie musste das Vertrauen aufbauen, das notwendig war, um die gerade entstehende Eurozone sicher durch diese Phase des Umbruchs zu führen. Die Währungsunion war für die europäischen Währungshüter ein bewegliches Ziel – sobald die EZB sich analytisch mit ihr beschäftigte und die neu gewonnenen Erkenntnisse veröffentlichte, reagierten die Marktteilnehmer auf die veränderte Informationslage und passten ihr Verhalten an: Die Währungsunion nach der EZB-Analyse war dadurch eine andere als davor. Das galt vor allem zu Anfang, als Informationen über das neue Gebilde noch knapp waren. Auf unsicherem Terrain mussten EZB-Präsident Wim Duisenberg und seine Kollegen mit einer konsequenten Geldpolitik und nachvollziehbarer Kommunikation für stabile Inflationserwartungen zu sorgen. Dazu hatte die EZB zum einen im November 1998 ihre geldpolitische Strategie formuliert (▶ Kap. 3.6) und zum anderen auf der Basis von Vorarbeiten des Europäischen Währungsinstituts ein geldpolitisches Instrumentarium entwickelt.

Für ein grundlegendes Verständnis der Geldpolitik ist es zunächst erforderlich, einen Überblick über das Bankensystem in der europäischen Währungsunion zu erlangen. Hier ist zunächst zwischen der Zentralbank und den Geschäftsbanken zu unterscheiden. Dabei werden im Folgenden die Begriffe Zentralbank, Notenbank und Europäische Zentralbank (EZB) synonym verwendet, obwohl in vielen Fällen das Eurosystem als Kombination aus EZB und nationalen Zentralbanken (NZB, in Deutschland: Deutsche Bundesbank) gemeint ist. Ebenso synonym verwendet werden die Begriffe Banken, Geschäftsbanken und Kreditinstitute (in Deutschland in der besonderen »Drei-Säulen-Struktur« aus privaten Banken, Sparkassen sowie Volks- und Raiffeisenbanken). Das Bankensystem ist damit zweistufig: Die Zentralbank verkehrt nur mit den Geschäftsbanken, aber nicht mit den privaten Haushalten und den Unternehmen, für deren Versorgung mit Finanzdienstleistungen allein die Geschäftsbanken verantwortlich sind.

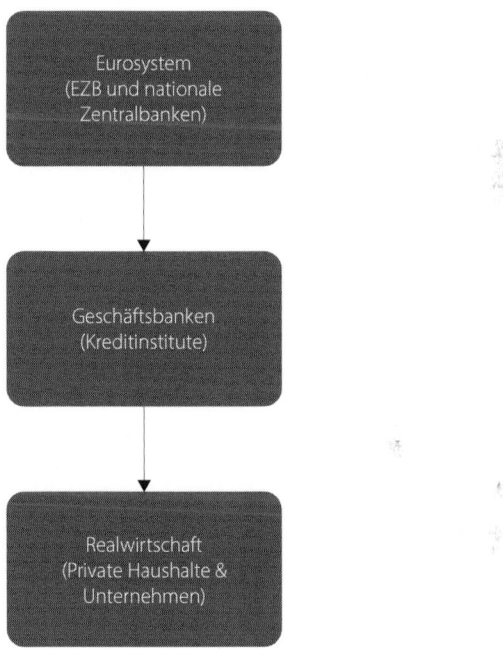

Dar. 37: Zweistufiges Bankensystem in der Eurozone

Kurz zusammengefasst bedeutet Geldpolitik: Die Zentralbank bestimmt, zu welchen Konditionen der Geschäftsbankensektor mit Liquidität versorgt wird. Bei dieser Liquidität handelt es sich um die sog. Reserven, also Guthaben der Geschäftsbanken (synonym: Kreditinstitute) bei der Zentralbank. Die Reserven bilden zusammen mit dem Bargeld das sog. Zentralbankgeld. Die Geschäftsbanken benötigen die Reserven aus zwei Gründen:

- Sie können sich die Reserven in Banknoten und Münzen auszahlen lassen, um damit die Bargeldwünsche ihrer Kunden zu befriedigen.
- Sie wickeln über die Reserven Überweisungen ihrer Kunden zu anderen Geschäftsbanken ab.

Daneben sind die Geschäftsbanken verpflichtet, Reserven in Höhe von 1 % ihrer kurzfristigen Verpflichtungen (darunter nicht zuletzt die Girokontoguthaben ihrer Kunden) als sog. Mindestreserve zu halten.[29] Über das Mindestreservesoll hinausgehende Einlagen der Geschäftsbanken bei der EZB werden als Überschussreserven bezeichnet.

Dar. 38: Formen des Geldes

Geschaffen von…		Genutzt von…
…der Zentralbank (Zentralbankgeld)		
	Reserven (Liquidität, Kontoguthaben der Geschäftsbanken bei der Zentralbank)	…den Geschäftsbanken
	Bargeld (Banknoten und Münzen)	…den Geschäftsbanken, privaten Haushalten und Unternehmen
…den Geschäftsbanken: Giralgeld, Sichteinlagen		…den privaten Haushalten & Unternehmen

Darstellung 38 gibt einen Überblick über die Formen des Geldes. Am Anfang stehen die Reserven, ohne die die Geschäftsbanken nicht arbeiten können. Im täglichen Verkehr leihen sich die Geschäftsbanken gegenseitig Liquidität, also Reserven. Geschäftsbanken, die mehr Reserven auf ihrem Konto bei der Zentralbank haben, als sie aktuell benötigen, stellen ihre überschüssige Liquidität leihweise denjenigen Geschäftsbanken zur Verfügung, die gerade unter einem Mangel an Reserven leiden. Der Zins, zu dem diese Interbankenkredite abgewickelt werden, heißt Geldmarktzins. Da die Zentralbank die einzige Institution ist, die Reserven schaffen kann, ist sie in der Lage, die Höhe des Geldmarktzinses zu steuern. Wenn sie die Reserven zu ungünstigeren Konditionen zur Verfügung stellt und so den Geldmarktzins erhöht, verteuern sich in der Regel auch die Kredite der Geschäftsbanken an private Haushalte und Unternehmen. Stellt die Zentralbank die Reserven zu günstigeren Konditionen bereit und senkt so den Geldmarktzins, ist es umgekehrt. Mit der Verteuerung bzw. Verbilligung geht einher, dass die Geschäftsbanken tendenziell weniger bzw. mehr Kredite vergeben. Die Kreditvergabe wiederum schafft Girokontoguthaben, also das sog. Giralgeld. Die privaten Haushalte verfügen über ihre Girokontoguthaben per

---

29 Vor dem 18. Januar 2012 lag der Mindestreservesatz bei 2%.

Überweisung, Lastschrift oder Kreditkarte. Alternativ können sie sich Girokontoguthaben in bar auszahlen lassen. Darstellung 39 gibt einen Überblick.

Dar. 39: Die Beziehungen zwischen Zentralbank, Geschäftsbanken und Realwirtschaft

Die technische Abwicklung der Bereitstellung von Reserven ergibt sich aus dem geldpolitischen Instrumentarium:[30]

- In dessen Mittelpunkt stehen die wöchentlichen Hauptrefinanzierungsgeschäfte. Hier können die Banken gegen Stellung von Sicherheiten oder Abgabe von Wertpapieren für sieben Tage Liquidität erhalten. Welche Vermögenswerte (in der Regel Wertpapiere und Kreditforderungen) die EZB unter welchen Bedingungen als sog. notenbankfähige Sicherheiten akzeptiert, definiert sie in ihrem Sicherheitenrahmen. Wichtig ist: nur wenn eine Geschäftsbank über notenbankfähige Sicherheiten verfügt, stellt die EZB ihr Liquidität zur Verfügung. Der Zinssatz für die Hauptrefinanzierungsgeschäfte ist der Leitzins.
- Ihn flankieren der Zinssatz der Spitzenrefinanzierungsfazilität sowie derjenige der Einlagefazilität. Die Spitzenrefinanzierungsfazilität erlaubt den Geschäftsbanken, sehr kurzfristig Liquidität zu leihen, während sie überschüssige Liquidität kurzfristig in der Einlagefazilität »parken« können. Der Geldmarktzins, in der Eurozone konkret gemessen als EONIA (Euro Overnight Index Average), bewegt sich im Normalfall innerhalb dieses Korridors. Daher spricht man hier auch von einem Korridorsystem.
- Längerfristige Refinanzierungsgeschäfte sowie strukturelle Operationen kommen nur in Sondersituationen zum Einsatz. Längerfristige Refinanzierungsgeschäfte dienen der Bereitstellung von Reserven für drei Monate; strukturelle Operationen

---

30 Die Darstellung hier erklärt die grundlegenden Mechanismen der europäischen Geldpolitik vor der im Jahr 2008 beginnenden Finanz- und Staatsschuldenkrise.

werden durchgeführt, wenn die EZB im Einzelfall Liquidität so spezifisch zuführen oder entziehen möchte, dass dies mit den breit angelegten Hauptrefinanzierungsgeschäften nicht möglich ist.

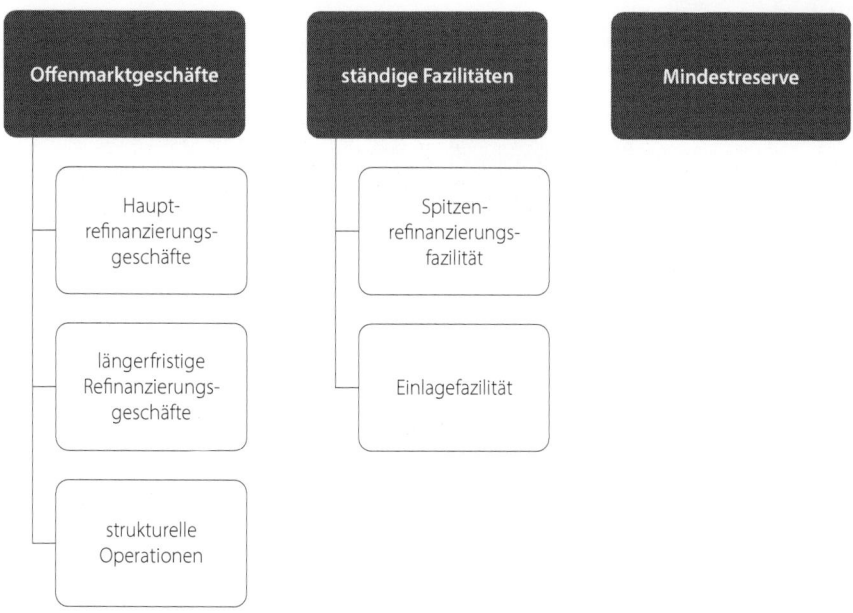

Dar. 40: Das geldpolitische Instrumentarium der EZB

Den Geldmarktzins zu steuern, ist aber nicht das eigentliche Ziel der Zentralbank. Vielmehr will sie monetäre Rahmenbedingungen zu schaffen, innerhalb derer die Kreditvergabe und Giralgeldschöpfung der Geschäftsbanken zu einem Niveau der gesamtwirtschaftlichen Nachfrage führen, das mit ihrem Primärziel Preisniveaustabilität kompatibel ist. Der Weg vom Geldmarktzins zur gesamtwirtschaftlichen Nachfrage wird als Transmissionsprozess bezeichnet. Änderungen des Geldmarktzinses beeinflussen die langfristigen Zinsen in der Realwirtschaft, die Vermögenspreise, den Wechselkurs und nicht zuletzt die Inflationserwartungen. Diese Impulse erreichen schließlich auch das inländische Preisniveau.

Auf dieser konzeptionellen Grundlage betrieb die Europäische Zentralbank ab dem 1.1.1999 ihre Geldpolitik. Dies gelang ihr (in den Augen nicht weniger Beobachter überraschend) gut. Die EZB baute stabilitätspolitische Reputation auf und stellte die Glaubwürdigkeit des 2-Prozent-Ziel schnell her. Dadurch war sie nicht zu einer aktivistischen Politik gezwungen, sondern konnte mit ruhiger Hand agieren. Dabei ist zum einen zu beachten, dass die Euro-Einführung den beschriebenen Strukturbruch darstellte und somit nicht nur die Verantwortlichen im Eurosystem, sondern alle Akteure in einem Umfeld historischer Ungewissheit handeln mussten. Zum anderen blieb die Eurozone in den beiden ersten Jahren ihrer Existenz nicht von erheblichen

4.1 Die EZB bewährt sich – und passt ihre Strategie an

Widrigkeiten verschont: Der Ölpreis stieg stark an, der Euro wertete deutlich ab und die New-Economy-Blase näherte sich zuerst ihrem Höhepunkt und platzte dann. Vor diesem Hintergrund entwickelten sich das Bruttoinlandsprodukt und das Preisniveau in der Eurozone besser als von vielen erwartet:

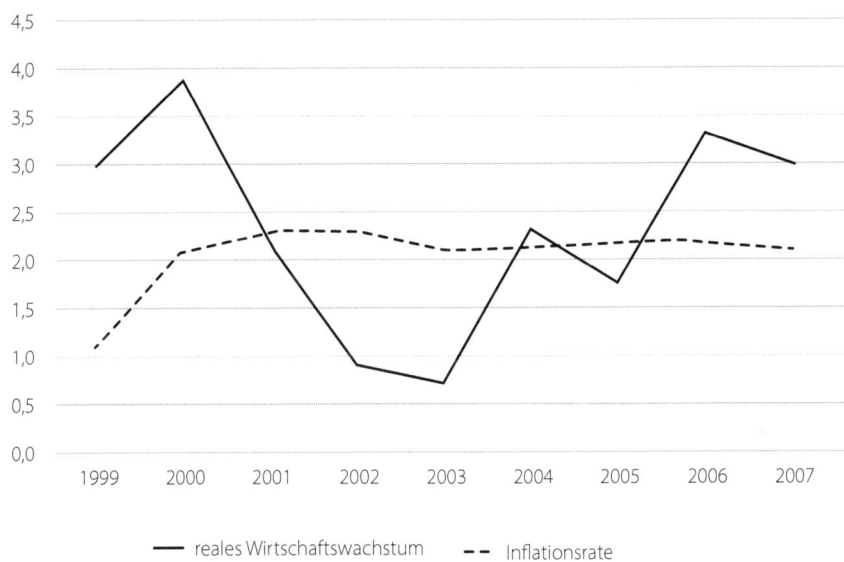

Dar. 41: Reales Wirtschaftswachstum und Inflation in der Eurozone 1999 bis 2007 (% gegenüber Vorjahr, Daten: EZB/IWF)

Der Blick auf Inflation und Wachstum in der Eurozone droht jedoch den Blick auf Entwicklungen zu verstellen, die unter der Oberfläche der europäischen Durchschnittswerte stattfinden. Die EZB musste darauf vertrauen, dass ihre Zinspolitik nicht nur für abstrakte Aggregate, sondern für die gesamte Eurozone – im Sinne aller ihrer Mitgliedstaaten – angemessen ist (»One size fits all«). Es bestand aber auch die Gefahr, dass die europäische Geldpolitik keinem oder – wenn überhaupt – nur sehr wenigen Euroländern wirklich gerecht würde (»One size fits none«). Ein Problem in diesem Zusammenhang stellten divergierende Konjunkturentwicklungen dar. Während Deutschland nach 2001 in eine Rezession geriet, erlebten u. a. Portugal, Irland, Griechenland und Spanien einen Aufschwung. Sie importierten die geldpolitische Glaubwürdigkeit der EZB und profitierten in der Folge von historisch niedrigen Zinsen. Letztere kurbelten dort den Konsum, die Staatsausgaben und die (Bau-)Investitionen an. Unter der Oberfläche einer von 2000 bis 2007 relativ konstant bei etwas über 2 % liegenden Inflationsrate im Eurozonendurchschnitt verbargen sich erhebliche Differenzen. Während die deutsche Preissteigerung beispielsweise im Jahr 2002 unter 1 % lag, überstieg sie in Irland, Portugal und Spanien 4 %.

4 Honeymoon: Der Euro vor der Finanzkrise

Ab dem 1.1.2002 brachte die EZB die erste Euro-Banknotenserie (▶ Dar. 42) in den Stückelungen 5 €, 10 €, 20 €, 50 €, 100 €, 200 € und 500 € in Umlauf. Das Thema der darauf abgebildeten Motive lautete »Zeitalter und Stile in Europa«. Auf der Vorderseite sind dabei jeweils Fenster oder Tore zu sehen, auf der Rückseite Brücken. Diese Fenster, Tore und Brücken stehen für die Stile Klassik (5 €), Romanik (10 €), Gotik (20 €), Renaissance (50 €), Barock und Rokoko (100 €), Eisen- und Glasarchitektur (200 €) sowie Architektur der Gegenwart (500 €). Die Abbildungen stellen ausnahmslos fiktive Bauwerke dar. Für die gesamte Währungsunion gibt es nur diese eine einheitliche Banknotenserie.

Dar. 42: Erste Euro-Banknotenserie 2002 [Foto: Deutsche Bundesbank]

Bei den Münzen ist das Vorgehen grundsätzlich anders. Zwar hat jede der acht Stückelungen (1, 2, 5, 10, 20 und 50 Cent bzw. 1 und 2 Euro) eine einheitliche europäische Seite. Sie stellt Europa in der Nachbarschaft Asiens und Afrikas (1, 2 und 5 Cent) bzw. nur Europa (ab 10 Cent) dar. Die nationale Seite kann jedes Mitgliedsland jedoch selbst gestalten. Über diesen Grundstock an Münzen mit feststehendem nationalem Design hinaus sind den Ländern pro Jahr zusätzlich zwei 2-Euro-Gedenkmünzen mit einer besonders gestalteten nationalen Seite erlaubt. Diese Gedenkmünzen sind gesetzliches Zahlungsmittel wie alle anderen Euro-Banknoten und -Münzen auch und unterscheiden sich von diesen nur durch die nationale Seite mit dem einmalig verwendeten Design. Für die Ausgabe von Münzen sind die Mitgliedsländer zuständig. Allerdings müssen sie sich die Menge an Münzen, die sie ausgeben möchten, von der EZB genehmigen lassen.

Die geldpolitische Diskussion drehte sich aber nicht in erster Linie um diese Divergenzen, sondern um die Gefahr einer Deflation – trotz der ständigen (wenn auch leichten) Überschreitung des Inflationsziels ab dem Jahr 2000. Die Deflationsdebatte hatte Ende der 1990er-Jahre begonnen, als die Inflationsraten europaweit auf niedrigem Niveau konvergiert waren und in mehreren Ländern (darunter nicht zuletzt Deutschland) auf unter 1 % gesunken waren. Damals wurde argumentiert, die EZB-Definition von Preisniveaustabilität (Inflationsrate unter 2 %) biete angesichts von Messfehlern keinen ausreichenden Schutz gegen das Abrutschen in eine deflationäre Abwärtsspirale. Denn die offizielle Inflationsrate überschätze die tatsächliche, bei den Bürgern im Portemonnaie ankommende Preissteigerung um bis zu einen Prozentpunkt. Zu den Ursachen hierfür zählen u. a. die Schwierigkeit, Qualitätsveränderungen angemessen zu berücksichtigen (Qualitätseffekt), sowie die Tendenz der Verbraucher, Alternativen für teurer gewordene Produkte zu finden (Substitutionseffekt). Damit kann eine Inflationsmessung, die auf der Basis eines fixen Warenkorbes erfolgt, nur eingeschränkt umgehen. Im Ergebnis bedeutet das: wenn die offizielle Inflationsrate mit 0,4 % ausgewiesen wird, sinken die Preise möglicherweise um 0,6 %. Deshalb müsse bei der Festlegung des Inflationsziels eine Art Sicherheitsabstand zur 0-Prozent-Marke eingehalten werden, um ein unbeabsichtigtes Abrutschen in den deflationären Bereich zu vermeiden.

Mit Blick auf die besonderen Herausforderungen einer Währungsunion wurden zwei weitere Argumente angeführt, um vor den Herausforderungen einer zu niedrigen Inflationsrate zu warnen:

- Das Samuelson-Balassa-Argument:
  Demnach haben Volkswirtschaften im Aufholprozess, die sich dem Ausland öffnen, tendenziell höhere Inflationsraten als solche, die schon weiter entwickelt sind. Dies gilt auch für die Länder an der Peripherie der Eurozone (zu Beginn insbesondere Portugal, Irland, Griechenland und Spanien, später u. a. auch Malta, Zypern und die baltischen Länder). Im Sektor der grenzüberschreitend handelbaren Güter besteht hoher Wettbewerbsdruck aufgrund der ausländischen Konkurrenz. Die Unternehmen sind daher gezwungen, ihre Produktivität zu steigern. Die steigende Produktivität schlägt sich in steigenden Löhnen nieder. Wenn die Lohnsteigerung im Sektor der handelbaren Güter ungefähr der Produktivitätssteigerung entspricht, resultiert daraus zunächst kein Preisdruck. Abhängig von den lohnpolitischen Rahmenbedingungen kann es nun aber dazu kommen, dass die Tarifabschlüsse der Unternehmen, die handelbare Güter herstellen, auf Branchen übertragen werden, die nicht im internationalen Wettbewerb stehen. Dabei handelt es sich oftmals um Sektoren, in denen Produktivitätssteigerungen nur begrenzt möglich sind (z. B. private oder staatliche Dienstleistungen, Bauwirtschaft). Die dortigen Lohnerhöhungen fließen früher oder später in die Preisbildung ein

und führen dann insgesamt in der betreffenden Volkswirtschaft zu Inflation. Die Divergenz der Inflationsraten in einer Währungsunion bringt es mit sich, dass die Inflation in manchen Ländern höher und in manchen niedriger ist als im Durchschnitt. Wenn nun die EZB ein Inflationsziel von zwischen 0 % und 2 % hat und die tatsächliche Inflationsrate z. B. bei 1,5 % liegt, können die nationalen Inflationsraten, aus denen sich dieser Durchschnittswert ergibt, möglicherweise zwischen –0,5 % und 4,5 % streuen. Die Inflationsrate könnte also in den Ländern mit stark unterdurchschnittlichem Preisauftrieb in den deflationären Bereich abrutschen.

- Reale Anpassung bei nominalen Rigiditäten:
Als weiterer Grund dafür, in einer Währungsunion ein gewisses Maß an Inflation zu tolerieren, wird die Notwendigkeit genannt, die relative Wettbewerbsfähigkeit anpassen zu müssen. Sind die Exportprodukte eines Mitgliedslandes preislich nicht wettbewerbsfähig, so kann dieses Land seine Wettbewerbsfähigkeit nicht mehr durch nominale Abwertung der eigenen Währung verbessern. Vielmehr muss das Land nun real abwerten, seine Produkte also im Vergleich zur ausländischen Konkurrenz billiger herstellen. Einen notwendigen Schritt in diese Richtung könnten beispielsweise Lohnsenkungen darstellen. Nominale Lohnsenkungen sind in der Regel kaum durchsetzbar. Wenn bei einer positiven Inflationsrate das nominale Lohnniveau gleichbleibt oder wenigstens weniger schnell ansteigt als das Preisniveau, wird die Belastung der Unternehmen mit Lohnkosten real – also preisbereinigt – geringer und deren Wettbewerbsfähigkeit steigt. Dieser Effekt ist bei einer Inflationsrate von null nicht möglich.

Die Diskussion über das Für und Wider eines nach oben angepassten Inflationsziels wurde begleitet von zunehmenden Zweifeln am Prognosegehalt der Geldmengenentwicklung. In den ersten Jahren der Währungsunion war kein signifikanter Zusammenhang zwischen Geldmengen- und Preisentwicklung erkennbar. Dennoch waren sich die meisten Beobachter einig, dass Phasen dauerhafter Inflation bzw. sinkender (Disinflation) oder sogar negativer Inflationsraten (Deflation) aus zu starkem bzw. zu schwachem Geldmengenwachstum resultieren mussten. Zu den konzeptionellen Schwierigkeiten kamen Unwägbarkeiten der wirtschaftlichen Entwicklung hinzu. Bei einer bis Mitte/Ende 2001 niedrigen Kerninflationsrate sorgten steigende Energie- und Lebensmittelpreise für einen Preisauftrieb von bis zu mehr als 3 %. Gleichzeitig zogen das Platzen der New-Economy-Blase sowie die Terroranschläge vom 11.9.2001 schwaches Wachstum, nachlassende Inflationserwartungen und eine verhaltene Kreditentwicklung nach sich. Während die Kredite im Aufschwung zu- und im Abschwung abnahmen, erschien das Geldmengenwachstum mehr und mehr als erratisch.

Führende Repräsentanten des Eurosystems empfanden es in dieser Situation als zunehmend schwierig, die Geldpolitik auf Basis der Strategie vom November 1998 glaubwürdig zu kommunizieren. Daraufhin passte die EZB ihre Strategie in zwei Punkten an:[31]

- Die Definition von Preisniveaustabilität wurde geändert. Die mit dem primären Mandat vereinbare Inflationsrate wurde nun nicht mehr mit »unter 2 %«, sondern mit »unter, aber nahe bei 2 %« angegeben. Es blieb dabei, dass es sich dabei um einen mittelfristig zu erreichenden Wert handelt. Führende Vertreter der EZB gaben auf Rückfrage, was »nahe bei« bedeute, zu erkennen, dass sie eine Inflationsrate von 1,7 % bis 1,9 % für erstrebenswert hielten.
- Die beiden Säulen (ökonomische und monetäre Analyse) standen nun nicht mehr gleichwertig nebeneinander. Die monetäre Säule bekam einen eher informatorischen, die ökonomische Säule ergänzenden Charakter. Die Informationsfunktion der Geldmengenentwicklung trat an die Stelle ihrer Rolle als geldpolitisches Zwischenziel. Daneben wurden verstärkt andere Finanzaggregate in die Analyse einbezogen, nicht zuletzt um Fehlentwicklungen auf den Vermögensmärkten zu erkennen. Dazu die EZB: »In dieser Hinsicht dient die monetäre Analyse in erster Linie dazu, die kurz- bis mittelfristigen Anzeichen, die sich aus der wirtschaftlichen Analyse ergeben, aus mittel- bis langfristiger Perspektive zu überprüfen.«

4.2 Griechenland, Stabilitäts- und Wachstumspakt, Ungleichgewichte: Dunkle Wolken am Horizont?

Während die EZB also ihre Geldpolitik scheinbar erfolgreich betrieb und 2003 auf eine neue konzeptionelle Grundlage stellte, waren in diesen Jahren Entwicklungen zu verzeichnen, die der großen Eurokrise ab 2010 den Weg bereiteten. Dazu zählt zunächst einmal der Beitritt Griechenlands am 1.1.2001. Dessen Kritiker hatten auf die hohe Staatsverschuldung verwiesen und die Wettbewerbsfähigkeit der griechischen Wirtschaft in Frage gestellt. Ohne die Möglichkeit der nominalen Abwertung drohe dem Land eine Strukturkrise mit hoher Arbeitslosigkeit. Staat und Unternehmen seien nicht ausreichend auf die Konkurrenz in der Währungsunion vorbereitet. Die Befürworter der Aufnahme Griechenlands argumentierten vorwiegend politisch: Die Wiege der Demokratie könne nicht auf Dauer aus der Eurozone ausgeschlossen werden. Außerdem sei das Land so klein, dass von ihm keine Gefahren für die Währungsunion insgesamt ausgehen könnten.

In den beiden Folgejahren war der Stabilitäts- und Wachstumspakt dann seiner ersten Prüfung ausgesetzt – und scheiterte an ihr. 2002 lagen die Budgetdefizite Deutschlands und Frankreichs bei 3,8 % bzw. 3.2 % – und damit (im Falle Deutschlands: deutlich) über dem Maximalwert von 3 %. Die Bundesregierung erklärte, die

---

31 ECB (2003): Die geldpolitische Strategie der EZB, Frankfurt, 8.5.2003, online verfügbar: https://www.ecb.europa.eu/press/pr/date/2003/html/pr030508_2.de.html (letzter Aufruf 8.7.2025).

Sommer-Hochwasser in Ostdeutschland stellten ein außergewöhnliches Ereignis, das sich ihre Kontrolle entziehe und die staatliche Finanzlage erheblich beeinträchtige. Nach geltender Rechtslage sei in einem solchen Fall von einem Defizitverfahren abzusehen. Die Kommission konnte dieser Argumentation nicht folgen. Mit Blick auf die ungünstigen Budgetprognosen für die Folgejahre empfahl sie dem Rat, ein Defizitverfahren einzuleiten. Der Rat folgte dieser Empfehlung. Spätestens im Herbst 2003 wurde deutlich, dass weder die deutsche noch die französische Regierung gewillt waren, den fiskalpolitischen Empfehlungen der Kommission zu folgen, die diese im Rahmen des Defizitverfahrens an die beiden »Sünder« gerichtet hatte. Eigentlich hätten Deutschland und Frankreich nun sanktioniert werden müssen, der Rat ließ das Verfahren aber mit qualifiziertem Mehrheitsbeschluss ruhen. Damit war eingetreten, was so mancher Kritiker des Stabilitäts- und Wachstumspaktes in seiner 1997 verabschiedeten Form befürchtet hatte (▶ Kap. 3.4): Ohne automatische Sanktionen würde der Pakt ein »zahnloser Tiger« bleiben. Die Politisierung des Verfahrens durch den Rat als maßgeblicher Instanz bedeutete, dass »Sünder über Sünder richten« und im Zweifel gnädig sein würden. Dass ausgerechnet die beiden großen Kernländer Deutschland und Frankreich bei der ersten Gelegenheit gegen die nur wenige Jahre zuvor von ihnen selbst ausgehandelten Regeln verstoßen und dafür nicht bestraft würden, empfanden viele als einen äußerst schwerwiegenden Anschlag auf die Glaubwürdigkeit des Regelwerkes.

Die Vorgänge von 2002 und 2003 führten zu einer erneuten Diskussion über die Sinnhaftigkeit des Defizitkriteriums. Dieses zwinge die Regierungen, in einer wirtschaftlichen Schwächephase die Ausgaben zu senken und die Einnahmen zu erhöhen, also eine prozyklische Fiskalpolitik zu betreiben. Zur Verteidigung der 3-Prozent-Schwelle wurde angeführt, dass eine antizyklische Gestaltung der staatlichen Einnahmen und Ausgaben sehr wohl möglich sei. Schließlich hätten sich die nationalen Regierungen 1997 verpflichtet, mittelfristig einen Haushaltsausgleich oder sogar -überschuss zu erreichen. Ausgehend von einer solchen »schwarzen Null« in der konjunkturellen Normalsituation hätte die 3-Prozent-Defizitgrenze ausreichend fiskalischen Spielraum geboten, um angemessen auf einen Abschwung zu reagieren. Schließlich einigte man sich 2005 auf die erste Reform des Stabilitäts- und Wachstumspaktes. Das mittelfristige Haushaltsziel wurde konkretisiert. Von nun an mussten die Mitgliedsländer in ihren Stabilitätsprogrammen aufzeigen, wie sie den strukturellen Haushaltssaldo mittelfristig zur Null hinführen bzw. bei null halten wollten. Unter bestimmten Bedingungen wurde ein strukturelles Haushaltsdefizit von bis zu 1 % des BIP toleriert. Der strukturelle Haushaltssaldo ist eine hypothetische Größe, die die Differenz aus staatlichen Einnahmen und Ausgaben für den Fall wiedergibt, dass die volkswirtschaftlichen Ressourcen normal ausgelastet sind, das jeweilige Land sich also weder im Abschwung noch im Aufschwung befindet. Gleichzeitig bekam die Kommission einen größeren Ermessensspielraum bei der Beurteilung von Defiziten und konnte beispielsweise die konjunkturelle Lage des jeweiligen Landes einbeziehen, wenn es darum ging, die Empfehlung zur Einleitung eines Defizitverfahrens auszusprechen. Zudem wurden die Zeiträume, innerhalb derer ein übermäßiges Defizit zurückzuführen war, flexibilisiert. An der grundlegenden Problematik des »Sünder richten über Sünder« wurde nicht gerüttelt. Sanktionen bei Verstößen mussten weiterhin mit Mehrheit im Rat beschlossen werden.

Die Aufnahme Griechenlands und die Sonderbehandlung Deutschlands und Frankreichs sind politische Entscheidungen, die im Nachhinein für die Probleme der Eurozone ab 2010 mitverantwortlich gemacht werden. Daneben gab es in den ersten Jahren der Währungsunion auch ökonomische Entwicklungen in den späteren Krisenländern Portugal, Irland, Griechenland und Spanien (GIPS), die auf kommende Probleme hindeuteten. Sie wurden zwar von einigen Beobachtern beschrieben, waren aber nicht Gegenstand einer breiten politischen Debatte. Dazu zählen zunächst die Wachstumsunterschiede in der Währungsunion. Zwischen 1996 und 2005 war die durchschnittliche reale BIP-Wachstumsrate der vier GIPS-Länder ununterbrochen zwei bis drei Prozentpunkte höher als die deutsche. Ähnliches galt für die Inflationsrate. Während diese Phänomene schon einige Jahre vor Euro-Einführung zu beobachten waren, begannen die Leistungsbilanzsalden erst mit der Euro-Einführung auseinanderzulaufen. Bis zum Jahr 2000 verzeichnete Deutschland einen leicht negativen Leistungsbilanzsaldo, woraus in den Folgejahren ein hoher Überschuss wurde. Die Leistungsbilanz von Griechenland, Irland, Portugal und Spanien blieb wie der deutsche bis Ende der 1990er-Jahre leicht im Minus, verschlechterte sich dann aber erheblich und erreichte mit einem durchschnittlichen Defizit von 10 % des BIPs einen negativen Rekordwert (▶ Kap. 5.2.2).

5 Krisenjahre: Die Währungsunion am Rande des Zusammenbruchs (2008–2015)

5.1 Von der globalen Finanz- zur europäischen Staatsschuldenkrise

Im Laufe des Jahres 2007 häuften sich die schlechten Nachrichten vom US-Immobilienmarkt. Nach Jahren starker Zuwächse stagnierten die Hauspreise zunächst und begannen dann insbesondere auch in vormaligen Boom-Regionen wie Kalifornien zu fallen. Der mit massiver Hypothekarkreditvergabe unterfütterte Aufschwung schien ein Exzess gewesen zu sein; das Wort vom »Platzen der Blase« machte die Runde. Zunächst gerieten Kreditinstitute, die sich auf Immobilienfinanzierung spezialisiert hatten, in Schwierigkeiten. Da Immobilienkredite in dieser Zeit sehr oft zu Paketen gebündelt als Mortgage Backed Securities (MBS) verbrieft und weiterverkauft worden waren, kam es auch bei den Haltern dieser Papiere, darunter nicht wenige Banken, zu Abschreibungen. Ganz unabhängig davon, wie sehr einzelne Banken in das Immobilienkreditgeschäft involviert waren oder in MBS investiert hatten, war eine generelle Vertrauenskrise am Interbankenmarkt zu verzeichnen: Amerikanische Kreditinstitute liehen sich gegenseitig kein Geld mehr. Die Federal Reserve musste einspringen und als Lender of last resort in erheblichem Umfang Liquidität bereitstellen, um das US-Bankensystem zu stabilisieren.

Die Vorgänge in den USA wurden in Europa zunächst als rein amerikanisches Problem angesehen. Recht schnell stellte sich jedoch heraus, dass verschiedene Kanäle existierten, über die eine Ansteckung Europas erfolgen konnte. Die Bankenkrise in den USA hatte Auswirkungen auf die dortige Konjunktur; die Zukunftserwartungen sowohl der Investoren als auch der Konsumenten verdüsterten sich. In der Folge ging die US-Nachfrage nach europäischen Exportgütern spürbar zurück. Unabhängig davon sorgten die Schwierigkeiten der amerikanischen Wirtschaft nach und nach auch in der Alten Welt für eine allgemeine Verunsicherung. Ökonomische Risiken wurden neu bewertet, Investitionsprojekte kritisch hinterfragt. Last but not least sollte sich bald herausstellen, dass auch europäische Banken teils massiv in verbriefte Immobilienkredite aus Amerika investiert hatten. Als es im August 2007 zum ersten Mal Liquiditätsprobleme am europäischen Bankenmarkt gab, agierte die EZB als Lender of last resort und stellte massiv Liquidität zur Verfügung. In den Folgemonaten gerieten die Finanzmärkte in Europa in Turbulenzen und immer mehr Geschäftsbanken mussten – entweder mit staatlichen Finanzspritzen oder in Form der Übernahme durch andere Institute – gerettet werden. Die Bankenkrise erreichte im September

2008 ihren Höhepunkt, als die traditionsreiche amerikanische Investmentbank Lehman Brothers in Insolvenz gehen musste.

Das hatte Auswirkungen auf die Realwirtschaft. Die Kreditinstitute reduzierten aus Vorsichtsgründen die Kreditvergabe, eine sog. Kreditklemme zeichnete sich ab. Von nun an verstärkten sich die Banken- und Konjunkturprobleme gegenseitig: Das deutlich zurückgehende Wachstum in der Eurozone sorgte für Kreditausfälle bei den Banken, und die im Zuge der Krise immer zögerlichere Kreditvergabe der Banken schwächte die Investitionen und den Konsum und somit die konjunkturelle Entwicklung. Daraus entwickelte sich für den größten Teil Europas die schwerste Konjunkturkrise seit dem Zweiten Weltkrieg. Aufgrund der engen Verflechtung der EU-Staaten untereinander konnte sich kein Mitglied der Gemeinschaft dem massiven Abwärtstrend entziehen. Das wiederum brachte die europäischen Banken auf breiter Front unter noch stärkeren Druck. Von den Bankenproblemen besonders betroffen waren zunächst Länder mit Banken, die stark in amerikanische MBS investiert hatten, darunter Deutschland mit der IKB und der sächsischen Landesbank. Gleichzeitig wurde aber auch deutlich, dass insbesondere Spanien und Irland ähnliche Probleme hatten wie die USA: Nach einem kreditfinanzierten Immobilienboom gerieten auch dort die Geschäftsbanken unter Druck. Die Schwierigkeiten des europäischen Bankensektors wurden systemisch, als die Banken aufhörten, sich gegenseitig Geld zu leihen: der Interbankenmarkt brach zusammen.

Die gravierenden ökonomischen Probleme blieben zunächst ohne Auswirkungen auf die Kreditwürdigkeit der Euroländer. Die globale Finanzkrise hatte noch nicht zur europäischen Staatsschuldenkrise geführt. Das sollte sich bald ändern, denn zum einen verursachte der massive Konjunktureinbruch 2009 rapide sinkende Steuereinnahmen sowie ebenso rapide steigende Sozialausgaben und damit erhebliche Budgetdefizite. Zum anderen sahen sich viele Regierungen gezwungen, ihre Bankenmärkte zu stabilisieren – allen voran diejenige in Irland: sie musste Anfang 2009 die Anglo Irish Bank retten, nachdem diese das Vertrauen potenzieller Kreditgeber verloren hatte und deshalb ihre Kredite an Immobilienentwickler nicht mehr refinanzieren konnte. Die Summe, die der irische Staat dafür aufbringen musste, betrug circa 30 % des Bruttoinlandsproduktes und hatte damit gewaltige Dimensionen. Die nationalen Bankenrettungen waren notwendig geworden, weil die EZB zwar den gesamten Bankenmarkt mit Liquidität versorgte, aber nicht als Lender of last resort für einzelne Institute einsprang. Der Zusammenbruch von Lehman Brothers mit seinen globalen Konsequenzen hatte gezeigt, dass auch kleinere Banken durchaus systemrelevant sein konnten und daher nicht ungeordnet in Insolvenz gehen durften – einerseits wegen ihrer Vernetzung innerhalb der Branche (»too interconnected to fail«), andererseits weil auch von kleineren Bankenpleiten ein verheerender Verlust des Vertrauens in alle Banken ausgehen konnte. Damit standen nicht nur sehr große Häuser (»too big to fail«) unter direktem oder indirektem Schutz des Steuerzahlers. Die Banken wurden als im Gefüge der Volkswirtschaft so wichtig angesehen, dass eine Stabilisierung des Sektors höchste politische Priorität hatte. Diese Stabilisierung erfolgte auf ganz unterschiedliche Art, beispielsweise durch Voll- oder Teilverstaatlichung einzelner Kreditinstitute, durch die öffentliche Garantie der Bankeinlagen oder auch – im Extremfall – durch die staatlich begleitete und mit Steuergeld abgefederte Abwicklung von nicht mehr lebensfähigen Banken.

Die umfangreichen Maßnahmen der Regierungen belasteten die ohnehin schon krisenbedingt angespannten öffentlichen Haushalte weiter, woraufhin die Kapitalmarktakteure auch die Solvenz der Staaten genauer unter die Lupe nahmen. Als die neugewählte griechische Regierung Ende 2009 einräumen musste, dass die Budgetzahlen für 2009 und 2010 viel zu optimistisch ausgefallen und die entsprechenden Werte in der Vergangenheit wiederholt geschönt worden waren, verloren staatliche Schuldner Vertrauen an den Finanzmärkten. Neben Griechenland und Irland gerieten nun weitere Länder ins Visier, darunter insbesondere Portugal und Spanien. Anfang 2010 war Griechenland nicht mehr in der Lage, seine auslaufenden Staatsanleihen zu refinanzieren. Die europäische Staatsschuldenkrise hatte begonnen.

Die Ursachen der Krise, mit der die Eurozone ab 2010 zu kämpfen hatte, sind vielfältiger als die Bezeichnung »Euro-Staatsschuldenkrise« erwarten lässt. Die Eurokrise war zwar eine Staatsschuldenkrise, sie war aber auch eine Leistungsbilanz- sowie eine Bankenkrise und nicht zuletzt eine Krise der privaten Verschuldung. Somit lassen sich drei Faktoren identifizieren, die – miteinander verwoben – den Ausbruch der Krise hervorgerufen haben:

- Die Krisenländer Portugal, Irland, Griechenland und Spanien hatten in den Jahren vor der Krise massive Leistungsbilanzdefizite aufgebaut, die zu einem großen Teil mit Kapitalzuflüssen aus dem Kern der Eurozone (insbesondere Deutschland und Frankreich) finanziert worden waren. Abschnitt 5.2.1 stellt diese Zusammenhänge im Detail dar.
- Ein beträchtlicher Teil dieser Kapitalzuflüsse erfolgte in Form von Interbankenkrediten, die Banken aus den Kernländern an Banken in den späteren Krisenländern ausgereicht hatten, sowie in Form des Ankaufs insbesondere griechischer, aber auch portugiesischer Staatsanleihen durch Banken in den Kernländern. Die Banken in den Kernländern waren also in den Krisenländern engagiert; gleichzeitig hatten insbesondere in Spanien und Irland die dortigen Banken einen kreditfinanzierten Immobilienboom in Gang gesetzt. Die Eurokrise war damit in zweifachem Sinn eine Bankenkrise. Darauf geht Abschnitt 5.2.2 ein.
- Die Staatsverschuldung war nur in Portugal und Griechenland die Wurzel des Übels. Über den Banken-Staaten-Nexus wurde die fiskalische Situation der Mitgliedsländer aber auch in den anderen Krisenländern sowie in den Kernländern zu einem Dreh- und Angelpunkt des Krisengeschehens. Die Eurokrise als Staatsschuldenkrise wird in Abschnitt 5.2.3 untersucht.

5.2 Dimensionen der Eurokrise

5.2.1 Die Eurokrise als Leistungsbilanzkrise

Mit der Eurokrise stellte sich heraus, dass die zu Beginn der 1990er-Jahre geführte Diskussion über die ökonomischen Voraussetzungen des Gelingens einer Währungsunion (▶ Kap. 3.2) wenigstens zu größeren Teilen an den Ursachen der späteren Probleme vorbeigegangen war. Nicht asymmetrische Schocks, sondern langfristige Strukturunterschiede und kurzfristig asynchron verlaufende Konjunkturzyklen hatten die schwere Krise möglich gemacht. Die von vielen vor Einführung des Euro erhoffte Endogenität der Funktionsbedingungen einer Währungsunion war ausgeblieben, und die grenzüberschreitenden Kapitalströme hatten keine Diversifizierung, sondern eine Ballung von Risiken befördert.

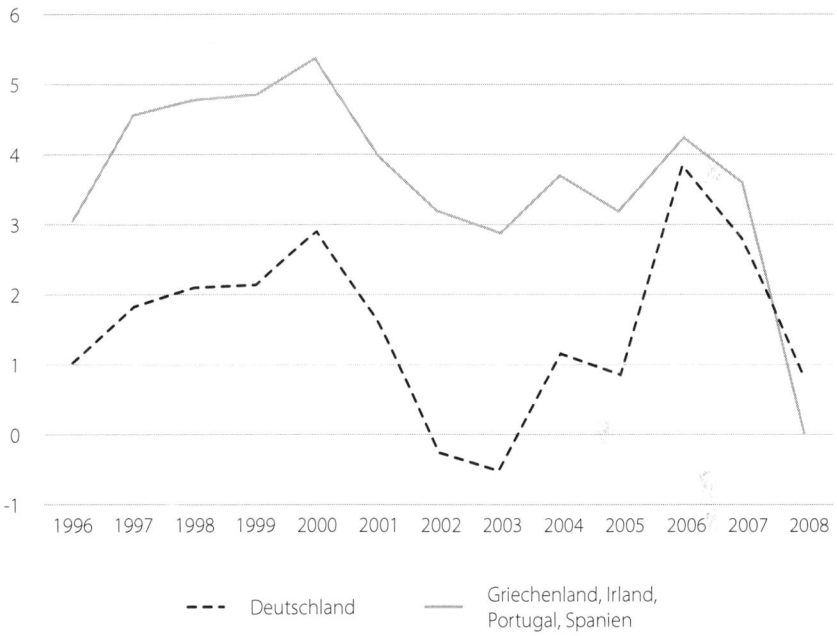

Dar. 43: Reales Wirtschaftswachstum in Deutschland und den GIPS-Ländern (% gegenüber Vorjahr, Daten: IWF)

Die ehemaligen »Schwachwährungsländer« Südeuropas waren mit einer Sonderkonjunktur in die Währungsunion gestartet. Der Beitritt zur Eurozone (bzw. einige Jahre zuvor bereits dessen Erwartung) bedeutete für Griechenland, Irland, Portugal und Spanien (die später so genannten GIPS- bzw. Peripherie-Länder) einen Import stabilitätspolitischer Glaubwürdigkeit. Die Aussicht auf das Wegfallen der Wechselkurse und die Übertragung der geldpolitischen Verantwortung an eine unabhängige Zen-

5 Krisenjahre: Die Währungsunion am Rande des Zusammenbruchs (2008–2015)

tralbank zogen eine Senkung des Zinsniveaus auf historische Tiefstände nach sich. Irland hatte sich zwar schon Anfang der 1990er-Jahre zum »keltischen Tiger« gemausert; die Entwicklung der irischen Wirtschaft ist aber in mancherlei Hinsicht mit derjenigen in Griechenland, Portugal und Spanien vergleichbar. Die Binnennachfrage in den späteren Krisenländern stieg stark an, auch wenn die Wachstumsschwerpunkte unterschiedlich verteilt waren. In Spanien und Irland spielten Bauinvestitionen eine besondere Rolle, während in Portugal und nicht zuletzt in Griechenland die Staatsausgaben spürbar anzogen. Der private Konsum war in allen vier hier betrachteten Volkswirtschaften eine bedeutende Konjunkturstütze. Im Ergebnis lag das reale Wirtschaftswachstum in den GIPS-Staaten ein Jahrzehnt lang um zwei bis drei Prozentpunkte über demjenigen Deutschlands (▶ Dar. 43).

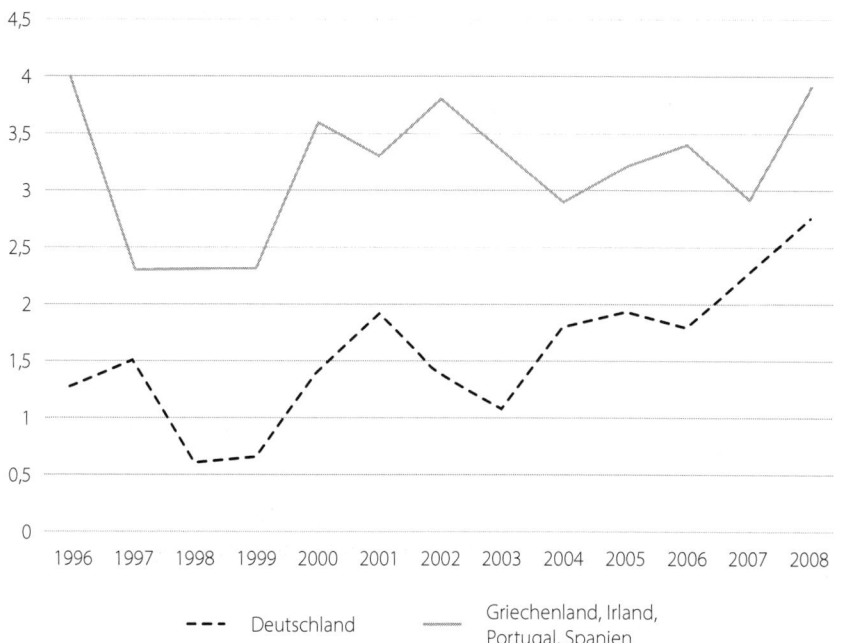

Dar. 44: Prozentuale Inflationsrate Deutschlands und der GIPS-Länder (Daten: IWF)

Damit verbunden war eine überdurchschnittliche Inflationsrate in den GIPS-Ländern. Im Zeitraum 1996 bis 2008 lag sie im Mittel ungefähr zwei Prozentpunkte über derjenigen in Deutschland (▶ Dar. 44). Das hatte Auswirkungen auf die Realzinsen. Stark vereinfacht ergibt sich der Realzins als Differenz aus Nominalzins (also dem vertraglich vereinbarten Zins) und Inflationsrate. Aus Sicht des Kreditgebers stellt die Zinszahlung zunächst einen Vermögenszuwachs dar, dem aber der Kaufkraftverlust in Höhe der Inflationsrate gegenübersteht. Spiegelbildlich steigt die Zahlungsverpflichtung des Kreditnehmers mit der Höhe des Nominalzinses, während die Inflation den realen Wert seiner Schuld mindert. Bei einem ab 1999 tendenziell einheitlichen nominalen Zinsniveau bewirkten die Unterschiede in den Inflationsraten, dass die Realzinsen in den GIPS-Ländern entsprechend niedriger als diejenigen in Deutschland und streckenweise sogar negativ waren. Den privaten Haushalten, Unternehmen und Regierungen in Griechenland, Irland, Portugal und Spanien fiel es vergleichsweise leicht, Kredite aufzunehmen. Das förderte den Boom der Konsum-, Investitions- und Staatsausgaben weiter. Die hohe Binnennachfrage konnte nicht allein mit inländischen Gütern befriedigt und nicht allein mit inländischen Mitteln finanziert werden. Die Importe von Waren und Dienstleistungen stiegen an, was zu einer steigenden Verschuldung der GIPS-Volkswirtschaften im Ausland führte. Dementsprechend weitete sich das Leistungsbilanzdefizit der GIPS-Länder aus, während Deutschland seinen Überschuss vergrößerte (▶ Dar. 45).

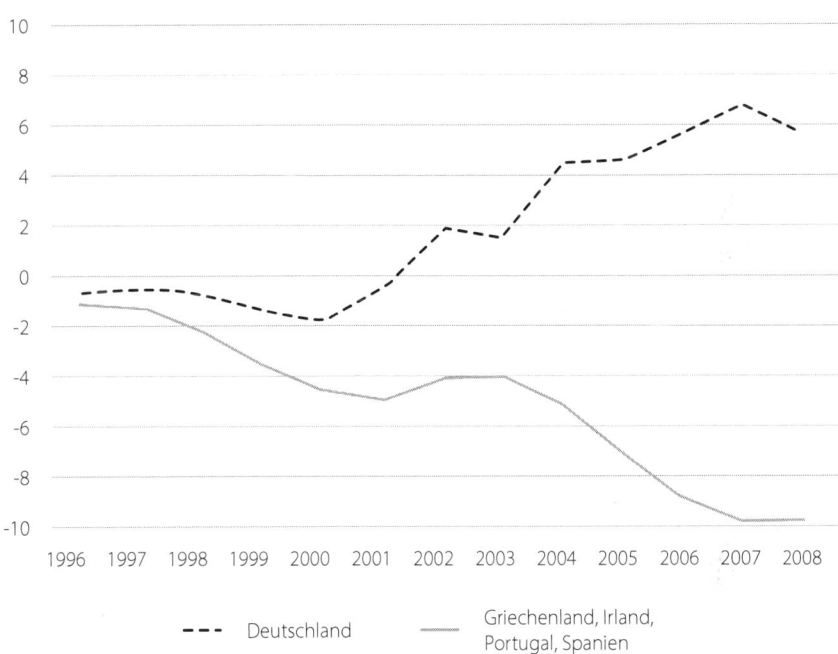

Dar. 45: Leistungsbilanzsalden Deutschlands und der GIPS-Länder (% des BIP, Daten: IWF)

Ein Leistungsbilanzsaldo – egal ob Überschuss oder Defizit – ist nicht von vornherein gut oder schlecht, genauso wie ein Land mit einem persistenten Leistungsbilanzüberschuss bzw. -defizit nicht von vornherein ein ökonomisch starkes bzw. schwaches Land ist. Damit aus Leistungsbilanzdefiziten eine Leistungsbilanzkrise werden kann, müssen die Leistungsbilanzdefizite zum einen eine problematische Ursache haben und zum anderen auf problematische Art und Weise finanziert sein.

Wenn Länder sich in einem wirtschaftlichen Aufholprozess befinden, haben sie in der Regel Nachholbedarf bei Konsum, Investitionen und staatlicher Infrastruktur.

Das kann – für die Zeit des Aufholprozesses – zu Leistungsbilanzdefiziten führen, weil die Binnennachfrage nach den entsprechenden Gütern so groß ist, dass sie nicht vollständig mit den inländischen Produktionskapazitäten befriedigt werden kann. Wenn im Zuge dieses Aufholprozesses der Nachholbedarf beim Konsum zurückgeht und die Unternehmensinvestitionen sowie der Aufbau der staatlichen Infrastruktur das Produktionspotenzial und die Wettbewerbsfähigkeit der Wirtschaft gesteigert haben, kann es sein, dass die Importe zurückgehen und die Exporte steigen, womit das Leistungsbilanzdefizit sinkt und sich der Saldo möglicherweise sogar ausgleicht. Gerade in der europäischen Währungsunion wäre eine solche Entwicklung erwünscht gewesen. Denn der Binnenmarkt und die Währungsunion sollten ja entsprechende Aufholprozesse auslösen und so die für die Währungsunion notwendige Konvergenz herstellen. Dies ist jedoch nicht eingetreten. Offenbar richtete sich die Binnennachfrage nur teilweise auf Güter, die zu einer Erhöhung der Produktionskapazitäten und der Wettbewerbsfähigkeit beitrugen. Stattdessen floss viel Geld in eine Immobilienblase (Spanien, Irland) sowie einen ineffizienten Staatssektor (Portugal, Griechenland). Gleichzeitig gelang es den Gewerkschaften, hohe Lohnabschlüsse durchzusetzen, ohne dass diesen Lohnsteigerungen adäquate Produktivitätssteigerungen gegenüberstanden. Die Lohnkosten der Unternehmen wuchsen schneller als die Produktion, weshalb die Lohnstückkosten erheblich anstiegen. Denn die positive Konjunkturentwicklung sorgte insbesondere im Bereich der nicht handelbaren Güter (private und staatliche Dienstleistungen, Bausektor) für eine starke Nachfrage. Wegen des fehlenden internationalen Wettbewerbsdrucks und produktionstechnischer Besonderheiten dieser Sektoren (die Effizienz von Friseuren, Krankenpflegern oder Lehrern lässt sich nur bedingt erhöhen) sind hier Produktivitätssteigerungen wenig wahrscheinlich. Die GIPS-Länder hatten somit ihre Wettbewerbsfähigkeit im ersten Jahrzehnt der Währungsunion nicht gesteigert, sondern gesenkt. Dadurch gingen die Leistungsbilanzdefizite nicht zurück, sondern sie stiegen. Statt der erhofften Konvergenz der nationalen Wirtschaftsstrukturen war eine Divergenz zu verzeichnen (▶ Dar. 46).

Mit anderen Worten: Griechenland, Irland, Portugal und Spanien war es nicht gelungen, die von Mitte der 1990er-Jahre an sehr günstigen Rahmenbedingungen zu nutzen, um ihre Volkswirtschaften fit für einen intensivierten Wettbewerb zu machen, der seit 1993 in einem Binnenmarkt und seit 1999 in einer Währungsunion – und damit ohne die Möglichkeit der Wechselkursabwertung – stattfand. Die deutlich günstiger gewordene Refinanzierung der Staatsschuld wurde nicht ausreichend genutzt, um die Infrastruktur zu modernisieren und die institutionellen Rahmenbedingungen für die inländischen Unternehmen zu verbessern. Es gab keine ausreichende Flexibilisierung der Arbeits- sowie Produktmärkte, und auch bei den lohnpolitischen Mechanismen blieb alles beim Alten. Schmerzhafte Strukturreformen blieben in den GIPS-Ländern aus, weil Politik, Bürger und Unternehmen sich aufgrund der günstigen Zinssituation keinem akuten Handlungsdruck ausgesetzt sahen. Die monetaristische Hoffnung, die Währungsunion bewirke ökonomische und politische Änderungen, von denen positive Rückwirkungen auf die Erfolgsaussichten des Euro ausgingen, wurde enttäuscht (▶ Kap. 2.3.1). Weder glichen sich die Konjunkturzyklen oder Wirtschaftsstrukturen noch die institutionellen Rahmenbedingungen an. Im Nachhinein kann konstatiert werden: Die sektoralen Schwerpunkte der nationalen Volkswirtschaften, die institutionellen Rahmenbedingungen wie das Wettbewerbs-, Steuer- und Insolvenzrecht, die Arbeitsmarktstrukturen, die Regulierung der Produktmärkte oder auch Art und Ausmaß der staatlichen Eingriffe in die Wirtschaft hatten sich in den späteren Krisenländern über Jahrzehnte, wenn nicht Jahrhunderte, entwickelt. Wettbewerbsprobleme waren über lange Zeit immer wieder mit Hilfe von Wechselkursabwertungen entschärft worden. Dieses Instrument war 1999 weggefallen. Die Annahme, dass Länder wie Griechenland, Portugal und Spanien (Irland bildet hier eine Ausnahme) sich innerhalb weniger Jahre an die Erfordernisse des Binnenmarktes und der Währungsunion anpassen würden, hatte sich als übermäßig optimistisch herausgestellt.

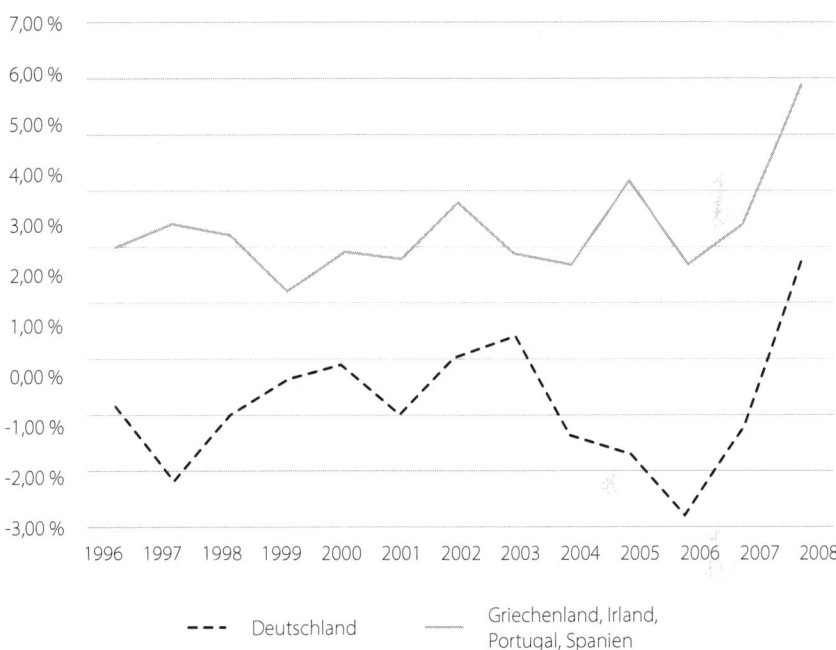

Dar. 46: Entwicklung der Lohnstückkosten in Deutschland und den GIPS-Ländern (% gegenüber Vorjahr, Daten: EZB)

Die Leistungsbilanzdefizite der GIPS-Staaten waren also nicht Ausdruck eines erfolgreichen Aufholprozesses, sondern mangelnder Anpassung an die Erfordernisse des Binnenmarktes und der Währungsunion. Damit ist die erste Voraussetzung für eine negative Beurteilung von Leistungsbilanzdefiziten – ihre problematische Ursache – gegeben.

Die zweite Voraussetzung – die problematische Finanzierung des Leistungsbilanzdefizits – setzt an der Erkenntnis aus Kapitel 1.2 an, dass Leistungsbilanzdefizite zum Aufbau von Verbindlichkeiten gegenüber dem Ausland führen. Umgekehrt bringen Leistungsbilanzüberschüsse Forderungen gegenüber dem Ausland mit sich. Idealerweise ist die Finanzierung des Leistungsbilanzdefizites diversifiziert, so dass ein einziger Finanzierungskanal keine zu große Rolle spielt. Darüber hinaus ist eine möglichst langfristige Finanzierung von Vorteil, damit ein abrupter Wechsel der Konditionen an den internationalen Banken- und Finanzmärkten kurz- und mittelfristig keinen Einfluss auf die Leistungsbilanzfinanzierung hat. Wie sich schnell herausstellte, waren diese Bedingungen nicht gegeben. Die Kapitalflüsse wurden sehr stark über den Bankensektor abgewickelt. Nicht zuletzt deutsche und französische Banken wandelten die Exportüberschüsse ihrer Länder in Interbankkredite an Banken in den Peripherieländern um bzw. erwarben Staatsanleihen der GIPS-Staaten. Damit war die Finanzierung der Leistungsbilanzdefizite vom Willen und der Fähigkeit der deutschen und französischen Banken abhängig, weiter am Geldmarkt als Kreditgeber aufzutauchen sowie Staatsanleihen insbesondere aus Portugal und Griechenland in die Bilanz zu nehmen.

Zusammengefasst bedeutet das: Die Klassifikation der Eurokrise als Leistungsbilanzkrise rührt daher, dass der Binnenmarkt zusammen mit der einheitlichen Zinspolitik und dem innereuropäischen Wegfall der Wechselkursrisiken zwei Fehlentwicklungen begünstigt hat:

- Die einheitliche Zinspolitik bei divergierenden Inflationsraten führte zu niedrigen und teils negativen Realzinsen in den späteren Krisenländern. Das löste eine Sonderkonjunktur aus. Trotz oder wegen sinkender Arbeitslosenzahlen und sprudelnder Steuereinnahmen wurden keine Strukturreformen in Angriff genommen, um die nationalen Volkswirtschaften für den seit 1993 bzw. 1999 deutlich intensiveren Wettbewerb in Europa zu rüsten.
- Im Zuge der Leistungsbilanzungleichgewichte (Überschüsse in den Kernländern, Defizite in der Peripherie) kam es zu massiven Kapitalflüssen u. a. von Deutschland, Frankreich und den Niederlanden nach Griechenland, Irland, Portugal und Spanien. Das zuströmende Kapital finanzierte in allen vier Krisenländern den privaten Konsum sowie in Spanien und Irland einen Immobilienboom und in Portugal und Griechenland ineffiziente staatliche Strukturen.

5.2.2 Die Eurokrise als Bankenkrise

Die Eurokrise kann in verschiedenen Dimensionen auch als Bankenkrise interpretiert werden:

- Ganz unmittelbar war sie eine Bankenkrise in Spanien und Irland, wo die örtlichen Kreditinstitute durch exzessive Kreditvergabe eine Immobilienblase befeuert hatten. Als die Blase platzte, fielen immer mehr Immobilienkredite aus und die Banken gerieten in große Schwierigkeiten.

- Aus dem Problem der Geschäftsbanken in den Peripherieländern (insbesondere Spanien und Irland) entwickelte sich recht schnell ein Problem der Banken in den Kernländern der Eurozone. Wie in Kapitel 5.2.1 dargestellt, wurden die Leistungsbilanzdefizite der Peripherieländer zu einem großen Teil durch Kapitalzuflüsse aus den Kernländern finanziert, wobei diese Kapitalflüsse sehr stark über den Bankensektor abgewickelt wurden. Die Banken in den Kernländern gewährten den Banken in den Peripherieländern auf dem Interbankenmarkt Kredite. Als Gerüchte über Probleme auf dem spanischen und irischen Immobilien- und Bankenmarkt aufkamen, stoppten sie diese Kredite und brachten so insbesondere die spanischen und irischen Banken in Liquiditätsschwierigkeiten. Diese waren verwundbar geworden, weil (kurzfristige) Interbankenkredite in den Jahren zuvor zulasten von (tendenziell stabileren) Einlagen bei ihrer Refinanzierung an Bedeutung gewonnen hatten. Zum anderen kauften insbesondere deutsche und französische Banken in erheblichem Ausmaß Staatsanleihen der Peripherieländer, nicht zuletzt griechische. Als diese Kernländerbanken im Zuge der Staatsschuldenkrise Abschreibungen auf ihre (griechischen) Staatsanleihen vornehmen mussten, gerieten sie unter Druck.

- Der Ankauf von Staatsanleihen lenkt den Blick auf eine weitere Dimension der Eurokrise als Bankenkrise, nämlich den sog. Banken-Staaten-Nexus. Darunter versteht man die wechselseitige Abhängigkeit zwischen Staaten und Banken. Banken investieren sehr oft einen relativ großen Teil ihres Vermögens in (heimische) Staatsanleihen, weil es sich dabei um eine liquide und meist sichere Anlage handelt, für die zudem – im Gegensatz zu allen anderen Aktiva, die Banken üblicherweise halten – (jedenfalls in der EU) kein Eigenkapital hinterlegt sein muss. Darüber hinaus dienen Staatsanleihen als Pfänder für Interbankenkredite oder Offenmarktgeschäfte mit der Zentralbank. Droht ein Staat in Zahlungsschwierigkeiten zu geraten, müssen die Banken Abschreibungen auf ihre Staatsanleihebestände vornehmen. Das kann sie in Schwierigkeiten bringen, aus denen ihnen – wenn keine andere Sicherungsmaßnahme mehr greift – nur der Staat helfen kann. Das gilt selbstredend nicht nur für Schwierigkeiten infolge von Abschreibungen auf Staatsanleihebestände. Immer, wenn Banken in Schieflage geraten, muss im Zweifel der Steuerzahler tätig werden, wenn die betreffenden Banken als »too big to fail« oder »too interconnected to fail« eingestuft werden. Probleme des Staates können also die Banken in Schieflage bringen, und Bankenprobleme können den Staatshaushalt möglicherweise existenziell belasten. Im Extremfall verschärfen sich diese beiden Effekte gegenseitig (sog. Feedback-Loop).

Für den weiteren Fortgang der Krise in Europa war insbesondere der Banken-Staaten-Nexus bedeutsam.

5 Krisenjahre: Die Währungsunion am Rande des Zusammenbruchs (2008–2015)

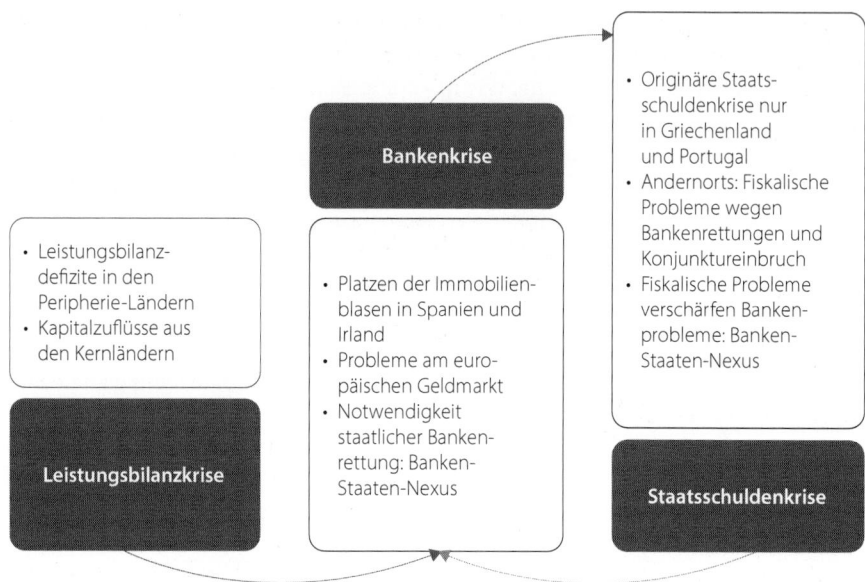

Dar. 47: Dimensionen der Eurokrise

5.2.3 Die Eurokrise als Staatsschuldenkrise

Die Eurokrise entwickelt sich ab 2010 zu einer Staatsschuldenkrise. In deren Zentrum stand Griechenland, wo die Staatsschulden ursächlich für die krisenhafte Entwicklung waren. In abgeschwächter Form gilt das auch für Portugal. In den anderen Krisenländern und in den Kernländern der Eurozone entwickelte sich die Staatsschuldenproblematik hingegen aus der Leistungsbilanz- und der Bankenkrise. Um die hier relevanten Zusammenhänge näher beleuchten zu können, ist ein detaillierterer Blick auf den Banken-Staaten-Nexus erforderlich. In dessen Zentrum steht der Markt für Staatsanleihen.

Staaten nehmen Kredite auf, indem sie Staatsanleihen emittieren. Vereinfacht ausgedrückt erwirbt der Käufer einer Staatsanleihe das Recht, während der Laufzeit Zinszahlungen zu erhalten und am Ende der Laufzeit den Kaufpreis zurückzuerhalten. Damit ist der durch den anfänglichen Erwerb der Staatsanleihe gewährte Kredit getilgt. Die Staatsanleihen werden während ihrer Laufzeit am Kapitalmarkt gehandelt. Dabei bilden sich Preise (Kurse), die vom Nennwert abweichen können. Diese Preise bzw. Kurse determinieren sodann die Renditen und Spreads der umlaufenden Anleihen.

Im Einzelnen stellen sich die grundlegenden Zusammenhänge wie folgt dar: Der Nennwert (Nominalwert) entspricht in der Regel dem Kaufpreis, also der dem Staat mit dem Ersterwerb der Anleihe auf dem sog. Primärmarkt gewährten Kreditsumme. Auf dem sog. Sekundärmarkt werden Anleihen gehandelt, die die Ersterwerber vor dem Ende der Laufzeit verkauft haben. Der Kurs einer Anleihe auf dem Sekundärmarkt hängt von verschiedenen Faktoren ab, darunter nicht zuletzt die Bonität (verstanden als Fähigkeit und Willigkeit des Emittenten, den Kredit zurückzuzahlen). Sinkt die Bonität eines Emittenten, so kaufen die Kapitalmarktinvestoren die betreffenden Staatsanleihen nur zu einem niedrigeren Preis, also mit einem Sicherheitsabschlag, der das gestiegene Risiko widerspiegelt. Der Unterscheidung zwischen dem Nennwert auf der einen sowie dem Kurs bzw. Preis auf der anderen Seite steht die Unterscheidung zwischen Nominalverzinsung und Rendite gegenüber. Dazu ein (stark vereinfachtes) Beispiel: Ein Staat emittiert eine Staatsanleihe mit dem Nennwert 100 Euro und der Nominalverzinsung 6 %. Einmal jährlich erhält der Inhaber der Anleihe also sechs Euro. Kurz danach gibt es Gerüchte über Zahlungsschwierigkeiten des betreffenden Staates. Der Ersterwerber der Staatsanleihe möchte diese daher veräußern, findet aber nur zum Preis von 60 Euro einen Käufer. Der Preisabschlag von 40 % spiegelt das gestiegene Bonitätsrisiko wider. Der neue Inhaber der Staatsanleihe bekommt für sein Investment von 60 Euro weiter die Zinszahlung in Höhe von sechs Euro jährlich. Daraus resultiert eine Rendite von zehn Prozent: sechs Euro Zinszahlung für einen Kaufpreis von 60 Euro.

Abhängig von der jeweiligen Bonität des Staates haben die Anleihen unterschiedlicher Länder unterschiedliche Renditen. Der Abstand zwischen der Staatsanleiherendite eines gegebenen Landes und derjenigen eines Landes mit besonders guter Bonität (»Benchmark-Anleihe«, die in der Regel ein Triple A- bzw. AAA-Rating hat) wird als Spread bezeichnet. Je höher der Spread einer Anleihe, desto schlechter die Bonität des Emittenten. In der europäischen Währungsunion sind die deutschen Staatsanleihen (Bundesanleihen oder Bunds) die Benchmark.

Wichtig zu wissen ist, dass ein Finanzminister praktisch ständig am Anleihemarkt aktiv werden muss. Ursache dafür sind auslaufende Anleihen, die in früheren Jahren begeben wurden. Selbst wenn sich die staatlichen Einnahmen und Ausgaben gerade ausgleichen, also keine eigentliche Neuverschuldung nötig ist, müssen neue Anleihen emittiert werden, um mit den Emissionserlösen alte Anleihen tilgen zu können, den Gesamtschuldenstand also stabil zu halten. Wenn der Staat aus dem obigen Beispiel neue Anleihen emittieren möchte (entweder um alte Anleihen mit den Emissionserlösen zu tilgen oder um gänzlich neue Kredite aufzunehmen), muss er diese neuen Anleihen von vornherein mit einer Nominalverzinsung von zehn Prozent ausstatten. Läge der Zins der neuen Anleihen niedriger, würden diese keine Abnehmer finden, denn die Investoren könnten ja die umlaufenden alten mit der Rendite von 10 % kaufen. Die Konditionen auf dem Primärmarkt (für neu emittierte Anleihen) folgen denen auf dem Sekundärmarkt, wo früher emittierte Anleihen gehandelt werden.

In der Praxis hat das folgende Konsequenzen für den Bankensektor (▶ Dar. 48): Wenn die Kapitalmarktakteure das Vertrauen in die fiskalische Solidität eines Staats verlieren, wird dessen Rating gesenkt, und die Kurse der umlaufenden Staatsanleihen fallen. Daraufhin müssen die Banken den (in der Regel) umfangreichen Bestand an Staatsanleihen in ihren Bilanzen neu bewerten, es kann zu Abschreibungen kommen. Die bilanzielle Lage der Kreditinstitute verschlechtert sich. Wenn das bei einzelnen Banken oder im Bankensektor insgesamt zu Ratingabstufungen führt, fällt es den Banken schwerer, sich am Kapitalmarkt zu finanzieren: zum einen, weil Investoren entweder nicht in risikoreicher gewordene Bankaktien und -anleihen investieren möchten oder dies nur zu niedrigeren Kursen tun, um das gestiegene Risiko auszugleichen; zum anderen, weil die Abschreibungen auf die Staatsanleihen bedeuten, dass sie weniger Pfänder für Interbankenkredite und Offenmarktgeschäfte mit der Zentralbank zur Verfügung haben. Wenn diese Refinanzierungsschwierigkeiten in eine Krise einzelner oder mehrerer Banken münden, muss gegebenenfalls der Heimatstaat der betroffenen Banken helfend eingreifen (was dessen fiskalische Probleme weiter verschärft), und der Teufelskreis ist geschlossen.

Dar. 48: Der Banken-Staaten-Nexus

Bilden Bankenprobleme den Ausgangspunkt der Entwicklung, so ändern die Kapitalmarktakteure ihre Risikoeinschätzung im Hinblick auf die Tragfähigkeit des Staatshaushaltes. Die Möglichkeit einer Bankenrettung wird in die Prognosen über die zukünftigen Ausgaben einbezogen. Daraus kann eine Ratingherabstufung resultieren, in jedem Fall dürfte die Rendite der Staatsanleihen ansteigen. Die Refinanzierung der Staatsschuld wird teurer. Das wiederum kann zu Abschreibungen in den Bankbilanzen führen, wodurch der Teufelskreis wieder geschlossen wird.

Diese Mechanismen wirken selbst dann, wenn weder auf Seiten des Staates noch der Banken Probleme aufgetreten sind. Allein die (möglicherweise unbegründete) Erwartung der Kapitalmarktakteure, [1] die Banken eines Landes könnten in Schwierigkeiten geraten und müssten vom Staat gerettet werden oder [2] der Staat könnte in Refinanzierungsschwierigkeiten geraten, die sich wiederum negativ auf die Bankbilanzen auswirken würden, dies kann zu einem Versiegen der Liquidität für Staat und/ oder Banken führen. Denn wer denkt, andere könnten denken, Staat und/ oder Banken könnten Probleme bekommen und sich gegenseitig in einen Abwärtsstrudel reißen, wird seine Finanzanlagen aus dem Staatsanleihen- und Bankensektor abziehen. Sobald dies geschieht, haben Staat und/ oder Banken reale Finanzierungsschwierigkeiten, die dem besagten Abwärtsstrudel über den Banken-Staaten-Nexus auslösen können. Am Anfang einer Staatsschulden-/ Bankenkrise kann also auch eine selbsterfüllende Prophezeiung stehen.

Erste staatliche Bankenrettungen gab es in Deutschland bereits im Sommer 2008. Dabei ging es um Kreditinstitute, die in amerikanische Hypothekenpapiere investiert hatten. Die damals vergleichsweise günstige fiskalische Situation Deutschlands (auf die schwere Krise zu Beginn des Jahrzehntes waren mehrere Aufschwungjahre gefolgt) ermöglichte es den politisch Verantwortlichen, den deutschen Bankenmarkt mit Garantien und Kapital zu stabilisieren. Relativ bald traten dann erhebliche Probleme am spanischen und irischen Bankenmarkt auf. Die erforderlichen Stützungsmaßnahmen und die Konjunkturkrise belasteten den Staatshaushalt von Spanien und Irland erheblich. Die Richtung des Banken-Staaten-Nexus ist hier eindeutig: Die Probleme gingen von den Banken aus und verursachten fiskalische Probleme, nicht umgekehrt, denn die beiden Länder waren in den Jahren vor der Finanzkrise als »fiskalpolitische Musterknaben« gehandelt worden, weil sie die Maastrichter Fiskalkriterien mehr als ausreichend erfüllt hatten (▶ Dar. 49).

Im Falle Griechenlands war das anders. Hier hatte die Sonderkonjunktur infolge der niedrigen Zinsen ab der Jahrtausendwende nicht nur den privaten Konsum angetrieben, sondern auch eine enorme Ausdehnung des öffentlichen Dienstes und des Sozialstaates bewirkt. Gleichzeitig war die Regulierung der Arbeits- und Produktmärkte ausgeweitet worden, so dass die Wettbewerbsfähigkeit der griechischen Wirtschaft deutlich abgenommen hatte. Steigende Staatsausgaben bei nicht in gleichem Maße steigenden Einnahmen hatte Staatsdefizite trotz günstiger ökonomischer Rahmenbedingungen zur Folge. Die Ende 2009 zutage getretenen erheblichen Finanzierungsprobleme des griechischen Staates brachten den europäischen Bankensektor unter Druck, weil viele Häuser, nicht zuletzt in Deutschland und Frankreich, teils erhebliche Bestände an griechischen Staatsanleihen in ihren Bilanzen hatten. Anfang 2010 setzte dann, in gewissem Sinne als selbsterfüllende Prophezeiung, die umfassende Neubewertung der Risiken in den europäischen Bankbilanzen und Staatshaushalten durch die Kapitalmarktakteure (Investoren und Ratingagenturen) ein. War der Banken-Staaten-Nexus zuvor ein eher nationales Problem (Staaten stützten »ihre« Banken und gerieten daher in Haushaltsprobleme), wurde er nun europäisiert. Es zeigte sich, dass die Banken grenzüberschreitend in Staatsanleihen investiert hatten. Es drohte ein Teufelskreis, der einen sehr großen Teil der Eurozone erfassen würde.

5 Krisenjahre: Die Währungsunion am Rande des Zusammenbruchs (2008–2015)

Dar. 49: Staatsschuldenquote 1999 bis 2019 (öffentliche Gesamtschulden in % des BIP, Daten: EZB)

5.2 Dimensionen der Eurokrise

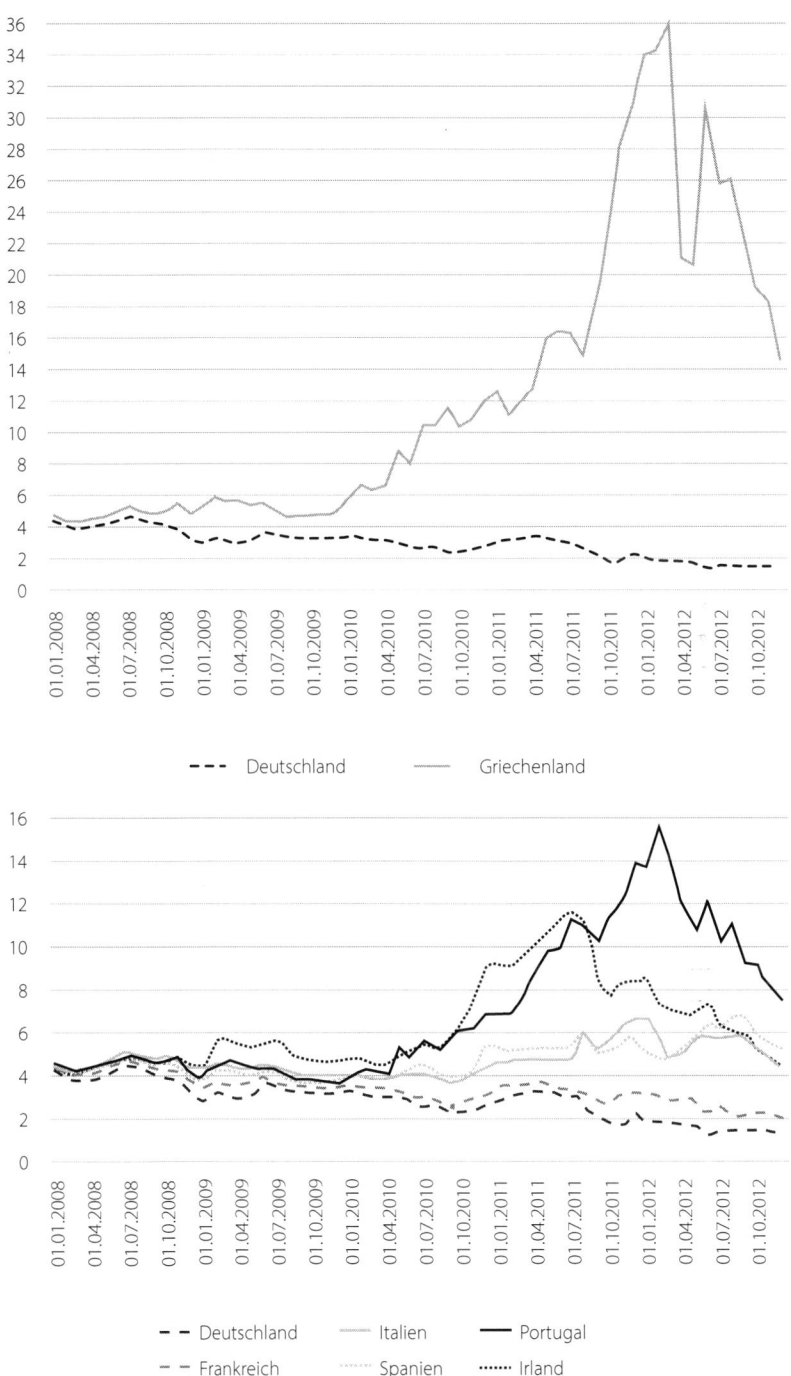

Dar. 50: Renditen zehnjähriger Staatsanleihen in der Eurozone (in Prozent, Daten: EZB)

Ein Blick auf die Entwicklung der Staatsanleiherenditen verdeutlicht die Entwicklung in den Jahren 2008 bis 2012 (▶ Dar. 50). Nachdem es Anfang 2008 fast keine Differenzen zwischen den Renditen der Anleihen der Euroländer mehr gegeben hatte, kam es im Verlauf des Jahres 2008 zu einem minimalen Auseinanderlaufen. Während die Renditen vieler Staatsanleihen tendenziell noch fielen, stiegen diejenigen griechischer Staatsanleihen ab Mitte des Jahres an. Anfang 2009 folgten die irischen, als die Probleme der dortigen Banken und die Notwendigkeit massiver staatlicher Stützungsmaßnahmen offenbar wurden. Die Staatsanleiherenditen der übrigen Euroländer (auch diejenigen Spaniens) fielen 2009 weiter (leicht). Anfang 2010 kam es zu einer Dreiteilung der Entwicklung: Die griechischen, irischen und portugiesischen Renditen stiegen dauerhaft und stark an, die spanischen und italienischen entwickelten sich bis in die zweite Jahreshälfte hinein seitwärts und die deutschen sowie französischen fielen weiter. Ab der zweiten Jahreshälfte 2010 kam es dann auch bei den spanischen und italienischen Staatsanleihen zu stark ansteigenden Renditen. Mit Portugal und Italien gerieten zwei weitere Euroländer in den Fokus, die zuvor nicht im Mittelpunkt der Aufmerksamkeit gestanden hatten. Vor dem Hintergrund der ausgeprägten Nervosität der Kapitalanleger wurde ihnen zum Verhängnis, dass sie die guten Jahre vor der Krise nicht für eine Sanierung ihrer Staatshaushalte genutzt hatten.

Damit war eine Desintegration der europäischen Staatsanleihemärkte eingetreten. Den Krisenländern Griechenland, Irland, Italien, Portugal und Spanien wurde eine Lösung ihrer Finanzierungsprobleme nicht zugetraut; die Nachfrage nach ihren Staatsanleihen brach ein. Das führte zu steigenden Renditen, die die Finanzierungsprobleme weiter verschärften. Statt an die Peripherie der Eurozone floss das Anlagekapital in die »sicheren Häfen« Deutschland und Frankreich, was dort zu steigenden Anleihekursen und sinkenden Renditen führte. Die Eurozone war zweigeteilt.

5.3 Die Diskussion über die institutionellen Ursachen der Krise

Im Jahr 2010 begann eine intensive Diskussion zunächst über die institutionellen Ursachen der Krise und recht schnell auch darüber, welche Schlüsse aus der Krise abzuleiten waren und ob bzw. wie die Architektur der Eurozone reformiert werden musste. Diese Diskussion dauert bis heute an. Dabei stehen sich zwei Sichtweisen gegenüber. Die eine Seite (die Maastricht-Verteidiger) hält die Maastrichter Konstruktion der Währungsunion für im Grundsatz gelungen und sieht die wesentlichen Versäumnisse bei einzelnen Mitgliedstaaten, die ihre Politik nicht auf die Erfordernisse des Binnenmarktes und der Währungsunion ausgerichtet hätten. In den späteren Krisenländern sei es versäumt worden, die Arbeits- sowie Gütermärkte zu flexibilisieren und die rechtlichen Rahmenbedingungen zu verbessern, so dass zu wenige wettbewerbsfähige Unternehmen entstanden seien, die der europäischen Konkurrenz standhalten konnten. Die andere Seite (die Maastricht-Kritiker) betrachtet die Währungsunion als von Anfang an unvollständig. Ihr Geburtsfehler sei, dass es keine zentrale wirtschaftspolitische Institution gebe, die mit und neben der Europäischen Zentralbank auf die makroökonomische Situation reagieren und diese beeinflussen könne. Zudem dürfe die Schuld für die Krise nicht allein bei den Krisenländern gesucht werden. Insbesondere Deutschland habe in den 2000er-Jahren eine übertriebene Politik der Lohnzurückhaltung und des Sozialabbaus betrieben. Das habe die relative Wettbewerbsposition der späteren Krisenländer verschlechtert und so die Leistungsbilanzkrise ausgelöst. Das Problem liege weniger in den Leistungsbilanzdefiziten der Peripherieländer als in den Überschüssen Deutschlands.

Unstrittig war, dass die Staatsschuldenkrise mit einem ökonomischen Charakteristikum der Eurozone zusammenhing: Ab 1999 ermöglichte es die Währungsunion staatlichen und privaten Schuldnern in den Mitgliedsländern der Währungsunion, sich im europäischen Ausland (soweit es Teil der Eurozone war) ohne Wechselkursrisiko zu verschulden. Spiegelbildlich konnten Gläubiger ihr Geld ohne Wechselkursrisiko an Schuldner in anderen Euroländern verleihen. Trotz des fehlenden Wechselkursrisikos verschuldeten sich die Schuldner jedoch in gewissem Sinne in Fremdwährung. Den Euro stellte nicht die jeweilige nationale Zentralbank bereit, sondern die EZB. Das bedeutete, es gab vor Ort keine Institution, die im Krisenfall als Lender of last resort für die privaten Schuldner (insbesondere das Bankensystem) oder den Staat einspringen konnte. Auch war es nicht möglich, die Schuldner durch eine Inflationierung der Währung zu entlasten bzw. die Wettbewerbsfähigkeit der heimischen Unternehmen mittels Währungsabwertung zu steigern. Dass dies zum Problem werden konnte, war allen Beteiligten schon in den 1990er-Jahren klar.

Die Maastricht-Architekten waren von einer dezentralen, marktbasierten Reaktion auf mögliche Schwierigkeiten ausgegangen (»Doppelte Dezentralität« ▶ Kap. 3.1). Der Wettbewerbsdruck werde Regierungen und Unternehmen in der gesamten Eurozone unter Anpassungsdruck setzen, so dass auf Seiten der Politik Strukturreformen und auf Seiten der Wirtschaft Programme zur Effizienzsteigerung unausweichlich würden. Gleichzeitig mache der Stabilitäts- und Wachstumspakt es den Mitgliedsländern unmöglich, strukturelle Probleme mittels ständiger staatlicher Eingriffe in die Wirtschaft zu übertünchen. Eine Europäisierung von Teilen der Fiskalpolitik wurde abgelehnt, weil von ihr negative Verhaltensanreize für die Regierungen der Mitgliedsländer hätten ausgehen können. Es wurde argumentiert, Geldströme aus Brüssel könnten der nationalen Politik den Anreiz nehmen, eine stabilitäts- und wachstumsgerechte Wirtschaftspolitik zu betreiben. Mögliche Leistungsbilanzungleichgewichte innerhalb der Währungsunion sahen die Verteidiger der Maastrichter Regelungen nicht als Problem, sondern als Ausdruck einer vertieften Handels- und Finanzmarktintegration. Die Kombination aus No-Bailout-Klausel, Verbot der monetären Staatsfinanzierung und Fiskalregeln sollte die Überwachung der nationalen Politiken in der Eurozone auch auf die Finanzmärkte übertragen. Kapitalmarktinvestoren würden, auf der Basis der Informationen der Ratingagenturen, eine nicht nachhaltige Finanz- und Wirtschaftspolitik einzelner Mitgliedsländer durch Renditeaufschläge sanktionieren. Das erhöhe die Zinslast und erschwere den Finanzministern somit die Arbeit, woraufhin die Regierungen mit soliderer Fiskalpolitik und wachstumsfördernden Strukturreformen reagieren müssten. Anpassungen der Preise und Löhne zur Wiederherstellung der Wettbewerbsfähigkeit und gegebenenfalls die vorübergehende Abwanderung von Arbeitskräften in Bereiche der Währungsunion mit besserer Wirtschaftslage brächten die nationalen Volkswirtschaften dann wieder ins Gleichgewicht.

Das hielten die Kritiker der Maastrichter Eurozonen-Architektur und des Stabilitäts- und Wachstumspaktes schon in den 1990er-Jahren für unrealistisch. In einer konkreten Krisensituation sei die markt- und wettbewerbsorientierte Reaktion nicht zielführend. Vielmehr müsse die Fiskalpolitik entschieden reagieren; zum einen diskretionär mit gezielten antizyklischen Maßnahmen, zum anderen dadurch, dass die automatischen Stabilisatoren ihre Wirkung entfalten könnten. Die strengen Fiskalregeln und fehlende finanzielle Unterstützung von anderen Mitgliedstaaten bzw. der Union bewirkten insbesondere in Krisenzeiten aber das genaue Gegenteil, nämlich eine prozyklische Politik der nationalen Regierungen. Wenn strukturelle Schwierigkeiten oder asymmetrische Schocks die Wirtschaftslage und damit die Haushaltssituation verschlechterten, könnten sie darauf mangels fiskalischen Spielraums nicht adäquat reagieren. Statt zu investieren, die Wirtschaft also kurzfristig anzukurbeln und damit gleichzeitig in der langen Frist auf einen höheren Wachstumspfad zu bringen, müssten sie sparen und damit die Lage weiter verschärfen. Die Krise habe die 2005 reformierten Überwachungs- und Koordinierungsregeln des Stabilitäts- und Wachstumspaktes als das entlarvt, was sie schon bei ihrer Einführung im Jahr 1997 gewesen seien: Ein schlechter Kompromiss aus der Notwendigkeit einer wenigstens partiellen Europäisierung der Fiskalpolitik und der Weigerung der Mitgliedsländer, Souveränitätsrechte abzugeben.

Auch die Sanktionierung fiskalpolitischen Fehlverhaltens durch die Kapitalmärkte sahen die Skeptiker von Beginn an kritisch. Grundsätzlich bedeutete diese Sanktionierung für sie, dass ausgerechnet Länder in finanziellen Schwierigkeiten über höhere Renditeforderungen einen noch höheren Schuldendienst leisten müssten. Das sei kontraproduktiv. Darüber hinaus wurde schon früh grundsätzlich in Zweifel gezogen, ob die Kapitalmärkte überhaupt gut genug funktionierten, um als finanzpolitische Aufpasser arbeiten zu können. Die verhaltenswissenschaftliche Finanzmarktforschung (Behavioral Finance) zeige, dass Kapitalmarkttransaktionen von Irrationalitäten geprägt seien. Zudem sei fraglich, ob die Staatsanleihegläubiger überhaupt an das Beistandsverbot (No-Bailout-Klausel) glaubten. Alles in allem sei es durchaus möglich, dass »die Kapitalmärkte« auf finanzpolitische Fehlentwicklungen zunächst nicht oder verspätet – dafür aber dann übertrieben heftig – reagierten.

Durch die Krise fühlten sich beide Seiten in ihrer Sichtweise bestätigt. Das prägte die Diskussion über das weitere Vorgehen. Es galt, einerseits die kurzfristige Bedrohung für die Eurozone abzuwenden und andererseits das Fundament der Währungsunion langfristig zu stabilisieren, um Krisen künftig weniger wahrscheinlich werden zu lassen. In die Entscheidungsfindung mussten die unterschiedlichen Positionen der Maastricht-Kritiker und -Befürworter einfließen.

Dar. 51: Die wesentlichen Argumente in der Diskussion über die Ursachen der Staatsschuldenkrise

	Maastricht-Kritiker	Maastricht-Verteidiger
Hauptursache der Krise	Maastricht-Regeln sind nicht geeignet, um Krisen zu verhindern, und verschärfen diese sogar	Einzelne Mitgliedsländer haben Regeln nicht eingehalten; das Regelwerk ist aber grundsätzlich sinnvoll
Zentrale Argumentationslinie	Harte Fiskalregeln machen sinnvolle Wirtschaftspolitik auf nationaler Ebene fast unmöglich Länder wie Deutschland erhöhen ihre Wettbewerbsfähigkeit auf Kosten anderer Euroländer	Lockerung der Regeln bzw. Europäisierung der Fiskalpolitik bewirkt negative Verhaltensanreize für nationale Regierungen: Anreize für stabilitätsgerechte Fiskalpolitik und wachstumsfördernde Strukturreformen lassen nach
Reformvorschläge	Lockerung der Regeln Partielle Europäisierung der Fiskalpolitik	konsequentere Umsetzung der Regeln

5.4 Die »Rettungspakete«, der Europäische Stabilitätsmechanismus (ESM) und das Krisenjahr 2015

Als Anfang 2010 immer deutlicher wurde, dass Griechenland auf die Zahlungsunfähigkeit zusteuerte, begannen intensive Verhandlungen über Möglichkeiten zur Stabilisierung des Landes. Unter großem Zeitdruck mussten verschiedene Erfordernisse austariert werden. Zunächst einmal galt es, die Funktionsfähigkeit des griechischen Staates sicherzustellen und ein Übergreifen der Krise auf andere Länder der Eurozone abzuwenden. Gleichzeitig sollte die mögliche Hilfe keine Signale senden, die von den nationalen Regierungen oder den Kapitalmärkten als Freifahrtschein für ausufernde Staatsverschuldung in der Zukunft missverstanden werden konnten. Dabei hatten die Staats- und Regierungschefs der Eurozone immer im Blick, dass jedwede Unterstützung Griechenlands nicht nur wegen der Nichtbeistandsklausel auf juristische Bedenken, sondern darüber hinaus auch auf erheblichen politischen Widerstand stoßen würde. Schließlich war das No-Bailout-Gebot ein zentraler Stützpfeiler der Eurozonen-Architektur von Maastricht gewesen. Gerade in Deutschland hatte die Politik – und hier nicht zuletzt die CDU – mit der Aussage »Es gibt keine Haftung für die Schulden anderer Staaten« für den Euro geworben. Das brachte Bundeskanzlerin Angela Merkel in Erklärungsnot. Sie musste sowohl eine skeptische Öffentlichkeit als auch die Abgeordneten ihrer Partei überzeugen. Auch in anderen Ländern gab es heftige Kritik, die sich u. a. daran entzündete, dass die Stabilisierung der griechischen Staatsfinanzen weniger das griechische Volk als die Gläubiger Griechenlands, also die Eigentümer der Staatsanleihen, »rettete«. Dabei handelte es sich auch in erheblichem Maße um deutsche und französische Banken.

Der schließlich im Mai 2010 gefundene Kompromiss sah eine Kombination aus Krediten, außereuropäischer Kontrolle und Konditionalität der Hilfszahlungen vor:

- Darlehen in Höhe von insgesamt 110 Milliarden Euro sollten die Zahlungsfähigkeit Griechenlands bis 2013 sicherstellen. Die Gesamtsumme setzte sich aus Krediten der Euroländer (80 Milliarden) und des Internationalen Währungsfonds IWF (30 Milliarden) zusammen. Jedes Euroland gewährte Griechenland dabei einzeln einen Kredit, die Hilfe war also bilateral organisiert, weil es noch keine supranationalen Mechanismen für solche Zwecke gab.
- Die Einbindung des IWF als außereuropäischer Institution, die sich mit Unterstützungszahlungen an Länder in finanziellen Schwierigkeiten dank jahrzehntelanger Erfahrung sehr gut auskannte, sollte einen professionellen Blick von außen sicherstellen und damit die innereuropäischen Beziehungen auf einer rationalen Grundlage halten.
- Um Griechenlands Wirtschaft und Staatshaushalt auf eine zukunftsfähige Basis zu stellen, wurde ein umfangreiches Sanierungs- und Reformprogramm erarbeitet. Dieses umfasste u. a. einen massiven Personalabbau im öffentlichen Dienst, die Kürzung von Subventionen, weitreichende Privatisierungen, Einschnitte bei öffentlichen Leistungen sowie die Liberalisierung der Gütermärkte. Ein neues Gremium, dessen Mitglieder von der EU-Kommission, der EZB und dem IWF entsandt wurden, beurteilte die Reformfortschritte quartalsweise. Nur wenn diese Troika mit der Abarbeitung der Auflagen zufrieden war, erfolgte die Auszahlung der jeweils nächsten Kredittranche. Diese Vorgehensweise wurde als »Konditionalität« der Unterstützung bezeichnet.

Mit den Auflagen sollten nicht nur die Ausgaben des griechischen Staates gesenkt und die Wettbewerbsfähigkeit der griechischen Wirtschaft gestärkt, sondern auch die Kritiker der Rettungsmaßnahmen besänftigt werden. Last but not least wollte man an potenzielle Empfänger zukünftiger Hilfen das unmissverständliche Signal aussenden, dass eine solide Fiskalpolitik lohnt, da ein nicht stabilitätsgerechter Umgang mit den öffentlichen Finanzen trotz möglicher Unterstützung durch die europäische Solidargemeinschaft mit erheblichen Schwierigkeiten verbunden sein würde. Das änderte jedoch nichts an der grundlegenden Tatsache, dass Risiken aus dem Privatsektor, nämlich die Ausfallrisiken der Staatsanleihegläubiger, auf den öffentlichen Sektor übertragen worden waren. Aus einer erwarteten bzw. impliziten Garantie waren explizite Rettungsprogramme geworden. Die Nichtbeistandsklausel (»No-Bailout-Klausel« ▶ Kap. 3.3.1) des Maastrichter Vertrages hatte faktisch keinen Bestand mehr.

Parallel wurde ein sog. temporärer Schutzschirm geschaffen, der allen Euroländern zugänglich sein und eine Panik auf den europäischen Staatsanleihemärkten verhindern sollte. Denn im Mai 2010 nahmen die Märkte sogar Frankreich zunehmend kritisch unter die Lupe; auch in mehreren Ländern Südeuropas drohten die Renditen so stark anzusteigen, dass eine Refinanzierung der Staatsschuld immer schwieriger wurde. Darüber hinaus stand Irland wegen seiner umfangreichen Bankenrettungsprogramm im Fokus der Investoren. Der temporäre Schutzschirm war auf eine dreijährige Laufzeit (bis 2013) ausgelegt. Mit dem Griechenland-Programm hatte er gemeinsam, dass die Kreditauszahlung in Tranchen bei Erfüllung zuvor vereinbarter Auflagen erfolgen sollte und (auf Drängen Deutschlands) weiterhin der IWF eingebunden war. Die Kredite wurden allerdings nicht bilateral gewährt, sondern von der eigens dafür eingerichteten privatrechtlichen Kapitalgesellschaft EFSF (European Financial Stability Facility). Diese refinanzierte ihre Kreditvergabe an schwächelnde Euroländer durch Ausgabe von Anleihen am Kapitalmarkt. Ihre gesamte Kreditvergabekapazität lag bei 440 Milliarden Euro. Die Mitgliedsländer der Währungsunion garantierten die Tätigkeit der EFSF mit insgesamt 780 Milliarden Euro. Die deutlich über der Kreditvergabekapazität liegende Garantiesumme stellte sicher, dass die EFSF-Anleihen ein AAA-Rating erhielten. Die beste Bonitätsnote sollte niedrige Zinsen mit sich bringen. An der Seite der EFSF stand mit dem EFSM (European Financial Stability Mechanism) ein weiteres EU-Gemeinschaftsinstrument. Dieses ermöglichte es der EU-Kommission, Kredite von bis zu 60 Milliarden Euro aufzunehmen, um damit notleidende Mitgliedstaaten zu unterstützen. Der IWF sagte zu, bis zu 250 Milliarden Euro beizusteuern. Empfänger von Mitteln aus dem temporären Schutzschirm waren Irland (2010-2013), Portugal (2011-2014) sowie wiederum Griechenland (zweites Griechenlandprogramm, Griechenland II), weil das erste Hilfsprogramm (Griechenland I) nicht ausgereicht hatte, um das Land finanziell auf eigene Füße zu stellen. Dabei sollten die europäischen Gelder von 2012 bis 2014 fließen, während der IWF-Kredit bis 2016 ausgezahlt wurde. Die Kredite des zweiten Griechenlandpakets umfassten auch nicht ausgezahlte Tranchen des ersten.

Eine Besonderheit von Griechenland II war, dass es die Beteiligung des Privatsektors zur Voraussetzung hatte. Das war von der deutschen Bundeskanzlerin Angela Merkel und Frankreichs Staatspräsident Nicolas Sarkozy vereinbart worden und wurde von den anderen Staats- und Regierungschefs gebilligt. Die privaten Gläubiger tauschten ihre Anleihen in neue Anleihen mit geringerem Nennwert und längeren Laufzeiten von bis zu 30 Jahren. Mit diesem Schuldenschnitt (haircut) verzichteten sie auf rund die Hälfte des ursprünglichen Nennwertes ihrer Anleihen. Das absolute Volumen des Verzichtes betrug gut 100 Milliarden Euro. Der Schuldenschnitt war heftig umstritten. Zwar wurde mit ihm das Verlangen der Öffentlichkeit befriedigt, die Kapitalmarktakteure an den Kosten der Krisenbewältigung zu beteiligen. Gleichzeitig ging jedoch das eindeutige Signal an die Investoren, dass Staatsanleihen der Euroländer ein tatsächliches Ausfallrisiko mit sich brachten. Dieses Signal sollte wenig später für Turbulenzen an den Staatsanleihemärkten sorgen, die EZB-Präsident Mario Draghi zu seiner berühmten »Whatever it takes«-Pressekonferenz bewegten (▶ Kap. 6.1.3).

Dar. 52: Hilfsmaßnahmen für Euroländer in finanziellen Schwierigkeiten

Programm	Empfänger von Unterstützungskrediten	Laufzeit	zugesagter Umfang
Griechenland I	Griechenland	2010–2012	110 Mrd. €
Temporärer Schutzschirm	Irland	2010–2013	85 Mrd. €
	Portugal	2011–2014	78 Mrd. €
	Griechenland (Griechenland II)	EFSF/EFSM: 2012–2014	130 Mrd. €
		IWF: 2012–2016	28 Mrd. €
Europäischer Stabilitätsmechanismus (ESM)	Zypern	2013–2016	9 Mrd. €
	Spanien (Bankenrettungsfonds)	2012–2013	41 Mrd. €
	Griechenland (Griechenland III)	2015–2018	86 Mrd. €

Sowohl gegen die erste Griechenlandhilfe als auch gegen die Einrichtung von EFSF und EFSM gab es in Deutschland Verfassungsbeschwerden. Die Beschwerdeführer sahen einen Verstoß gegen das Maastrichter Beistandsverbot sowie eine Verletzung des Demokratieprinzips. Das Bundesverfassungsgericht habe in seinem »Maastricht-Urteil« von 1993 klargestellt, dass die umfassende Übertragung von Souveränitätsrechten auf europäische Institutionen nur zulässig sei, wenn die künftige Währungsunion als Stabilitätsunion konstruiert sei. Das erfordere nach Ansicht der Karlsruher Richter insbesondere die strikte Einhaltung der einschlägigen Vertragsbestimmungen, so die Kläger. Gegen diese Vorgabe werde mit den umfangreichen Hilfsprogrammen eindeutig verstoßen. Außerdem verletzten die Garantien und Darlehen das Budgetrecht des Bundestages und das Demokratieprinzip nach Artikel 20 des Grundgesetzes. EFSF und Griechenlandkredite könnten, wenn z. B. die Eurozone auseinanderbräche, kaum kalkulierbare Belastungen für den deutschen Steuerzahler mit sich bringen, ohne dass dieser noch einmal dazu befragt würde. Die Verfassungsbeschwerden scheiterten. Auf sie sollten im Zuge der noch lange andauernden fiskal- und geldpolitischen Maßnahmen zur Krisenbewältigung zahlreiche weitere folgen, die sowohl das Bundesverfassungsgericht als auch den Europäischen Gerichtshof über Jahre beschäftigen würden.

Während Irland, Portugal und Griechenland Programmländer des temporären Schutzschirms waren, liefen die Verhandlungen über einen dauerhaften Krisenmechanismus, der 2012 als Europäischer Stabilitätsmechanismus (ESM) eingerichtet wurde. Dabei handelt es sich nicht um ein EU-Organ, sondern um eine internationale Finanzinstitution mit Sitz in Luxemburg. Entscheidungen über Finanzhilfen trifft hier der Gouverneursrat, dem die Finanzminister der Euroländer angehören. Wie die EFSF finanziert sich der ESM am Kapitalmarkt durch Ausgabe von Anleihen. Der ESM verfügt über ein Stammkapital (Bareinlagen und abrufbare Garantien) von insgesamt 700 Milliarden Euro. Die nationalen Beiträge richteten sich nach den nationalen Anteilen am Stammkapital der EZB. Daraus ergab sich der deutsche Anteil in Höhe von

190 Milliarden Euro. Unter Wahrung eines Triple-A-Ratings ermöglicht diese Kapitalausstattung eine maximale Kreditvergabe von 500 Milliarden Euro. Auch gegen den ESM wurde Verfassungsbeschwerde wegen der Gefahr unbegrenzter Haushaltsrisiken und damit der Aushöhlung des Budgetrechtes des Bundestages eingelegt. Das Bundesverfassungsgericht gab der Beschwerde nicht statt und verlangte nur, dass bei Ratifizierung des ESM-Vertrages sichergestellt werden musste, dass die Haftungsgrenze ohne gesonderten Beschluss des Bundestages nicht über den deutschen Anteil am Stammkapital hinausgehen darf.

Voraussetzungen für eine Hilfszahlung (Stabilitätshilfe in der ESM-Terminologie) sind drohende oder akute schwerwiegende Finanzierungsprobleme des antragstellenden Eurolandes, die Tragfähigkeit seiner Staatsschuld sowie die Feststellung, dass die Stabilitätshilfe zur Wahrung der Finanzstabilität im Euro-Währungsgebiet insgesamt und in dessen Mitgliedstaaten unabdingbar ist. Wird die Staatsschuld des Antragstellers als nicht tragfähig eingestuft, muss sie restrukturiert werden. Das bedeutet, dass die Staatsanleihegläubiger bei den Konditionen von Zins und Tilgung Abstriche machen müssen. Eine Klausel, die seit 2013 bei allen Staatsanleiheemissionen in der Eurozone verpflichtend ist, macht dies rechtlich möglich: Demzufolge können die Gläubiger eine Restrukturierung per Mehrheitsbeschluss einleiten. Der juristischen Möglichkeit steht jedoch die Tatsache gegenüber, dass eine solche Restrukturierung wegen des Banken-Staaten-Nexus (▶ Kap. 5.2.3) mit erheblichen Belastungen für das nationale und das europäische Bankensystem einhergehen kann. Sie ist daher nur als Ultima Ratio zu verstehen.

Auch ESM-Programme folgen dem Grundsatz der Konditionalität. Mit dem antragstellenden Mitgliedsland wird ein Memorandum of Understanding über Strukturreformen und die Wiederherstellung der Zukunftsfähigkeit der öffentlichen Finanzen ausgehandelt. Die Auszahlung der Hilfen erfolgt schrittweise in Tranchen, wenn bestimmte Meilensteine des Memorandum of Understanding abgearbeitet sind. Die ESM-Stabilitätshilfe kann unterschiedliche Formen annehmen, darunter Darlehen zur Refinanzierung der Staatsschuld oder zur Rekapitalisierung von notleidenden Finanzdienstleistern oder auch der Aufkauf von Staatsanleihen. Die ESM-Programmländer Zypern und Spanien mussten Stabilitätshilfen beantragen, weil die Krise ihren Bankensektor stark in Mitleidenschaft gezogen hatte. Hier war die Eurokrise eine Bankenkrise. Die spanischen Banken mussten mit der Hinterlassenschaft des Immobilienbooms der Jahre vor 2008 fertigwerden. Der zypriotische Bankensektor war traditionell stark mit Griechenland verbunden und litt deshalb erheblich unter den dortigen Problemen und insbesondere dem mit dem zweiten Griechenland-Programm einhergehenden Schuldenschnitt.

Dass Griechenland ESM-Programmland wurde, hatte andere Ursachen. Hier war die Krise nach wie vor eine Staatsschuldenkrise. Als das zweite Rettungspaket Ende 2014 auslief, war klar, dass Griechenland weiterhin Hilfe benötigen würde. Während Troika und griechische Regierung über den Haushalt 2015 verhandelten und auf Ebene der Staats- und Regierungschefs die Überlegungen zu Griechenland III begannen, bewirkten innenpolitische Probleme im Dezember 2014, dass im Januar 2015 das Parlament neu gewählt werden musste. Daraus ging die linkspopulistische Partei Syriza als Sieger hervor. Ihr Vorsitzender Alexis Tsipras wurde Ministerpräsident. Syriza hatte die Wahl mit einem Anti-Troika-Wahlkampf gewonnen. Nach Jahren der Strukturreformen mit erheblichen Einschnitten bei staatlichen Leistungen, Rentenzahlungen und Löhnen war das Gremium mit Vertretern aus EU-Kommission, EZB und IWF für sehr viele Griechen zum verhassten Symbol für die als Fremdherrschaft empfundene Abhängigkeit von Hilfsleistungen geworden. Tsipras und Finanzminister Yanis Varoufakis versprachen den Griechen auch nach der Wahl noch, die Zeiten der erzwungenen Austerität seien nun endgültig vorüber. Diese Rhetorik stieß in Brüssel und den anderen Hauptstädten auf wenig Gegenliebe. Während die griechische Regierung ständig mit dem Staatsbankrott vor Augen versuchte, ihre finanziellen Verpflichtungen zu erfüllen, zogen sich die Verhandlungen über das unumgängliche dritte Hilfsprogramm bis zum Sommer hin. Trotz der extrem angespannten Haushaltslage waren Tsipras und Varoufakis nicht bereit, die von den Geberländern geforderten Spar- und Reformzusagen zu machen. Als Varoufakis' Gegenspieler bei dieser Auseinandersetzung kristallisierte sich der deutsche Bundesfinanzminister Wolfgang Schäuble heraus.

Schäuble ließ im Juli 2015 verlauten, er könne sich einen temporären Ausschluss Griechenlands aus der Eurozone, einen »Grexit auf Zeit«, vorstellen. Damit gewann eine Diskussion wieder an Fahrt, die schon 2010 begonnen worden war. Es ging um die Frage, ob einzelne Mitglieder die Eurozone verlassen sollten oder diese grundsätzlich neu zu strukturieren war. Eine solche Neustrukturierung hätte beispielsweise bedeuten können, dass die Währungsunion entlang der Trennlinie Kern versus Peripherie in einen »Nord-Euro« und einen »Süd-Euro« aufgespalten würde. Die Befürworter eines Grexit argumentierten 2015, ein »Weiter so« sei weder in Griechenland noch in den Geberländern politisch durchsetzbar. Die seit 2010 verhängten Spar- und Reformauflagen hätten die griechische Demokratie wiederholt enormen Belastungen ausgesetzt. Die staatliche Ordnung sei gefährdet und das Land drohe, unter den Einfluss ausländischer Mächte (Russland, China) zu geraten. Es sei daher außerordentlich risikoreich, den Weg der erzwungenen Austerität weiterzugehen. Mit einer eigenen Währung könne Griechenland nominal abwerten und so seine Wettbewerbsfähigkeit wiederherstellen. Politik und Bevölkerung hätten wieder Luft zum Atmen und könnten Staat, Wirtschaft und Bankensystem restrukturieren. Das mache eine Wiedereinführung des Euro zu einem späteren Zeitpunkt möglich.

Die Grexit-Gegner konnten dieser Argumentation nicht folgen. Eine nominale Abwertung im Zuge des Eurozonenaustritts führe unweigerlich zu höheren, möglicherweise kaum tragbaren Importpreisen. Ob sich die preisliche Wettbewerbsfähigkeit wirklich verbessere, sei offen. Es bestehe die Gefahr einer sich selbst verstärkenden Spirale aus Abwertung, Inflation und Lohnsteigerungen, die Griechenland vollends in die Armut stürzen könne. Das Land werde zudem nicht in der Lage sein, mit einer abgewerteten Währung seine Verbindlichkeiten in Euro zu bedienen. Es drohe ein Staatsbankrott gegenüber ausländischen Gläubigern und der völlige Vertrauensverlust an den internationalen Kapitalmärkten. Dieser wiederum könne sich auf andere Länder übertragen und dort Bank runs auslösen. Denn wenn in einem Krisenland der Verdacht aufkomme, dieses Land müsse dem Beispiel Griechenlands folgen und die

Eurozone als Nächstes verlassen, würden dessen Bürger versuchen, durch Barabhebungen eine Umwandlung ihrer Euro-Guthaben in eine neue nationale Währung zu umgehen. Die Währungsunion wäre dann in den Augen der Einleger und Anleger nur noch ein jederzeit reversibles Fixkurssystem.

Doch so weit kam es nicht. Nach einigem Hin und Her, das den Rücktritt von Finanzminister Varoufakis, eine Volksabstimmung sowie Neuwahlen einschloss, erhielt Griechenland von 2015 bis 2018 ESM-Stabilitätshilfen.

5.5 Die Reform der Eurozonen-Architektur

5.5.1 Die Grundzüge der Diskussion im Überblick

Die verschiedenen Hilfsprogramme in den Jahren ab 2010 dienten dem Krisenmanagement. Parallel dazu begann eine intensive Diskussion über die Frage, wie künftige Krisen zu vermeiden seien. Diese Diskussion mündete in eine weitreichende Reform der Eurozonen-Architektur mit dreifacher Zielrichtung:

- Da die bis zum Ausbruch der Krise geltenden Fiskalregeln – mit dem 2005 überarbeiteten Stabilitäts- und Wachstumspakt im Zentrum – die Krise nicht verhindert hatten, kam es zu einer umfassenden Überarbeitung und Erweiterung des entsprechenden Regelwerkes.
- Neue Instrumente der makroökonomischen Koordinierung sollten zudem innereuropäische Leistungsbilanzungleichgewichte begrenzen helfen.
- Die Staats- und Regierungschefs der EU betrachteten den Banken-Staaten-Nexus als Achillesferse der Währungsunion. Sie strebten daher eine Bankenunion sowie eine Neuordnung der makroprudenziellen Finanzmarktaufsicht an.

Die einzelnen Maßnahmen waren teils heftig umstritten. Während weitgehend Einigkeit darüber herrschte, wie der Banken-Staaten-Nexus zu verringern war, standen sich in der Debatte über die Fiskalpolitik und die makroökonomischen Ungleichgewichte zwei Lager gegenüber. Diese beiden Lager hatten sich schon während der 1990er-Jahre, als es um die Maastrichter Regelungen und den Stabilitäts- und Wachstumspakt ging (▶ Kap. 3.3 und 3.4), sowie bei Ausbruch der Krise 2009/2010 (▶ Kap. 5.3), als es um deren institutionelle Ursachen ging, abgezeichnet. Die eine Seite hielt die im Kern auf den Delors-Report zurückgehende Mastrichter Konstruktion für grundsätzlich gut, plädierte aber dennoch für einzelne Präzisierungen und Erweiterungen. Die andere Seite sprach sich für eine systematische Überarbeitung der institutionellen Grundlagen der Eurozone aus. Im Zentrum der Auseinandersetzung stand die Zuordnung der fiskalpolitischen Kompetenzen.

Die Anhänger einer fundamentalen Überarbeitung der Eurozonen-Architektur plädierten für eine möglichst weitgehende Europäisierung der Fiskalpolitik. Eine zentrale Fiskalkapazität der Währungsunion, die über die Emission von Anleihen

(Eurobonds) finanziert werden müsse, könne als Versicherung gegen Schocks und als Ausgleichsmechanismus bei strukturellen Unterschieden zwischen den Mitgliedsländern dienen. Die europäische Solidarität dürfe sich nicht darin erschöpfen, im Krisenfall unter harten Auflagen Hilfskredite zu gewähren. Dann sei es zu spät. Vielmehr müsse die Eurozone so konstruiert sein, dass Staaten erst gar nicht in eine Krise gerieten, weil sie zuvor schon auf die Unterstützung der Solidargemeinschaft zählen könnten. Die zentrale Fiskalkapazität könne Mitgliedsländern bereits dann beistehen, wenn sich finanzielle Probleme erst abzeichneten. Nur unter diesen Umständen sei es den Regierungen möglich, gezielt in eine Verbesserung der staatlichen und ökonomischen Strukturen zu investieren. Genau das verhindere nämlich die rein dezentrale Ansiedlung der Fiskalpolitik, wenn außerdem noch die zu strengen Regeln des Stabilitäts- und Wachstumspaktes eingehalten werden müssten. Dies führe im Abschwung zu einer unnötigen Austeritätspolitik, die die Probleme der betroffenen Länder nicht löse, sondern unnötig verschärfe. Im Ergebnis steige die Staatsschuldenquote statt zu sinken – und die sozialen Verwerfungen brächten das demokratische System in Misskredit. Deshalb sei nicht nur eine Europäisierung der Fiskalpolitik, sondern auch eine Lockerung der Fiskalregeln vonnöten. Denn gerade in einer Währungsunion, wo die geld- und zinspolitischen Instrumente fehlten, benötigten die Mitglieder fiskalpolitische Handlungsfähigkeit. Darüber hinaus sei es der generell falsche Ansatz, zukünftige Krisen nur mit Blick auf potenzielle »Defizitsünder« verhindern zu wollen. Zwar müssten die Haushalte der Euroländer selbstverständlich langfristig tragfähig sein. Das werde aber dadurch verhindert, dass Deutschland als ökonomisch bedeutendstes Land zu sparsam wirtschafte und dem Rest der Währungsunion seine Austeritätspolitik aufzwinge. Die Schuldenbremse und die zurückhaltende Lohnpolitik der Tarifparteien dämpften in Deutschland die Staatsnachfrage sowie den privaten Konsum und in der Folge auch die Unternehmensinvestitionen. Die zu niedrige Binnennachfrage bewirke Exportüberschüsse und Kapitalexporte. Deutschland sei nicht Motor, sondern Bremse der gesamtwirtschaftlichen Nachfrage im Euroraum. Seine Leistungsbilanzüberschüsse müssten begrenzt werden. Es brauche also nicht nur eine Regelung im Hinblick auf die staatlichen Defizite und Schuldenstände, sondern auch die internationalen Leistungsbilanzüberschüsse. Statt einer Schuldenbremse benötigten die Überschussländer des Zentrums und des Nordens eine »Leistungsbilanzbremse«.

Die Verteidiger der Delors- bzw. Maastricht-Konzeption konnten dieser Fundamentalkritik nicht folgen. Für sie standen die Probleme der Eurozone nicht für ein grundlegendes Scheitern des Regelwerks, sondern für dessen unzureichende Beachtung durch die europäischen Institutionen sowie die nationalen Regierungen. Die (regelgebundene) Ansiedlung der fiskalpolitischen Kompetenzen auf Ebene der Mitgliedsländer sei nach wie vor richtig. Sowohl eine (Teil-)Europäisierung der Finanzpolitik als auch die Lockerung des Stabilitäts- und Wachstumspaktes könnten es den nationalen Regierungen ermöglichen, die negativen Effekte einer unsoliden Haushaltsführung wenigstens partiell zu externalisieren, also Dritten aufzubürden – seien es (im Falle von Stabilitätshilfen) die Steuerzahler in anderen Mitgliedsländern oder alle Bürger der Eurozone, wenn sich die nicht nachhaltige Fiskalpolitik in höheren Inflationsraten niederschlüge. Damit sei Moral Hazard, also verantwortungsloses Verhalten infolge von Fehlanreizen, vorprogrammiert: Schmerzhafte Strukturreformen sowie eine nachhaltige Finanzpolitik zur Vermeidung zukünftiger Probleme unterblieben, wenn man im Krisenfall auf Hilfe von außen rechnen könne. Eine Versicherung könne nur sinnvoll sein, wenn die Mitglieder der Solidargemeinschaft mit gleicher Wahrscheinlichkeit zum Versicherungsfall werden könnten. Diese Voraussetzung sei in der Eurozone nicht gegeben. Aufgrund struktureller Probleme seien manche Länder häufigeren und stärkeren asymmetrischen Schocks ausgesetzt als andere. Zudem gebe es wachstumsstärkere und wachstumsschwächere Mitgliedstaaten. Eine fiskalpolitische Versicherung drohe daher in Wahrheit eine Transferunion zu werden. Auch die Idee einer »Leistungsbilanzbremse« stieß auf Vorbehalte. Zwischenstaatliche Kapitalströme sowie positive bzw. negative Leistungsbilanzsalden in der Währungsunion seien das Ergebnis regionaler Spezialisierung und damit erwünschter Marktprozesse. Nicht zuletzt dafür seien der Binnenmarkt und die Währungsunion etabliert worden.

Vor diesem Hintergrund sei es Aufgabe der nationalen Regierungen, durch Haushaltskonsolidierung und eine auf Steigerung der Wettbewerbsfähigkeit ausgerichtete Politik die Voraussetzung für finanzielle Spielräume in der Zukunft zu schaffen und künftige Krisen weniger wahrscheinlich werden zu lassen. Im Übrigen habe die Rückführung von Staatsdefiziten nur in begrenztem Umfang Auswirkungen auf das Wirtschaftswachstum, solange man dabei auf Ausgabenkürzungen statt Steuererhöhungen setze. Vor Einführung des Euro hätten sich die Krisenländer noch mit externen Abwertungen, also der nominalen Abwertung ihrer Währung, behelfen können. Diese externen Abwertungen wirkten tendenziell inflationär. Die nationalen Regierungen müssten akzeptieren, dass es diese Option nicht mehr gebe und sie nur noch intern, also real, abwerten könnten: Die Unternehmen in ihren Ländern müssten auf dem Binnenmarkt gegenüber Konkurrenten wettbewerbsfähig sein, die ebenfalls in Euro kalkulierten. Das erfordere eine maßvolle Lohnpolitik, eine Reduzierung der Staatstätigkeit und der Sozialausgaben als Voraussetzung für niedrigere Steuern und Sozialabgaben sowie strukturpolitische Reformen im Dienste flexiblerer Arbeits- und Produktmärkte. Dadurch steige die Exportkraft der jeweiligen Volkswirtschaften und verringerten sich die außenwirtschaftlichen Ungleichgewichte. Der Wettbewerb der Regierungen um die beste Finanz- und Wirtschaftspolitik mache die Eurozone insgesamt stabiler und wettbewerbsfähiger und diene so allen Beteiligten. Bei geeigneter Konstruktion des Regelwerkes verursachten die nationalen Regierungen dann keine negativen, sondern positive Externalitäten. Aus einer Abwärts- werde eine Aufwärtsspirale.

5.5.2 Neuordnung der Fiskalregeln und makroökonomische Koordinierung

Der in den Rettungsprogrammen befolgte Grundsatz »Solidarität nur bei Konditionalität« schlug sich auch in der Neuordnung der Fiskalregeln wieder. Zwar wurde mit dem ESM ein permanenter Hilfsmechanismus für Mitgliedsländer in Not eingerichtet, doch gab es gleichzeitig keine Anpassung bei den fiskalpolitischen Kompetenzen: Die Verantwortung für die Finanzpolitik lag weiter bei den Regierungen der Euroländer, und sie mussten dabei weiter europäische Regeln beachten. Der ESM zahlte seine Stabilitätshilfen nur schrittweise in Tranchen aus, abhängig von der Umsetzung der zuvor in einem Memorandum of Understanding vereinbarten Reformschritte (▶ Kap. 5.4). Die Gegner des im Maastrichter Vertrag sowie im Stabilitäts- und Wachstumspakt angelegten fiskalpolitischen Grundgerüstes der Währungsunion konnten sich also nicht durchsetzen. Es blieb, im Grundsatz, alles beim Alten.

Allerdings nahm man in den Jahren 2011 bis 2015 eine ganze Reihe von Änderungen und Ergänzungen des Regelwerks vor, geleitet von dem Ansinnen, künftige Krisen weniger wahrscheinlich zu machen. Diese Reformen waren von der Einsicht geleitet, dass der 1997 in Kraft getretene und 2005 angepasste Stabilitäts- und Wachstumspakt die Eurokrise offensichtlich nicht verhindert hatte. Am Grundgedanken einer Zweiteilung der Regeln des Paktes in einen präventiven und einen korrektiven Arm wurde dabei nicht gerüttelt, allerdings wurden beide Teile verändert. Hinzu kam der neue Fiskalpakt, das europäische Semester sowie eine besondere Matrix, mit der die strukturpolitischen Bemühungen der Mitgliedsländer Berücksichtigung finden sollten. Last but not least einigte man sich darauf, auch den sog. makroökonomischen Ungleichgewichten mehr Beachtung zu schenken. Insgesamt ging es darum, die fiskalpolitische Disziplin sowie die wirtschaftspolitische Koordinierung zu stärken, den Mitgliedstaaten aber gleichzeitig einen gewissen wirtschaftspolitischen Spielraum zu gewähren. Dabei spielten die beiden Maastrichter Fiskalkriterien weiterhin eine bedeutende Rolle, wurden aber in ein breiteres Beurteilungsschema eingebunden.

Der präventive Arm des Stabilitäts- und Wachstumspaktes war weiter im Wesentlichen auf einen mittelfristigen strukturellen Haushaltsaussaldo ausgerichtet. Die Mitgliedsländer strebten an, in einem bestimmten Zeitraum einen bestimmten strukturellen Haushaltssaldo (in Prozent des Bruttoinlandsproduktes) zu erreichen. Diese Kenngröße gibt an, wie groß die Differenz zwischen Einnahmen und Ausgaben des Staates wäre, wenn die Wirtschaft sich weder in einer Rezession noch in einem Aufschwung befände. Man spricht hier von einer fiktiven Situation bei »Normalauslastung der Kapazitäten«. Die Regierungen mussten ein mit der Kommission abzustimmendes Stabilitätsprogramm vorlegen, aus dem hervorging, wie sie das (als struktureller Budgetsaldo in einer bestimmten Höhe definierte) mittelfristige Haushaltsziel erreichen wollten. Die Reform von 2011 verknüpfte diese Herangehensweise mit dem Ziel, den Gesamtschuldenstand auf ein nachhaltiges Niveau zu bringen bzw. ihn dort zu halten. Bei Ländern mit einer öffentlichen Verschuldung unter 60 % des BIP musste sich der strukturelle Haushaltssaldo jährlich um 0,5 Prozentpunkte verbessern, bei Ländern mit öffentlicher Verschuldung über 60 % um einen Prozentpunkt. Bei der Beurteilung der Konsolidierungsleistungen der Mitgliedsländer beachtete die Kommission von nun an auch die jeweilige konjunkturelle Situation. In einem günstigen Umfeld mit steigenden Steuereinnahmen und sinkenden (Sozial-)Ausgaben wurden größere Anstrengungen erwartet als bei schlechteren gesamtwirtschaftlichen Rahmenbedingungen. Einmalanstrengungen (z. B. Privatisierung von Staatseigentum oder einmalige Steuern) wurden ihrer mangelnden Nachhaltigkeit entsprechend gewürdigt. Abweichungen vom Stabilitätsprogramm waren möglich, wenn die betreffende Regierung Strukturreformen durchführte, die mittel- und langfristig das Wachstum und so auch die staatliche Einnahmenbasis verbesserten. Wich die Haushaltspolitik einer nationalen Regierung signifikant vom Anpassungspfad an das mittelfristige Ziel ab, konnte die Kommission eine Warnung aussprechen und Empfehlungen für Anpassungsmaßnahmen vorlegen; wurden diese nicht befolgt, war eine Sanktion in Form einer zinslosen Einlage seitens des jeweiligen Landes möglich. Damit waren erstmals auch im präventiven Arm des Stabilitäts- und Wachstumspaktes Sanktionen möglich.

Im korrektiven Arm des Stabilitäts- und Wachstumspaktes stand weiterhin die Frage im Vordergrund, ob die beiden Maastrichter Fiskalkriterien eingehalten wurden. Im Grundsatz galten die Kenngrößen 3 % des BIP (Budgetsaldo) und 60 % des BIP (Schuldenstand) unverändert. Dabei gab es Ausnahmen: einerseits ein Ereignis, das außerhalb der Einflussmöglichkeiten des Mitgliedslandes lag, andererseits ein außergewöhnlich schwerer Einbruch der Wirtschaft. Der Ausnahmefall konnte von nun an auch für die Eurozone als Ganzes festgestellt werden.[32] Darüber hinaus galten die Fiskalkriterien auch bei einer Überschreitung als eingehalten, wenn sich das Defizit bzw. der Schuldenstand dem Zielwert hinreichend annäherte bzw. diesen nur ausnahmsweise verfehlte. Was unter einer hinreichenden Annäherung an den Zielwert zu verstehen ist, wurde im Hinblick auf das Schuldenstandskriterium präzisiert: über einen Zeitraum von drei aufeinanderfolgenden Jahren musste der Schuldenstand jährlich im Durchschnitt um ein Zwanzigstel der Abweichung zwischen tatsächlichem Schuldenstand in Prozent des Bruttoinlandsproduktes und dem Zielwert (60 %) sinken. Dazu ein Beispiel: Lag der Schuldenstand in der Ausgangssituation bei 100 % des Bruttoinlandsproduktes, so betrug die Abweichung vom Zielwert 40 Prozentpunkte. Das bedeutete, dass das betrachtete Mitgliedsland seinen Schuldenstand jährlich um 1/20 von 40 Prozentpunkten, also um zwei Prozentpunkte senken musste, damit der Korrekturmechanismus des Stabilitäts- und Wachstumspaktes nicht griff. Stellte die Kommission eine nicht gerechtfertigte Abweichung vom Defizit- und/oder Schuldenstandskriterium fest, legte sie Empfehlungen vor, auf deren Basis das Mitgliedsland zu einer regelkonformen Fiskalpolitik zurückkehren sollte. Wurden die vorgeschlagenen Maßnahmen nicht innerhalb einer bestimmten Frist in Angriff genommen, waren wiederum Sanktionen in Form von zinslosen Einlagen bzw. Strafzahlungen möglich. Hier gab es eine entscheidende Neuerung: Zuvor mussten Sanktionen von der EU-Kommission vorgeschlagen und dann vom Ministerrat beschlossen werden. Daraus war die »Sünder richten über Sünder«-Problematik erwachsen (▶ Kap. 3.4 und 4.2). Der Sanktionsmechanismus wurde nun geschärft. Die Sanktion war automatisch wirksam, wenn sie nicht vom Rat mit einer qualifizierten Mehrheit zurückgewiesen wurde.

---

32 Diese allgemeine Ausnahmeklausel wurde bisher einmal, nämlich im Zuge der Corona-Pandemie sowie des russischen Überfalls auf die Ukraine für die Jahre 2020 bis 2023 aktiviert, d. h. in Anspruch genommen.

5 Krisenjahre: Die Währungsunion am Rande des Zusammenbruchs (2008–2015)

Die Reformen der-Jahre 2011 bis 2015 änderten nicht nur den Stabilitäts- und Wachstumspakt, sondern führten auch gänzliche neue Instrumente und Verfahrensweisen in die wirtschaftspolitische Grundkonstruktion der Währungsunion ein. Diese hatten zwei Ziele: zum einen sollte die nationale Verantwortlichkeit für eine stabilitätsgerechte Fiskalpolitik betont werden; zum anderen sollte die Betrachtung über die Fiskalpolitik hinaus auf weitere Bereiche der Wirtschaftspolitik ausgedehnt werden. Dem ersten Ziel dienten der »Fiskalpakt« sowie das »Europäische Semester«, dem zweiten das »Verfahren bei einem makroökonomischen Ungleichgewicht«.

Die Regelungen des Stabilitäts- und Wachstumspaktes waren seit dessen Verabschiedung im Jahr 1997 in vielen Ländern als von außen aufgezwungen empfunden worden. Viele Regierungen nutzten die europäischen Vorgaben in der innenpolitischen Diskussion, um bei ökonomischen Problemen im Land auf »den Pakt« mit seinen angeblich überzogenen und realitätsfernen Vorgaben zu verweisen. Das minderte die Akzeptanz und damit auch indirekt die Wirksamkeit des Regelwerkes. Deshalb sollten die Reformen nach der Staatsschuldenkrise die eigentliche Intention des Stabilitäts- und Wachstumspaktes – nämlich die langfristige Tragfähigkeit der Staatsfinanzen zu sichern – auf nationaler Ebene verankern. Diesem Ziel diente der Fiskalpakt von 2013. Er sah vor, dass alle Mitgliedsländer eine nationale Schuldenbremse einführten, derzufolge die strukturelle Kreditaufnahme des Staates nicht höher als 0,5 % des BIP ausfallen durfte. So sollte das mittelfristige Haushaltsziel des reformierten Stabilitäts- und Wachstumspaktes integraler Bestandteil der nationalen Rechtsordnungen und damit der nationalen Politik werden. Einer ähnlichen Zielsetzung dient das Europäische Semester. Dabei handelt es sich um die europäisch begleitete Aufstellung der nationalen Haushalte im ersten Halbjahr eines jeden Jahres. Ziel ist es, eine realistische und stabilitätsgerechte Budgetplanung von Beginn an in den nationalen Verfahren zur Haushaltsaufstellung zu verankern. Fehlentwicklungen sollen von vornherein vermieden werden statt im Nachhinein Streitobjekt im präventiven oder gar korrektiven Arm des Stabilitäts- und Wachstumspaktes zu sein. Dazu legt die Kommission im Januar Wachstumsprognosen für die kommenden Jahre vor, auf deren Basis die Finanzministerien der Mitgliedsländer dann die erwarteten Einnahmen und Ausgaben kalkulieren. Die nationalen Wachstumsprognosen hatten sich nämlich in der Vergangenheit immer wieder als zu optimistisch erwiesen. Die Defizite fielen daher oftmals höher aus als erwartet, die mittelfristigen Haushaltsziele wurden verfehlt. Im Sinne einer realistischen Budgetplanung waren zudem nicht nur die Wachstumsprognosen der Kommission Teil des Europäischen Semesters: Die nationalen Regierungen müssen der Kommission nun auch ihre (mittelfristige) Haushaltsplanung, auf deren Grundlage das mittelfristige Haushalsziel erreicht werden soll, vorlegen. Die Kommission prüft diese Unterlagen und bittet, falls sie mit den vorgelegten Zahlen unzufrieden ist, die entsprechende(n) Regierung(en) um eine überarbeitete Planung. Alle nationalen Budgetplanungen werden schließlich an den Rat weitergeleitet, der sie diskutiert.

5.5 Die Reform der Eurozonen-Architektur

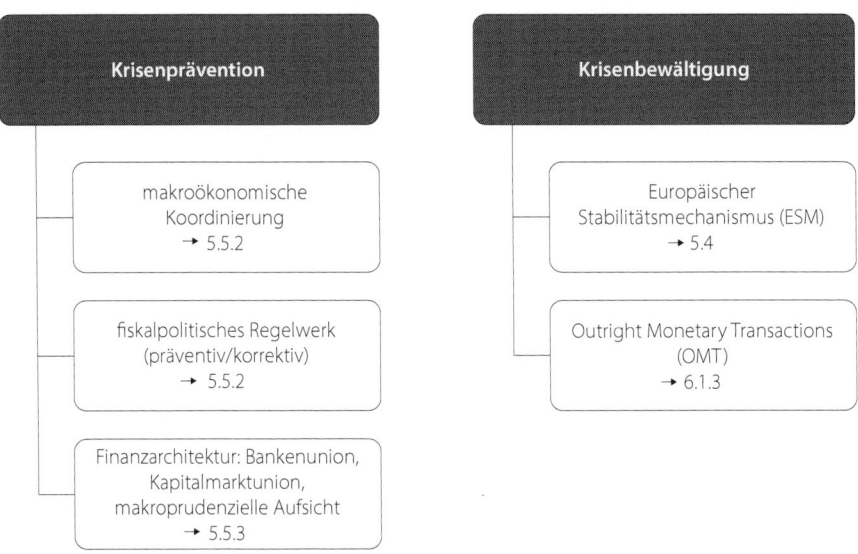

Dar. 53: Wirtschaftspolitische Steuerung in der Eurozone

Mit dem Fiskalpakt und dem Europäischen Semester kam die Europäische Politik denjenigen Kritikern des Stabilitäts- und Wachstumspaktes entgegen, die eine unsolide Fiskalpolitik mancher nationaler Regierungen für die Hauptursache der Staatsschuldenkrise hielten. Andere dagegen sahen die Verantwortlichkeit nicht zuletzt auch bei Ländern wie Deutschland. Diese hätten mit ihrer zurückhaltenden Lohn- und Finanzpolitik dafür gesorgt, dass die Kluft zwischen den Überschuss- und den Defizitländern in der Eurozone zu groß geworden sei. Insbesondere Deutschland habe seine Wettbewerbsfähigkeit zu Lasten der Peripherieländer verbessert und sei auch wegen seiner schwachen Binnennachfrage nicht als Importeur der Güter anderer Euroländer in Erscheinung getreten. Die daraus resultierenden Leistungsbilanzsalden hätten die grenzüberschreitende Verschuldung mitverursacht, die aus der globalen Finanz- eine europäische Staatsschuldenkrise gemacht habe. Deshalb sei es dringend erforderlich, nicht nur die Fiskalpolitiken, sondern die Wirtschaftspolitik allgemein einer stärkeren europäischen Kontrolle zu unterziehen. Dazu wurde ein neues »Verfahren bei einem makroökonomischen Ungleichgewicht« in das Europäische Semester integriert. Die Kommission untersucht jedes Jahr anhand von zehn Indikatoren (darunter beispielsweise der Leistungsbilanzsaldo, die Immobilienpreisentwicklung und die Arbeitslosenquote), ob ein makroökonomisches Ungleichgewicht vorliegt. Falls ja, muss der betroffene Mitgliedstaat einen Plan zur Korrektur des Ungleichgewichtes vorlegen. Unterlässt er dies oder sind die darin enthaltenen Maßnahmen nach Beurteilung der Kommission nicht zielführend, ist eine Sanktionierung (in Form einer Geldstrafe in Höhe von bis zu 0,1 % des BIP) möglich. Das »Verfahren bei einem makroökonomischen Ungleichgewicht« spielte seit seiner Etablierung im Jahr 2011 weder in der öffentlichen Diskussion noch in der wirtschaftspolitischen Praxis eine nennenswerte Rolle.

5.5.3 Die Reform der Finanzarchitektur

Die unvorhergesehenen Auswirkungen der Lehman-Insolvenz, der Zusammenbruch des Interbankenmarktes der Eurozone und das kaum kalkulierbare Risikopotenzial des Banken-Staaten-Nexus legten offen, dass die Währungsunion nur dann eine gute Zukunft haben würde, wenn sie eine konsistente Finanzmarktarchitektur bekäme. Der neue Fokus auf die Finanzmärkte stellte einen Paradigmenwechsel dar. Banken und Finanzmärkte waren in den Jahrzehnten zuvor nach und nach aus den makroökonomischen Modellen – und damit aus dem makroökonomischen Denken – verschwunden. Das galt zunächst nur für den universitären Bereich, erfasste recht bald aber auch Zentralbanken und Kapitalanleger sowie schließlich die Politik. In der Theorie der optimalen Währungsräume spielte der Finanzsektor ebenso wie in der politischen Diskussion der 1990er-Jahre – wenn überhaupt – nur eine untergeordnete Rolle. Zudem konnte man nicht auf historische Erfahrungen zurückgreifen: Die Maastrichter Kombination aus Währungsunion und Binnenmarkt mit freiem Kapitalverkehr war neu. Aufgrund der bis Ende der 1980er-Jahre möglichen Kapitalverkehrskontrollen war auch das Europäische Währungssystem kein geeignetes Anschauungsobjekt. Die USA als einheitlicher Währungsraum mit offenen Grenzen für Waren, Dienstleistungen, Personen und Kapital wiederum unterschieden sich so stark von der Eurozone, dass von dort kaum Lerneffekte ausgehen konnten. Finanzmarktbasierte Interdependenzen wie die Finanzierung der Leistungsbilanzdefizite Griechenlands, Irlands, Portugals und Spaniens mittels grenzüberschreitender Interbankenkredite und Staatsanleihekäufe durch Geschäftsbanken aus den Kernländern der Währungsunion waren entweder überhaupt nicht gesehen oder im Hinblick auf ihr Risikopotenzial unterschätzt worden.

Weitgehende Einigkeit hatte im Vorfeld der Maastrichter Konferenz darüber geherrscht, dass ein integrierter Finanzmarkt mit intensiverem Wettbewerb auf den Finanzdienstleistungs- und Kapitalmärkten verbunden sei. Das könne zu einem kostengünstigeren Zahlungsverkehr, breiteren Anlagemöglichkeiten für Sparer sowie umfassenderen Finanzierungsmöglichkeiten für Investoren und Staaten, damit einer besseren Verteilung von Risiken und insgesamt einer effizienteren Kapitalallokation führen. Der integrierte europäische Finanzmarkt sei die Voraussetzung dafür, dass Haushalte und Unternehmen auf dem Binnenmarkt optimal agieren könnten. Allerdings wurden – abgesehen von der Abschaffung der Kapitalverkehrskontrollen – keine ausreichenden institutionellen Rahmenbedingungen für diesen gemeinsamen Finanzmarkt geschaffen. Die Krise zeigte dann, dass dies ein Fehler war. Der Eurozone mangelte es an geeigneten Regularien in Bezug auf die Kapitalmarktunion, die makroprudenzielle Aufsicht und die Bankenunion:

- Kapitalmarktunion:
Damit ein integrierter Finanzmarkt seine positiven allokativen Wirkungen entfalten kann, reicht es nicht, nur die expliziten Kapitalverkehrskontrollen abzuschaffen. Vielmehr gilt es, eine kaum überschaubare Vielzahl von impliziten Markteintrittshindernissen abzubauen. Diese finden sich im Steuer- ebenso wie im Insolvenzrecht, im Bereich der Altersvorsorgeförderung ebenso wie bei der Ausgestaltung der Immobilienfinanzierung und nicht zuletzt natürlich auf dem Feld der Kapitalmarktregulierung im engeren Sinne, wozu z. B. das Aktienrecht und die Regulierung der Börsen zählen. Das Projekt Kapitalmarktunion ist eine Daueraufgabe, an der die Kommission und die Mitgliedstaaten einerseits ununterbrochen arbeiten, bei dem sie andererseits aber nur langsam vorankommen, weil es um eine Vielzahl von Detailregelungen geht, die oftmals die Interessen der Mitgliedstaaten berühren. Diese praktischen Umsetzungsprobleme ändern aber nichts daran, dass die Notwendigkeit einer Kapitalmarktunion im Grundsatz nicht bestritten wird.
- Makroprudenzielle Aufsicht:
Der aus dem Englischen entlehnte Begriff »makroprudenziell« kann mit »in vernünftiger Gesamtbetrachtung« übersetzt werden. Hierbei geht es also um die fundierte Betrachtung des Finanzsystems im Ganzen. Die makroprudenzielle Aufsicht ergänzt die Geldpolitik und die mikroprudenzielle Aufsicht, also die klassische Bankenaufsicht. Ziel ist, die Entstehung systemischer Risiken früh zu erkennen. Systemische Risiken resultieren aus vielfältigen Interdependenzen zwischen den Finanzmarktakteuren. Diese können bewirken, dass Probleme an einer Stelle des Systems zu unvermuteten Problemen an weiteren Stellen führen, die wiederum negative Auswirkungen andernorts haben können und im Ergebnis das gesamte System oder zumindest größere Teile davon in Schieflage bringen. Die Historie der Finanzkrisen lehrt, dass die Wahrscheinlichkeit von Krisen u. a. mit dem Ausmaß der privaten Verschuldung zunimmt. Eine systematische Überwachung der einschlägigen Entwicklungen in der Eurozone gab es vor der Finanzkrise nicht. Das änderte sich im Jahr 2010, als der European Systemic Risk Board (ESRB) seine Arbeit aufnahm. Der ESRB soll als Frühwarnsystem für systemische Risiken in der Eurozone dienen. Sein oberstes Entscheidungsgremium besteht aus dem Präsidenten und dem Vizepräsidenten der EZB, den Präsidenten der nationalen Zentralbanken, einem Vertreter der Europäischen Kommission, den Vorsitzenden der europäischen Aufsichtsbehörden EBA, EIOPA und ESMA (siehe unten) sowie drei Mitgliedern, die Expertise aus der Wissenschaft und bezüglich technischer Fragen beisteuern.
- Bankenunion:
Im Gegensatz zur Kapitalmarktunion standen die Bankenunion (definiert als institutioneller Rahmen für einen gemeinsamen Bankenmarkt in Europa) und die sog. makroprudenzielle Aufsicht vor der Krise nicht auf der Tagesordnung der europäischen Politik. Es gab zwar mit den damals gültigen, bei der Bank für Internationalen Zahlungsausgleich in Basel vereinbarten Regularien (»Basel II«) einen gemeinsamen Rahmen für die staatliche Aufsicht über die Kreditinstitute, die praktische

Umsetzung dieses Regelwerkes war aber unbestritten eine nationale Domäne. Dies spiegelte die Tatsache wider, dass die nationalen Bankensysteme in Europa ihre jeweiligen Eigenheiten aufwiesen (wie z. B. das Drei-Säulen-Modell in Deutschland mit Sparkassen, Genossenschaftsbanken und privaten Geschäftsbanken) und – wenigstens bis Anfang des Jahrtausends – kaum miteinander verflochten waren.

Es sollte sich schnell zeigen, dass die Bankenunion der schwierigste Teil der neuen Finanzarchitektur sein würde, nicht nur wegen vielfältiger Umsetzungsprobleme im Detail, sondern auch wegen nationaler Interessengegensätze und unterschiedlicher Grundhaltungen zu entscheidenden Fragen.

Dass die Kreditinstitute auch im Rahmen einer marktwirtschaftlichen Ordnung einer strengen staatlichen Kontrolle unterliegen, kann ökonomisch gut begründet werden, denn das völlig freie Agieren der Banken wäre mit großer Wahrscheinlichkeit mit Marktversagen verbunden, würde also gesamtgesellschaftliche suboptimale Ergebnisse hervorbringen. Das Bankgeschäft ist mit Informationsasymmetrien verbunden; das Wissen über die für die Geschäftsbeziehungen relevanten Fakten ist zwischen den Beteiligten ungleich verteilt. Einleger können nicht oder nur sehr schwer beurteilen, ob ihre Bank bei der Kreditvergabe oder im Investmentgeschäft unverhältnismäßige Risiken eingeht. Das Gleiche gilt für Banken, die anderen Banken auf dem Interbankenmarkt Geld leihen. Die daraus resultierende Unsicherheit kann Panik begünstigen. Wenn einmal Misstrauen über die Kreditwürdigkeit einzelner Banken herrscht, droht eine selbsterfüllende Prophezeiung: Wer denkt, dass andere denken, dass ihre jeweilige Bank insolvent sein könnte, geht davon aus, dass die anderen ihr Geld von ihrer Bank abziehen. Das würde unweigerlich die Illiquidität dieser Banken nach sich ziehen, weil sie innerhalb kürzester Zeit auf einen erheblichen Teil ihrer Refinanzierungsmittel verzichten müssten – ganz unabhängig von der jeweiligen tatsächlichen Zahlungsfähigkeit (Solvenz). Um dem zuvorzukommen, ist es für alle Einleger sowie die Banken auf dem Interbankenmarkt rational, ihr Geld sicherheitshalber abzuziehen. Damit bricht das Bankensystem dann tatsächlich zusammen. Größenvorteile im Bankgeschäft vergrößern das Problem. Der Bankenmarkt neigt zu oligopolistischen Marktstrukturen mit wenigen dominanten Anbietern, die aufgrund ihrer Größe und ihrer Verflechtung sowohl mit anderen Finanzdienstleistern als auch mit der Realwirtschaft als systemrelevant angesehen werden: Der Zusammenbruch jedes einzelnen dieser dominanten Anbieter hätte katastrophale gesamtwirtschaftliche Konsequenzen – worauf in aller Regel der Ruf nach einer Rettung bzw. Stützung mit Steuergeld folgt.

Vor der Finanz- und Staatsschuldenkrise war die Regulierung von Kreditinstituten weitgehend eine nationale Domäne. Zwar gab es schon Institutionen wie das Committee of European Banking Supervisors (CEBS) in London oder das Basle Committee on Banking Supervisors (BCBS); diese hatten aber eher eine beratende und koordinierende Funktion (CEBS) oder ihre Rolle beschränkte sich darauf, gewisse Mindeststandards der Bankenaufsicht zu definieren (BCBS). Operative Befugnisse fehlten diesen supranationalen Einrichtungen völlig. Den nationalen Bankenaufsehern wiederum fehlten die Anreize, sich mit dem grenzüberschreitenden Geschäft der Banken zu beschäftigen. Wenn die Aufsichtsbehörde in einem Land der Eurozone der Auffassung war, dass eine von ihr beaufsichtigte Bank in einem anderen Mitgliedsland übermäßig viele Kredite vergibt und damit zu große Risiken eingeht, lag es nicht unbedingt im nationalen Interesse, diese Kreditvergabe einzuschränken. Schließlich stärken die damit einhergehenden Gewinne zunächst den eigenen Bankenmarkt, während die Probleme in Form einer Kreditblase und sich einer überhitzenden Wirtschaft (jedenfalls anfangs) in einem anderen Land auftreten. Abgesehen davon waren die nationalen Bankenaufseher auf dem europäischen Bankenmarkt dem sog. Untätigkeitseffekt (Inaction Bias) unterworfen. Ein frühzeitiges und strenges Einwirken auf die Geschäftstätigkeit der heimischen Banken hätte zwar künftige Risiken gemindert, aber die relative Wettbewerbsposition der Branche geschwächt – jedenfalls so lange, wie die anderen nationalen Aufseher inaktiv blieben. Im Ergebnis wollte keiner der Erste sein, der die regulatorischen Standards verschärfte.

So zogen die rein national orientierten Bankenaufseher in Deutschland und Frankreich vor dem Beginn der Krise im Jahr 2008 beispielsweise keine Konsequenzen daraus, dass »ihre« Banken sich massiv im Kreditgeschäft in Südeuropa engagierten und auch sehr stark in griechische Staatsanleihen investierten. Darüber hinaus wurden die Risiken der grenzüberschreitenden Geschäftstätigkeit systemrelevanter Institute generell nicht gesehen. Als diese transnational aktiven Geschäftsbanken dann im Zuge der Krise ab 2008 in Schieflage gerieten, verfügten die nationalen Behörden nicht über Mechanismen, mit denen man sie hätte geordnet abwickeln können. Im Endeffekt bedeutete das: Der Steuerzahler musste in die Bresche springen und die Rettung angeschlagener Finanzhäuser finanzieren. Das sorgte für erheblichen Unmut in den betroffenen Mitgliedsländern der Währungsunion.

Forderungen nach einer grundsätzlichen Reform der mikroprudenziellen (also auf jedes einzelne Institut fokussierten) Aufsicht wurden lauter. Man hatte erkannt, dass ein grenzüberschreitend funktionierender, stabilitätsgerecht regulierter Bankenmarkt mit multinational aufgestellten Instituten Voraussetzung für das Funktionieren der Währungsunion war. Ohne Bankenstabilität konnte es keine makroökonomische Stabilität in Europa geben. Gesunde Banken waren auch ein notwendiges Mittel, um den Banken-Staaten-Nexus zu durchbrechen. Es war daher weitestgehend unumstritten, dass die europäische Bankenregulierung eine wichtige Ergänzung des Binnenmarktes darstellte. Denn die europäische Wettbewerbsordnung erforderte, dass auch auf dem Bankenmarkt gleiche Spielregeln für alle Marktteilnehmer gelten.

Vor diesem Hintergrund sollte eine bessere Kontrolle der Branche künftige Schieflagen einzelner Institute von vornherein vermeiden und zudem transnationale Abhängigkeiten aufdecken, um Krisen wie die der-Jahre seit 2008 künftig weniger wahrscheinlich zu machen. Würden Banken dennoch in Schieflage geraten, war nach allgemeiner Auffassung eine Beteiligung der Steuerzahler möglichst zu vermeiden. Darüber hinaus durfte die Insolvenz einzelner Häuser nicht das Vertrauen in die gesamte Branche zerstören und andere Banken, die eigentlich solvent waren, per Bank run in die Illiquidität treiben. Die angestrebte europäische Bankenunion sollte vor diesem Hintergrund aus drei Bestandteilen bestehen:

- Eine europäische Bankenaufsicht (Single Supervisory Mechanism, SSM)
- Ein einheitlicher Abwicklungsmechanismus (Single Resolution Mechanism, SRM)
- Eine gemeinsame Einlagensicherung (European Deposit Insurance Scheme, EDIS)

Eine Europäisierung der Bankenaufsicht erforderte, dass es ein europäisches Regelwerk für die Branche geben würde, das in allen Mitgliedsländern nach einheitlichen Standards umzusetzen wäre. Dies konnte grundsätzlich auf zwei Wegen erreicht werden: Entweder durch verbindliche Festlegung gemeinsamer Regularien, die aber von nationalen Aufsichtsbehörden umzusetzen waren; oder durch Ansiedlung der Kompetenz auf der europäischen Ebene bei einer europäischen Aufsichtsbehörde, womit quasi automatisch ein einheitlich formuliertes und umgesetztes Regelwerk verbunden gewesen wäre. Gegen eine solche europäische Aufsichtsbehörde sprach, dass sie gegebenenfalls zu weit von den Besonderheiten der nationalen Bankenmärkte entfernt gewirkt und mit teils nicht praktikablen Bestimmungen die Entstehung eines europäischen Bankenmarktes eher behindert als gefördert hätte. Das Subsidiaritätsprinzip sprach hier eher für eine dezentrale Ansiedlung der Umsetzung der gemeinsamen Aufsichtsregeln. Die Tatsache, dass eine zentrale Aufsichtsbehörde »weiter weg« von den beaufsichtigten Instituten wäre, kann aber auch positiv gedeutet werden: In diesem Fall fällt es den Lobbyisten in den Bankhäusern gegebenenfalls schwerer, Einfluss auf die Aufsichtspraxis zu nehmen. Für eine europäische Aufsichtsbehörde spricht zudem, dass mit Reibungsverlusten zu rechnen wäre, wenn mehrere nationale Institutionen parallel die Geschäfte eines multinationalen Bankkonzerns prüfen würden. Und schließlich hätte bei einer dezentralen Umsetzung gemeinsamer Regularien wieder die Gefahr bestanden, dass die nationalen Aufsichtsbehörden mit Rücksicht auf »ihre« Banken zu zurückhaltend agiert hätten.

Die Diskussion über das Pro und Contra einer Europäisierung der Bankenaufsicht mündete in einen Kompromiss. 2011 entstand das Europäische Finanzaufsichtssystem (European System of Financial Supervision, EFSF). Es besteht aus den nationalen Aufsichtsbehörden sowie:

- dem europäischen Ausschuss für Systemrisiken (European Systemic Risk Board, ESRB)
- der europäischen Bankenaufsichtsbehörde (European Banking Authority, EBA)
- der europäischen Wertpapier- und Marktaufsichtsbehörde (European Securities and Markets Authority, ESMA)
- der europäischen Aufsichtsbehörde für das Versicherungswesen und die betriebliche Altersversorgung (European Insurance and Occupational Pensions Authority, EIOPA)
- dem gemeinsamen Ausschuss der europäischen Aufsichtsbehörden (Joint Committee of the European Supervisory Authorities, JSA). In diesem Ausschuss koordinieren die EBA, die ESMA und die EIOPA ihre Aktivitäten.

Auch wenn die drei Aufsichtsbehörden EBA, ESMA und EIOPA als solche bezeichnet werden, bedeutet dies nicht, dass sie die Marktteilnehmer in ihrem Zuständigkeitsbereich direkt beaufsichtigen. Die Aufgabe der für die Bankenunion zentralen EBA besteht vielmehr in der Koordination und Harmonisierung der nationalen Aufsichtstätigkeit. Im Zentrum steht dabei ein einheitliches Regelwerk (Single rule book), das die zentralen Bestimmungen betreffend den europäischen Bankenmarkt enthält. Dabei geht es beispielsweise um Mindest- bzw. Höchstanforderungen an die Eigenkapitalausstattung, den Verschuldungsgrad und die Liquiditätssituation. Eine koordinierende Institution wie die EBA ist notwendig, weil ein großer Teil der operativen Bankenaufsicht weiterhin in nationaler Zuständigkeit verbleibt. Die EBA garantiert vor diesem Hintergrund mit ihrem Single rule book eine einheitliche Anwendung der europäischen Regeln. Die 114 bedeutendsten Institute[33] in der Eurozone werden hingegen im Rahmen des einheitlichen Aufsichtsmechanismus direkt von der EZB überwacht. Die EZB bildet dazu Joint Supervisory Teams, in denen EZB-Mitarbeiter und solche der nationalen Behörden, in denen das jeweilige Institut aktiv ist, zusammenarbeiten. Ob eine Bank als »bedeutend« eingestuft wird, hängt von ihrer Bilanzsumme, ihrer volkswirtschaftlichen Bedeutung für einzelne Mitgliedsländer oder für die Eurozone insgesamt, dem Ausmaß ihrer grenzüberschreitenden Geschäftstätigkeit und der Frage ab, ob sie direkte staatliche Unterstützungszahlungen aus dem ESM erhalten hat.

Die Ansiedlung des einheitlichen Aufsichtsmechanismus SSM bei der EZB war anfänglich durchaus umstritten. Dessen Kritiker befürchteten einen Interessenkonflikt, wenn eine Notenbank neben ihrer geldpolitischen Verantwortung gleichzeitig auch für die makroprudenzielle Regulierung sowie die Bankenaufsicht zuständig ist. So sei in Zeiten steigender Inflationsraten in der Regel eine restriktive Geldpolitik zur Wahrung der Preisniveaustabilität angezeigt. Die damit einhergehende Verteuerung und Verknappung der Liquiditätsversorgung des Bankensystems und der Realwirtschaft könne aber gravierende negative Auswirkungen auf die Stabilität des Finanzsektors haben, wenn höhere Zinsen zu Kreditausfällen und einem Rückgang der Vermögenspreise (z. B. der Immobilienpreise) führten. Wenn die Zentralbank in diesem Fall auch die Bankenstabilität im Blick hat, könnte sie geneigt sein, etwas weniger aggressiv gegen die Preissteigerung vorzugehen als makroökonomisch eigentlich angezeigt wäre. Das würde sich negativ auf ihre geldpolitische Glaubwürdigkeit auswirken. Fokussiert sie sich jedoch auf eine konsequente Inflationsbekämpfung, wäre dies womöglich mit erheblichen Problemen für die Kreditinstitute verbunden. Dann müsste die Zentralbank die Frage beantworten, warum sie als Bankenaufsichtsbehörde den Finanzsektor nicht besser auf die Gefahr steigender Zinsen vorbereitet hat. Wieder wäre ihre Reputation beschädigt.

Dass die Durchführung des SSM dennoch an die EZB delegiert wurde, hatte nicht zuletzt einen praktischen Grund. Die Notenbanker in Frankfurt waren europaweit die einzige Institution mit den erforderlichen Kenntnissen sowie räumlichen und technischen Kapazitäten. Den beschriebenen Interessenkonflikten wollte man per Chinese

---

[33] Stand Ende 2024. Die Zahl kann sich ändern, wenn Institute nicht mehr oder neu als »bedeutend« eingestuft werden.

5 Krisenjahre: Die Währungsunion am Rande des Zusammenbruchs (2008–2015)

Wall begegnen, also mittels einer strikten organisatorischen Trennung der jeweils für die Geldpolitik bzw. für die Bankenaufsicht zuständigen Mitarbeiter, zwischen denen es keinen Informationsaustausch geben darf. Die EZB verdeutlicht ihre Chinese Wall auch räumlich: Ihre Bankenaufseher sind nicht im EZB-Hochhaus im Frankfurter Ostend, sondern in einem eigens dafür angemieteten Gebäude in der Innenstadt untergebracht.

Damit ist der einheitliche Aufsichtsmechanismus (Single Supervisor Mechanism, SSM) umrissen. In seinem Rahmen arbeiten die beteiligten Institutionen seit Ende 2014. Die zweite Säule der Bankenunion, der einheitliche Abwicklungsmechanismus, hat eine kompliziertere Entstehungsgeschichte. Die Bankenaufsicht soll weniger wahrscheinlich machen, dass Kreditinstitute in Schwierigkeiten geraten, wird dies aber nicht vollständig verhindern können. Für den Fall einer Bankenschieflage ist daher Vorkehrung zu treffen. Grundsätzlich gibt es verschiedene Wege, damit umzugehen – abhängig davon, wie schwerwiegend die Probleme des betroffenen Institutes sind. Ist es grundsätzlich solvent, allerdings in seinem Bewegungsspielraum eingeschränkt durch eine zu große Zahl notleidender Kredite und/ oder eine zu geringe Kapitalausstattung, besteht zum einen die Möglichkeit, gewissermaßen auf Zeit zu spielen, also die notleidenden Kredite schrittweise ab- und das erforderliche Kapital ebenso schrittweise aufzubauen. Möglicherweise können staatliche Zuschüsse oder die direkte Beteiligung des Staates an dieser Bank den Gesundungsprozess beschleunigen. Immer wieder werden Banken in Schieflage auch, wiederum durchaus mit staatlicher Unterstützung, dadurch gerettet, dass sie von anderen Häusern übernommen werden oder mit diesen fusionieren. Diese Lösungsmöglichkeiten firmieren unter dem Oberbegriff Restrukturierung.

Die radikalste Reaktion – sieht man einmal von der Option ab, die Bank unkontrolliert in Insolvenz gehen zu lassen – besteht in der geordneten Abwicklung. Dabei handelt sich um den in einer Marktwirtschaft ordnungspolitisch angezeigten Weg des Umgangs mit nicht überlebensfähigen Unternehmen. Sogenannte »Zombiebanken«, die über kein tragfähiges Geschäftsmodell mehr verfügen, künstlich am Leben zu halten, würde eine Fehlallokation von Ressourcen bedeuten. Zum einen wäre das in der Bank gebundene Kapital an anderer Stelle in der Volkswirtschaft besser einsetzbar; zum anderen bestünde die Gefahr, dass die staatlich alimentierte Bank nicht nur eine Zombiebank wäre, sondern aufgrund der finanziellen Unterstützung des Staates auch in der Lage wäre, mit ihren Krediten nicht überlebensfähige Unternehmen (Zombieunternehmen) am Leben zu erhalten. Die staatlich finanzierte Rettung von eigentlich nicht überlebensfähigen Banken steht daher nicht nur der Restrukturierung des Finanzsektors, sondern auch der Realwirtschaft entgegen.

Sowohl im Falle der Restrukturierung als auch der Abwicklung muss die Frage beantwortet werden, in welchem Maße Eigen- und Fremdkapitalgeber an den Lasten beteiligt werden und ob bestimmte Ansprüche gegen die Bank, z. B. der Lohnanspruch ihrer Mitarbeiter, privilegiert sind. Die beiden Extremfälle sind der Totalverlust für Aktionäre und Gläubiger im Falle einer Insolvenz auf der einen und deren vollständige Absicherung gegen Verluste durch den Staat bzw. die Zentralbank auf der anderen Seite. Bleibt die Bank erhalten, wird sie also nicht abgewickelt, sondern restrukturiert, stellt sich zudem die (allerdings nachgeordnete) Frage, ob das Management in seiner Funktion bleiben kann.

Die Beantwortung dieser Fragen greift tief in die (Eigentums-)Rechte der Beteiligten ein und ist in der Regel mit massiven Belastungen für die Steuerzahler verbunden, weshalb sie im Rahmen eines demokratisch legitimierten, rechtsstaatlichen Verfahrens erfolgen muss. Das spricht zunächst einmal für die Ansiedlung der entsprechenden Kompetenzen auf der nationalen Ebene, zumal von dort auch das Steuergeld zu erwarten ist, welches gegebenenfalls für die Sanierung angeschlagener Finanzdienstleister benötigt wird. Allerdings haben Banken gegenüber den Regierungen der Mitgliedsländer möglicherweise leichteres Spiel, wenn es um Lobbying zulasten der Steuerzahler geht. Dies gilt nicht zuletzt deshalb, weil sie bei den nationalen Regierungen nicht selten auf offene Ohren stoßen werden; denn diese sind oftmals bestrebt, Übernahmen inländischer Kreditinstitute durch ausländische Anbieter oder gar deren Verschwinden vom Markt zu verhindern, um »nationale Champions« zu erhalten. Damit droht eine implizite Subventionierung des jeweiligen heimischen Finanzsektors durch die nationalen Regierungen und im Extremfall die beschriebene Überlebenssicherung faktisch insolventer Institute (Zombiebanken). Nationale Interessen würden so die Funktionsfähigkeit des europäischen Bankenmarktes untergraben. Diese Externalitäten rechtfertigen eine europäische Verantwortung für die Regelung der Restrukturierung und gegebenenfalls Abwicklung angeschlagener Finanzhäuser.

Im Jahr 2014 trat der Einheitliche Abwicklungsmechanismus (Single Resolution Mechanism, SRM) schließlich in Kraft. Ziel ist, die während der Finanzkrise ebenso häufige wie hektische Rettung von Banken mit Steuermitteln (»Bail out«) entweder durch eine geordnete Abwicklung oder eine Restrukturierung mit einer nachvollziehbaren Beteiligung aller Stakeholder zu ersetzen (»Bail in«). Die Haftungsfolge dabei lautet: Eigenkapitalgeber, Fremdkapitalgeber, Einleger (unter Beachtung der Einlagensicherung in Höhe von 100.000 €) und erst ganz am Schluss Steuerzahler, wobei deren Inanspruchnahme eine Ausnahme darstellen soll. Die Entscheidung über den jeweiligen Anteil der einzelnen Gruppen erfolgt auf einer einheitlichen europäischen Grundlage. Dabei ist das einheitliche Abwicklungsgremium (Single Resolution Board, SRB) nur für Banken zuständig, die von der EZB beaufsichtigt werden oder grenzüberschreitend tätig sind; die nationalen Aufseher aus den Mitgliedsländern, in denen die betreffende Bank tätig ist, werden jedoch bei der Entscheidungsfindung eingebunden. Die Abwicklung bzw. Sanierung derjenigen Institute, die nicht in den direkten Verantwortungsbereich des SRB fallen, übernehmen die nationalen Behörden. Reichen die finanziellen Mittel der Anteilseigner und Gläubiger einer Bank nicht für deren geordnete Abwicklung oder Sanierung aus, kann zunächst der einheitliche Abwicklungsfonds (Single Resolution Fund, SRF) herangezogen werden. Dieser umfasst 1 % der gedeckten Einlagen aller in den Mitgliedstaaten zugelassenen Institute. Darüber hinaus ist eine indirekte Finanzierung von Banksanierungen über betroffene Mitgliedstaaten durch den ESM möglich.

Der einheitliche Aufsichtsmechanismus SSM und der einheitliche Abwicklungsmechanismus SRM sind voll arbeitsfähig. Im Gegensatz dazu ist die dritte Säule der Bankenunion, die Einlagensicherung, noch unvollständig.

Viele Bürger haben einen großen Teil ihres Vermögens bei Banken angelegt. Dessen Verlust im Rahmen eines Bankenzusammenbruchs hätte erhebliche soziale Sprengkraft. Deshalb spricht aus gesellschaftspolitischer Sicht einiges für eine wie auch immer geartete Form der Einlagensicherung. Entscheidend ist aber ihre ökonomische Rechtfertigung: Einlagensicherungssysteme sind ein probates Mittel gegen die selbsterfüllende Prophezeiung eines Bankenzusammenbruchs. Vor diesem Hintergrund haben sich die EU-Länder auf eine Harmonisierung ihrer nationalen Einlagensicherungssysteme geeinigt. Der Kern dieser Harmonisierung besteht darin, dass in allen Mitgliedsländern je Einleger und Institut 100.000 Euro abgesichert sein müssen.

Eine einheitliche europäische Einlagensicherung fehlt jedoch noch. Die Notwendigkeit eines solchen Systems wird nicht grundsätzlich bestritten; doch gibt es erhebliche Meinungsunterschiede im Hinblick auf dessen konkrete Ausgestaltung. Solange die Einlagensicherung in nationaler Verantwortung liegt, besteht die Gefahr, dass die Bankkunden in Europa die Qualität der nationalen Sicherungssysteme unterschiedlich beurteilen. Das Vertrauen in die Sicherung der 100.000 Euro je Kunde und Bank könnte von Land zu Land unterschiedlich ausgeprägt sein. Banken in Ländern mit als schwach empfundener Einlagensicherung müssten dann höhere Zinsen bieten, um für Einleger attraktiv zu sein. Im Falle einer europäischen Bankenkrise wäre zudem damit zu rechnen, dass Einleger in Ländern mit als schwach empfundener Einlagensicherung ihr Kontoguthaben in Ländern mit als stark empfundener Einlagensicherung transferieren. Das würde nicht nur die Bankensysteme einzelner Mitgliedsländer zum Kollaps bringen und anschließend – über den Banken-Staaten-Nexus – die jeweiligen Staatshaushalte in Mitleidenschaft ziehen, sondern auch mit einer Fragmentierung des europäischen Bankenmarktes einhergehen. Die Verfechter einer europäischen Einlagensicherung argumentieren, dass dies unbedingt zu verhindern sei, um einen wirklichen europäischen Bankenmarkt zu schaffen.

Dem steht das praktische Problem entgegen, dass die derzeitigen nationalen Sicherungssysteme sehr unterschiedlich ausgestaltet sind. Eine wirkliche Harmonisierung im Sinne gleicher Regeln und auch einer europäisch organisierten Finanzierung würde tiefgreifende Veränderungen erfordern. Eine Kompromisslösung könnte in einem hybriden System bestehen, in dessen Rahmen die nationalen Einrichtungen erhalten bleiben, aber im Krisenfall unter bestimmten Bedingungen auf eine europäisch organisierte und finanzierte Rückversicherung zurückgreifen könnten. Das würde es beispielsweise Deutschland erlauben, nicht in die Autonomie der Verbünde des Drei-Säulen-Systems (private Geschäftsbanken, Sparkassen Genossenschaftsbanken) und deren Sicherungssysteme eingreifen zu müssen.

Unabhängig von diesen technischen Umsetzungsproblemen sieht sich die Idee einer europäischen Einlagensicherung aber auch grundsätzlicher Kritik ausgesetzt. Aus Deutschland und anderen Mitgliedsländern kommt die Forderung, Länder mit schwachen Bankensystemen müssten diese zunächst sanieren, bevor eine Europäisierung der Versicherung gegen Ausfallrisiken für Einleger in Frage komme. Der Risikoteilung müsse eine Risikoreduzierung vorangehen. Andernfalls setze die Einführung der europäischen Einlagensicherung falsche Anreize.

6 »The only game in town«: Die EZB als Mädchen für alles? (2015–2022)

6.1 Rückblick: Die Evolution der EZB-Geldpolitik seit Beginn der Finanzkrise

6.1.1 Die Reaktion der EZB auf die Probleme am Bankenmarkt

Nachdem viele Beobachter die US-Immobilienkrise zunächst für ein Problem des amerikanischen Bankenmarktes gehalten hatten, gerieten im Laufe des Jahres 2007 nach und nach auch europäische Kreditinstitute in den Abwärtsstrudel. In Deutschland betraf dies zunächst im Sommer des Jahres die IKB (Industriekreditbank) sowie die sächsische Landesbank und später auch die Hypo Real Estate (▶ Kap.5.1). Beide Institute hatten in Ermangelung eines tragfähigen Geschäftsmodells in verbriefte US-Hypothekenkredite investiert. Diese Investitionen mussten zu einem großen Teil abgeschrieben werden. Parallel dazu sollten recht bald auch der spanische sowie der irische Baufinanzierungsmarkt in den Mittelpunkt der Ereignisse rücken. Die sich langsam, aber sicher abzeichnende europäische Bankenkrise war somit einerseits aus den USA importiert, andererseits aber auch, jedenfalls in einzelnen Mitgliedsländern des Euroraums, hausgemacht. Der Zusammenbruch der traditionsreichen amerikanischen Investmentbank Lehman Brothers am 15. September 2008 zog dann weltweit eine Kettenreaktion nach sich, die das Vertrauen in die Banken und zwischen den Banken auch in Europa grundlegend erschüttern sollte. Die Solvenzprobleme einzelner Häuser verursachten eine generelle Liquiditätskrise auf dem Bankenmarkt: Alle Kreditinstitute – auch die solventen – bekamen Probleme bei der Finanzierung ihrer Geschäftstätigkeit.

Damit ging auch, nach Jahrzehnten der Integrationsfortschritte, eine Re-Fragmentierung der europäischen Finanzmärkte einher. Notleidende Banken wandten sich mit der Bitte um Unterstützung an die Regierungen ihrer Heimatländer. Deren Umgang mit den Problemen »ihrer« Banken war dabei ganz unterschiedlich. Einzelne Länder rekapitalisierten in Schwierigkeiten geratene Banken bereits zu Beginn der Krise. Während dies beispielsweise in Deutschland beherrschbare Auswirkungen auf die Lage der öffentlichen Finanzen hatte, kam der Banken-Staaten-Nexus in Irland voll zum Tragen: Die Rettung der Anglo Irish Bank trieb das Staatsdefizit 2009 auf etwa ein Drittel des irischen BIP und machte im darauffolgenden Jahr eine finanzielle Unterstützung des Landes mit Mitteln des ESFM und des IWF notwendig (▶ Kap. 5.4). Auch anderen Mitgliedern der Währungsunion, etwa Italien und Spanien, fiel eine um-

6.1 Rückblick: Die Evolution der EZB-Geldpolitik seit Beginn der Finanzkrise

fassende Sanierung des Bankensystems schwer. Spanien musste hierfür später auf ESM-Stabilitätshilfen zurückgreifen. Einige Länder, nicht zuletzt Italien, wollten oder konnten weder eigene finanzielle Mittel in dem notwendigen Ausmaß mobilisieren noch europäische Unterstützung beantragen. Entsprechend musste der Abbau der faulen Kredite dort schrittweise erfolgen – und zwar durch Liquidierung der einzelnen Engagements, wenn das jeweils für die betreffende Bank betriebswirtschaftlich vertretbar erschien. Die Banken in diesen Ländern hielten sich zudem mit der Vergabe neuer Kredite zurück, um regulatorische Vorgaben einzuhalten. Die Reduzierung der Altbestände und die Vorsicht im Neugeschäft wirkte sich nachteilig auf die Kredit- und Liquiditätsversorgung in Teilen der Eurozone aus; andernorts florierte das Bankgeschäft schon wieder – nämlich da, wo den Instituten früh und umfassend geholfen worden war. Von einem einheitlichen europäischen Banken- und Finanzmarkt konnte keine Rede mehr sein.

1999-2007/8: "Europäische Bundesbank"
- Fokus auf Inflationsbekämpfung
- Trennung von Zins- und Liquiditätspolitik

2008-2012: "Market maker of last resort"
- Aktive Versorgung der Banken mit Liquidität
- Inflationsbekämpfung und Liquiditätspolitik noch getrennt

2012:2014: "Whatever it takes"
- Zins- und Liquiditätspolitik dienen gleichermaßen der Anhebung der Inflationsrate (in Richtung 2%)
- EZB als Lender of last resort für Staaten

2015-2022: "Mädchen für alles?"
- Negativzinsen
- Bilanzsumme als Politikinstrument
- Floorsystem: Einlagezins wird inoffizieller Leitzins

seit 2022: "neue Normalität"
- Fokus wieder auf Inflationsbekämpfung
- TPI und strukturelles Anleiheportfolio als Teil des Market Making am Staatsanleihemarkt
- Quantitative Easing offizieller Teil des Werkzeugkastens
- Neue Definition von Preisniveaustabilität
- Floorsystem offiziell

Dar. 54: Die fünf Phasen der EZB-Geldpolitik (in Anlehnung an: Baglioni, A. (2024): Monetary Policy Implementation, 2024, S. 123)

Diese Entwicklung kam für die EZB überraschend. Nach dem recht erfolgreichen Start der Währungsunion hatte die Bankenkrise die Euro-Notenbanker in Frankfurt auf dem falschen Fuß erwischt. Das galt auch für die Vorgänge in Spanien und Irland. Zwar war das Preisniveau am spanischen und irischen Immobilienmarkt sowie die Entwicklung der Hypothekenkreditvergabe in den Jahren vor der Krise zunehmend aufmerksam verfolgt worden. Konkrete Maßnahmen hatte die Zentralbank jedoch nicht ergriffen. Darin spiegelt sich zweierlei wider: Zum einen hatte die EZB sich schrittweise von der monetären Analyse abgewandt und bei ihrer Informationsgewinnung die »ökonomische Säule« in den Vordergrund gestellt (▶ Kap. 4.1). Realwirtschaftliche Daten wie das BIP-Wachstum oder die Arbeitslosenquote spielten bei der Vorbereitung geldpolitischer Entscheidungen eine größere Rolle als finanzwirtschaftliche wie das Wachstum der Kreditvergabe oder die Geldmengenentwicklung. Zum anderen hatte in den 1990er-Jahren, als über die institutionelle Konstruktion der Währungsunion debattiert wurde, kaum ein Teilnehmer der politischen wie der wissenschaftlichen Diskussion die Gefahr von Finanzblasen vor Augen. Zwar war dann gleich in den Jahren 2000 bis 2002 das Platzen der Internetblase zu bewältigen gewesen; diese wurde aber als globales Problem gesehen, dessen Ursachen nicht zuvörderst in der Struktur der Eurozone lagen. Makroprudenzielle Themen lagen bis zur Änderung der Euro-Finanzmarktarchitektur ab dem Jahr 2012 (▶ Kap. 5.5.3) nicht im Fokus der Notenbanker in Frankfurt.

Vor dem Hintergrund der tiefgreifenden Krise änderte die EZB 2007/08 nach und nach die Auffassung dessen, was sie unter Geldpolitik verstand, sowie die Art, wie sie diese betrieb. Schon Anfang der 1990er-Jahre waren die streng regelorientierte Ausrichtung der zukünftigen europäischen Zentralbank auf das primäre Ziel Preisniveaustabilität, ihre weitreichende Unabhängigkeit sowie das Verbot der monetären Staatsfinanzierung nicht nur in Frankreich und Südeuropa (▶ Kap. 3.3.1), sondern auch in der angelsächsischen Welt auf wenig Gegenliebe gestoßen. Der Titel eines Zeitschriftenbeitrages aus dem Jahr 1992 bringt das auf den Punkt: »The ECB: a bank or a monetary policy rule?«[34] Man hätte in diesen Ländern eine wirtschaftspolitisch umfassend aktive Notenbank präferiert. Dieser Wunsch sollte nun in Erfüllung gehen: Innerhalb gut eines Jahrzehnts – zwischen 2010 und 2022 – kam es zu einer weitgehenden Abkehr von der strategischen Ausrichtung, der die EZB sich seit ihrer Gründung im Sommer 1998 verschrieben hatte. Am Ende dieses Prozesses stand eine Europäische Zentralbank, die mit der ursprünglich anvisierten »Europäischen Bundesbank« (▶ Kap. 3.3.1) nur noch wenig gemein hatte. Die Maastrichter Festlegungen waren ohne formelle Vertragsänderung aufgegeben worden.

---

34 Sweeney, R/Garber, P./Pattison, J./Folkerts-Landau, D. (1992): The ECB: a bank or a monetary policy rule?, in: Grilli, V., Masson, P./Canzoneri, M. (eds.): Establishing a Central Bank. Issues in Europe and Lessons from the US, CEPR Press, Paris & London 1993, online verfügbar: https://cepr.org/publications/books-and-reports/establishing-central-bank-issues-europe-and-lessons-us (letzter Aufruf 10.07.2025).

6.1 Rückblick: Die Evolution der EZB-Geldpolitik seit Beginn der Finanzkrise

Am Anfang dieser Entwicklung stand die im Laufe der Jahre 2007/08 immer drängendere Notwendigkeit, der Liquiditätskrise am europäischen Bankenmarkt zu begegnen. Der konventionelle Ansatz der Geldpolitik sah eine Trennung von Zinspolitik (welche die geldpolitische Ausrichtung signalisiert) und Liquiditätsbereitstellung für das Bankensystem am Geldmarkt vor. Die Zinspolitik war auf die Inflationsbekämpfung hin ausgerichtet, während die Liquiditätsbereitstellung die Funktionsfähigkeit des Bankensystems gewährleisten sollte. Dabei erfolgte die Liquiditätsbereitstellung als elastische Reaktion auf die Liquiditätsnachfrage der Geschäftsbanken. Die Menge an Zentralbankgeld – und damit die Bilanzsumme der Zentralbank – schwankte mit den Liquiditätsbedürfnissen der Kreditinstitute. Bei ihren Offenmarktgeschäften hütete sich die Zentralbank, Staatsanleihen dauerhaft zu erwerben. Stattdessen wurden sie im Rahmen von Repogeschäften erworben und etwas später automatisch wieder verkauft, oder dienten bloß als Pfänder für die Kreditvergabe an Geschäftsbanken. EZB-Präsident Trichet brachte das Nebeneinander der beiden zentralbankpolitischen Ziele im September 2007 folgendermaßen auf den Punkt: »Again, let us not confuse the appropriate functioning of the money market and the monetary policy stance.«[35] Dabei steht »functioning of the money market« für die Liquiditäts- und »monetary policy stance« für die Zinspolitik.

Jean-Claude Trichet wurde 1942 in Lyon geboren. Er studierte Wirtschafts- und Verwaltungswissenschaften und war später u. a. Leiter des französischen Schatzamtes sowie Gouverneur der Banque de France. Die französische Regierung wollte, dass er erster Präsident der EZB wird, konnte sich mit diesem Ansinnen aber nicht durchsetzen. Stattdessen kam es zu dem umstrittenen Kompromiss, dass der Niederländer Wim Duisenberg das Amt mit der Maßgabe erhielt, zugunsten Trichets nach der Hälfte der eigentlich achtjährigen Amtszeit zurückzutreten (▶ Kap. 3.5). Trichets Präsidentschaft begann dementsprechend 2003 und dauerte bis 2011. Nach seinem Ausscheiden aus der EZB engagierte er sich u. a. für die europäische Denkfabrik Bruegel in Brüssel. [Foto: EZB]

Die Trennung von Zins- und Liquiditätspolitik wurde grundsätzlich bis 2011 durchgehalten, denn bis dahin hielt der Inflationsdruck noch an. Im Zuge der Finanzkrise senkte die EZB den Leitzins von 4,25 % Mitte 2008 auf 1 % im Mai 2009, hielt ihn dann knapp zwei Jahre konstant und startete schließlich 2011 in Reaktion auf steigende Inflationsraten und -erwartungen einen kurzen Zinserhöhungszyklus.

---

35 Trichet, J.C.: Introductory statement, Press conference, September 6th, 2007, online verfügbar: https://www.ecb.europa.eu/press/press_conference/monetary-policy-statement/2007/html/is070906.en.html (letzter Aufruf 10.07.2025).

Während ihre Zinspolitik also noch dem klassischen Muster folgte, begann die EZB spätestens 2008, in Sachen Liquidität neue Wege zu gehen. Mit dem Zusammenbruch von Lehman Brothers im Herbst 2008 war das Vertrauen zwischen den Kreditinstituten dermaßen in Mitleidenschaft gezogen, dass der Über-Nacht-Liquiditätsausgleich zwischen Banken mit Liquiditätsüberschüssen und solchen mit Liquiditätsdefiziten nicht mehr funktionierte. Die EZB wurde zum Liquiditätsvermittler zwischen den Geschäftsbanken. Banken mit Überschüssen parkten ihre Liquidität in der Einlagefazilität, Banken mit Defiziten nahmen die Spitzenrefinanzierungsfazilität in Anspruch. Letztere sollte aber eine immer geringere Rolle spielen, weil die EZB die Geschäftsbanken mit Liquidität in enormem Umfang versorgte. In der ersten Phase des Übergangs von der konventionellen zur unkonventionellen Geldpolitik (2007–2009) waren diese Maßnahmen noch als temporär konzipiert. Sie sollten den Banken helfen, eine mögliche Laufzeiteninkongruenz von Aktiva und Passiva zu überbrücken, bis die Finanzkrise ausgestanden sei. Eine solche Laufzeiteninkongruenz ist in normalen Zeiten selbstverständliches Charakteristikum des modernen Bankgeschäfts, stellt im Krisenfall aber dessen Achillesferse dar. Banken finanzieren sich zu größeren Teilen mit Mitteln, die sie jederzeit oder zumindest sehr kurzfristig zurückzahlen müssen. Beispiele dafür sind Girokontoeinlagen (welche die Kunden jederzeit abheben können) oder Kredite von anderen Geschäftsbanken (sog. Interbankenkredite mit einer Laufzeit von einem Tag bis zu mehreren Monaten). Dem steht in der Regel eine langfristige Verwendung dieser Mittel gegenüber. Man spricht hier von Fristentransformation. Die Bank wandelt kurzfristige Mittel beispielsweise in langfristige Kredite um. Das ist so lange kein Problem, wie die Bank ihre Refinanzierung sicherstellen kann. Verlieren die Banken das Vertrauen ihrer Kunden oder der anderen Banken, ziehen diese ihre Einlagen also ab bzw. verlängern Interbankenkredite nicht, gerät der Bankensektor in Liquiditätsschwierigkeiten. Darauf müssen die Banken reagieren, indem sie versuchen, Vermögenspositionen zu liquidieren, also Wertpapiere zu verkaufen bzw. Kredite zu kündigen oder nicht zu verlängern. Der volkswirtschaftlich unmittelbar spürbare Effekt der Krise bestünde also in der Gefahr, dass die Geschäftsbanken ihre Kreditvergabe massiv reduzieren, was mit erheblichen Konsequenzen für den Konsum der privaten Haushalte und die Unternehmensinvestitionen verbunden wäre. Auf diese Gefahr reagierte die EZB ab 2007 mit einem Paket von sog. erweiterten Maßnahmen zur Unterstützung der Kreditvergabe (Enhanced credit support policies):

- 2007 und 2008 stellte die EZB auf Basis einer Vereinbarung mit der amerikanischen Zentralbank Federal Reserve den europäischen Banken Dollarkredite zur Verfügung, damit diese vor dem Hintergrund der Krise am US-Bankenmarkt nicht in die Gefahr gerieten, ihre Tätigkeit in den USA nicht mehr refinanzieren zu können. Die EZB wurde also als Lender of last resort in US-Dollar tätig.
- Ab Oktober 2008 erfolgten die Hauptrefinanzierungsgeschäfte zu festem Zinssatz mit Vollzuteilung; Geschäftsbanken konnten, soweit sie Sicherheiten stellen konnten, so viel Liquidität erhalten, wie sie wollten. Die Liquiditätsausstattung des Ban-

kensystems wurde damit endgültig zur endogenen, also nicht mehr von der EZB determinierten Größe.
- Die EZB verlängerte die Laufzeit der längerfristigen Refinanzierungsgeschäfte von 3 auf 12 Monate mit dem Ziel, den Banken mehr Planungssicherheit bezüglich ihrer Liquiditätsausstattung zu ermöglichen
- Der geldpolitische Sicherheitenrahmen wurde ausgeweitet. Banken konnten nun Wertpapiere und Kreditforderungen als Sicherheiten für geldpolitische Geschäfte hinterlegen, die die EZB zuvor nicht akzeptiert hatte (Qualitative easing). Das erleichterte den Kreditinstituten den Zugang zu Zentralbankliquidität.
- Von Sommer 2009 an kaufte die EZB gezielt Covered Bonds an (CBPP 1 und 2, erstes und zweites Covered Bond Purchase Programme): Dabei handelt es sich um Anleihen, die insbesondere mit Immobilienkrediten gedeckt sind und für die Kreditinstitute eine wichtige Rolle bei der Refinanzierung des Hypothekargeschäftes spielen.

Diese Maßnahmen spiegeln noch die Trennung zwischen Zins- und Liquiditätspolitik wider. Die EZB wirkte weiter über die Höhe der Leitzinsen auf die Entwicklung des Preisniveaus ein, stellte dem Bankensystem aber gleichzeitig in erheblichem Umfang Liquidität zur Verfügung. Hierbei erfolgte die Liquiditätsbereitstellung einerseits generell (Vollzuteilung bei Hauptrefinanzierungsgeschäften, Verlängerung der Laufzeit bei längerfristigen Refinanzierungsgeschäften, »Qualitative easing«), andererseits aber auch gezielt mit Blick auf bestimmte Marktsegmente (CBPP 1 und 2, Dollarversorgung europäischer Kreditinstitute).

Die seit der Finanzkrise immer großzügigere Versorgung des Bankensystems mit Liquidität brachte nach und nach eine technische Veränderung bei der operativen Umsetzung der Geldpolitik mit sich. Die Liquiditätsversorgung der Geschäftsbanken war so üppig, dass die wöchentlichen Refinanzierungsgeschäfte zum Hauptrefinanzierungssatz nicht mehr entscheidend waren. Der Hauptrefinanzierungssatz verlor entsprechend seine Bedeutung als Leitzins, an dem sich die Interbankenzinsen orientieren. Da sich die Geschäftsbanken aufgrund der enormen Überschussliquidität gegenseitig kein Geld mehr liehen, war der Einlagesatz der EZB de facto der maßgebliche Zinssatz für die Reserven. Aus dem Korridorsystem (▶ Kap. 4.1), in dem die Interbankenzinsen zwischen Einlagesatz und Spitzenrefinanzierungssatz mit dem Hauptrefinanzierungssatz als zentralem Anker gehalten werden sollen, war ein sog. Floorsystem geworden, in dem die Untergrenze der Interbankenzinsen gesteuert wird.

6.1.2 Die Reaktion der EZB auf die Staatsschuldenkrise

In den Jahren 2010 bis 2012 änderte die EZB schrittweise sowohl ihre Herangehensweise wie auch ihre Kommunikation. Einen großen Schritt in Richtung dessen, was später als »unkonventionelle Geldpolitik« bezeichnet werden sollte, machte sie im Mai 2010 mit dem Securities Markets Programme (SMP). Zum ersten Mal wurden Anleihen nicht angekauft, um den kurzfristigen Geldmarktzins zu beeinflussen, sondern um gezielt auf nationale Staatsanleihemärkte einzuwirken. Die gekauften Anleihen konnten bis zur Endfälligkeit gehalten werden, es gab keine vorher angekündigte Höchstgrenze des Interventionsvolumens. Die bisherige Praxis, Staatsanleihen in aller Regel nicht endgültig in die Bilanz zu nehmen, wurde aufgegeben. Auswirkungen auf die geldpolitische Linie insgesamt sollte es jedoch nicht geben. Die durch die SMP-Käufe geschaffene Liquidität wurde daher durch gezielte Operationen (Hereinnahme von Termineinlagen) wieder abgeschöpft. Das bedeutet: Die EZB kaufte den Geschäftsbanken Staatsanleihen ab und schrieb ihnen den Verkaufserlös auf ihrem Konto bei der EZB gut. Dadurch stieg die Zentralbankliquidität (Reserven) an. Um diesen Anstieg zu verhindern, bot die EZB dem Bankensystem gleichzeitig attraktive Termineinlagen in gleicher Höhe an. Die geschaffene Liquidität wurde dem Bankensektor also sofort wieder entzogen. Das war in einem Umfeld überreichlicher Versorgung mit Reserven aber eher mit einem Signaleffekt verbunden als mit einem tatsächlichen Einfluss auf die Liquiditätsposition des Bankensystems. Es sollte klargestellt werden, dass die Staatsanleihekäufe keine Aufblähung der Geldmenge und keine Inflationsgefahren mit sich bringen würden.

Damit blieb es zwar noch bei der Trennung von geldpolitischem Kurs (im Sinne der Inflationsbekämpfung) und Liquiditätspolitik (im Sinne einer Beeinflussung der Liquiditätsbedingungen am Interbankenmarkt). Letztere bekam aber eine neue Wendung und damit verbunden eine neue Begründung: Die EZB diagnostizierte eine Störung des Transmissionsmechanismus in der Eurozone. Ursache dafür seien extrem hohe Renditen auf die Staatsanleihen von Ländern wie Italien, Portugal, Spanien, Irland und Griechenland. Darin spiegele sich eine irrationale Einschätzung der Ausfallrisiken dieser Mitglieder der Währungsunion wider. Geldpolitische Beschlüsse des EZB-Rates würden dadurch nicht in allen Mitgliedsländern gleichermaßen Wirkung entfalten. Konkret sei die Fähigkeit der Notenbank gefährdet, mittels expansiver Geldpolitik die Wirtschaft in der gesamten Eurozone zu stimulieren.

Diese Argumentation basiert auf der hohen Bedeutung, die die Staatsanleiherenditen für den Kreditmarkt haben. Sie sind sowohl für die Verzinsung von Unternehmensanleihen als auch für die Kreditzinsen der Banken eine wichtige Orientierungsgröße. Höhere Zinsen für Staatsanleihen bedeuten, dass alle anderen Arten der Geldanlage relativ betrachtet weniger attraktiv werden. Das bedeutet umgekehrt für Finanzierungswillige – seien es Häuslebauer, die um einen Immobilienkredit nachsuchen oder Unternehmen, die ein Investitionsprojekt finanzieren möchten –, dass sie ihrerseits nur dann an die erforderlichen Mittel gelangen, wenn sie ebenfalls eine höhere Verzinsung zu zahlen bereit sind. Über diesen indirekten Zusammenhang hinaus können Staatsanleihezinsen auch direkt als Benchmark für Kreditzinsen dienen, wenn ein Kreditvertrag explizit die Bestimmung enthält, dass der Zins sich aus den jeweils geltenden Renditen auf bestimmte Staatsanleihen zuzüglich eines gewissen Aufschlags ergibt. Insgesamt verschlechtert ein Anstieg der Staatsanleihezinsen früher oder später also auch die Finanzierungsbedingungen der privaten Haushalte und Unternehmen. Das könne – so zumindest die EZB-Argumentation – zur Folge haben, dass die Bankzinsen in Krisenzeiten aufgrund der hohen Staatsanleiherenditen trotz

Leitzinssenkungen nicht zurückgingen. Dies erschwere es der Notenbank, in den betroffenen Ländern eine expansive Geldpolitik zu implementieren.

Die EZB kaufte im Rahmen des SMP zwischen Mai 2010 und Februar 2012 insbesondere italienische, aber auch spanische, griechische, portugiesische und irische Staatsanleihen in einem Volumen von insgesamt etwas mehr als 200 Milliarden Euro. EZB-Präsident Trichet legte dabei großen Wert auf die Feststellung, dass das SMP »temporary in nature« sei.[36] Die betreffenden Staatsanleihemärkte sollten beruhigt und die Staatsanleiherenditen gesenkt werden, ohne dass der Eindruck monetärer Staatsfinanzierung entstand.

Eine ähnliche Wirkung wie das SMP auf die Staatsanleihemärkte in den Krisenländern hatten zwei längerfristige geldpolitische Refinanzierungsgeschäfte (Longer-term refinancing operations, LTRO), die als »dicke Berthas« in die Geschichte eingehen sollten. Die EZB stellte den Geschäftsbanken Ende 2011 und Anfang 2012 zu günstigen Konditionen Liquidität in potenziell unbegrenzter Höhe zur Verfügung. Insgesamt wurden ca. 1.000 Milliarden Euro abgerufen. Nicht zuletzt spanische sowie italienische Banken nutzten dieses Instrument und investierten die erworbene Liquidität in Staatsanleihen (insbesondere ihrer Heimatländer) – was deren Rendite wiederum beschränkte. Auch mit den beiden LTRO von der Jahreswende 2011/12 stabilisierte die EZB also nationale Anleihemärkte, wenn auch – im Gegensatz zum SMP – diesmal nur indirekt. Eine Besonderheit dieser längerfristigen Refinanzierungsgeschäfte war die Rückzahlungsoption nach einem Jahr. Der Umfang der bereitgestellten Liquidität lag deshalb zwölf Monate nach der Umsetzung der beiden LTRO in den Händen der Geschäftsbanken. Wenn sie sich entschlossen, die aufgenommenen Summen zu tilgen, ging die Zentralbankliquidität zurück, auch wenn dies nicht unbedingt im Interesse der EZB lag.

6.1.3 »Whatever it takes«

Im Laufe des Jahres 2012 zeigten sich zwei Entwicklungen, die einem weiteren Entwicklungsschritt in der strategischen Neuausrichtung der EZB den Weg bahnten: Neue Turbulenzen an den Staatsanleihemärkten sowie eine anhaltende Disinflation, also ein Rückgang der Inflationsraten.

Die Eurozone hatte im Zuge der Krise einen grundsätzlichen Vertrauensverlust erlitten; 2012 kamen dann neue Zweifel an ihrem Fortbestand auf. Insbesondere Italien und Spanien hatten ab Frühjahr 2012 mit einem spürbaren Spread-Anstieg (▶ Kap. 5.2.3) zu kämpfen, der das von den Märkten wahrgenommene Redenominierungsrisiko italienischer und spanischer Staatsanleihen widerspiegelte: Viele Investoren hielten ein Ausscheiden nicht zuletzt dieser beiden Länder aus der Eurozone für möglich

---

36 Trichet, J.C.: Introductory statement, Press conference, December 2nd, 2010, online verfügbar: https://www.ecb.europa.eu/press/press_conference/monetary-policy-statement/2010/html/is101202.en.html (letzter Aufruf 10.07.2025).

6 »The only game in town«: Die EZB als Mädchen für alles? (2015–2022)

und befürchteten, deren Regierungen würden anschließend die Staatsschuld nicht in Euro tilgen, sondern in dann wieder eingeführten nationalen Währungen mit unsicherem Wert (redenominiert).

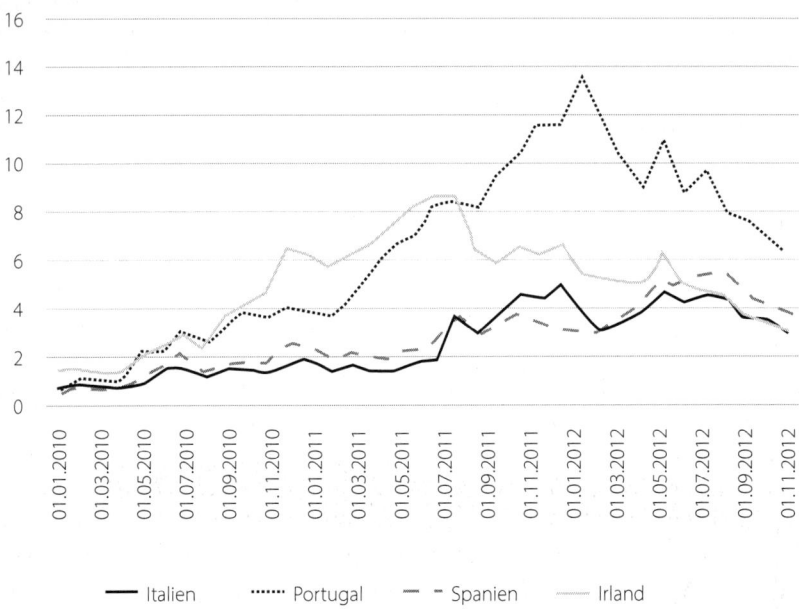

Dar. 55: Spreads auf zehnjährige Staatsanleihen 2010 bis 2012 (Prozentpunkte, Daten: LSEG Datastream)

Die Angst vor dem Redenominierungsrisiko bewirkte eine Kapitalflucht aus den Krisen- in die Kernländer der Eurozone. Dort führte die steigende Nachfrage nach Staatsanleihen zu sinkenden Renditen und damit besseren Finanzierungsbedingungen der privaten Haushalte und Unternehmen. Während die Krise an den Staatsanleihemärkten in den Krisenländern also zinserhöhend wirkte, galt in den Kernländern das Gegenteil. Die Unruhe auf dem Staatsanleihemarkt hatte damit nicht nur von der EZB teils nicht erwünschte, sondern in unterschiedlichen Teilen der Eurozone auch unterschiedliche Konsequenzen für die Finanzierungsbedingungen in der Realwirtschaft. Es kam zu einer Fragmentierung der Währungsunion. In den Augen der Europäischen Zentralbank war die geldpolitische Transmission massiv gestört. Aus »One size fits all« drohte »One size fits none« zu werden (▶ Kap. 4.1). Darüber hinaus wurde argumentiert, die Inflationsentwicklung sei in einer sich in Auflösung befindlichen Währungsunion ohnehin nicht mehr prognostizier- oder gar beeinflussbar. Ein monetäres Gebilde, mit dessen jederzeitigem Auseinanderbrechen die Marktteilnehmer rechnen müssen, entziehe sich den gängigen Instrumenten der Analyse und wirtschaftspolitischen Steuerung.

6.1 Rückblick: Die Evolution der EZB-Geldpolitik seit Beginn der Finanzkrise

EZB-Präsident Mario Draghi reagierte darauf mit den folgenden drei berühmtgewordenen Sätzen, die er am 26. Juli 2012 im Rahmen eines Vortrags auf einer Investmentkonferenz in London formulierte: »But there is another message I want to tell you. Within our mandate, the ECB is ready to do whatever it takes to preserve the euro. And believe me, it will be enough.«[37] Damit deutete Draghi an, unbegrenzt zugunsten der Weiterexistenz des Euro tätig werden zu wollen. Einzig die drei Worte »within our mandate« schränkten seine Aussage etwas ein. Dieser Verweis auf den Vertrag von Maastricht erinnerte an die primäre Aufgabe der Europäischen Zentralbank, Preisniveaustabilität zu gewährleisten und sekundäre Ziele nur zu verfolgen, wenn dies im Einklang mit dem Primärziel möglich war. Die monetäre Finanzierung der Staatsschuld, also die Begleichung staatlicher Verbindlichkeiten mit dafür geschaffenem Zentralbankgeld, war ihr aber in jedem Fall verboten.

Mario Draghi kam 1947 in Rom zur Welt. Nach einem Ökonomiestudium in Italien wurde er 1977 am MIT in Cambridge (USA) promoviert. Draghi war Professor für Volkswirtschaftslehre und arbeitete für die Weltbank in Washington; anschließend bereitete er in den 1990er-Jahren als Generaldirektor im italienischen Finanzministerium der Einführung des Euro in seinem Heimatland den Weg. Nach einer Zwischenstation bei der Investmentbank Goldman Sachs war Draghi ab 2005 Gouverneur der Banca d'Italia, bevor er dann 2011 EZB-Präsident wurde. Nach Ablauf der achtjährigen Amtszeit verließ Draghi die EZB 2019. In den Jahren 2021 und 2022 führte er als Ministerpräsident die italienische Regierung. Danach war Draghi u. a. als Berater der Europäischen Kommission tätig und veröffentlichte im September 2024 einen Bericht zur Zukunft der europäischen Wettbewerbsfähigkeit. [Foto: EZB]

Auf dieser Basis initiierte die EZB im September 2012 das OMT-Programm. Mit dem OMT endete das SMP-Programm. OMT steht für Outright Monetary Transactions. Dabei kann Outright mit »vorbehaltlos« oder »uneingeschränkt« übersetzt werden. Damit unterschieden sich die OMT-Staatsanleihekäufe grundlegend von solchen im Rahmen der traditionellen Geldpolitik. Letztere waren in der Regel als Pensionsgeschäfte konzipiert, bestanden also aus einer Ankaufsvereinbarung, die gleichzeitig mit einem Verkauf zu einem etwas späteren Zeitpunkt verbunden war. Die Staatsanleihen wurden also nur kurz in die Bilanz der Notenbank genommen. Außerdem gab es bei traditionellen geldpolitischen Transaktionen mit Staatsanleihen keine

---

37 Draghi, M. (2012a): Speech at the Global Investment Conference, London, July 26th, 2012, online verfügbar: https://www.ecb.europa.eu/press/key/date/2012/html/sp120726.en.html (letzter Aufruf 10.07.2025).

Festlegung auf bestimmte Emittenten. Entscheidend war allein, ob das Rating der betreffenden Anleihen den Anforderungen des Sicherheitenrahmens (▶ Kap. 4.1) entsprach. Die EZB legte zudem Wert auf die Feststellung, die OMT-Staatsanleihekäufe seien potenziell »unlimited in size«[38]. Um das Programm dennoch wenigstens formal mit den Anforderungen des Maastrichter Vertrages in Einklang zu bringen, war eine Trennung zwischen geldpolitischen Zielen und Staatsfinanzierung unerlässlich. Die EZB versuchte diese Trennung mit Hilfe der konkreten Ausgestaltung des Programms zu gewährleisten:

- Es sollten nur Staatsanleihen von ESM-Programmländern aufgekauft werden. Die Konditionalität des ESM (Strukturreformen, Haushaltskonsolidierung) wurde somit auf das OMT übertragen.
- Es sollten nur Staatsanleihen mit einer Laufzeit zwischen einem und drei Jahren aufgekauft werden.
- Die EZB wollte volle Transparenz über das Ausmaß der OMT-Käufe herstellen.
- Die Menge an Zentralbankliquidität sollte nicht steigen. Die durch OMT-Käufe erzeugte Menge an Reserven würde dem Bankensystem an anderer Stelle wieder entzogen.

Das OMT wurde nie aktiviert. Seine bloße Ankündigung reichte aus, um die Staatsanleihemärkte zu beruhigen und die von der EZB zuvor diagnostizierte Störung des Transmissionsmechanismus in der Eurozone zu beheben.

Das änderte nichts daran, dass der »Whatever it takes«-Ansatz heftiger Kritik ausgesetzt war. Diese kam von zwei Seiten. Die Anhänger einer noch aktiveren EZB-Politik bemängelten die mit der Anbindung an das ESM einhergehende Konditionalität der Staatsanleihekäufe. Damit werde die krisenverschärfende Logik der EU-Unterstützungsmaßnahmen (Hilfskredite nur gegen Erfüllung von fiskal- und strukturpolitischen Auflagen) legitimiert und verfestigt. Krisenländer brauchten jedoch keine restriktiven Auflagen, sondern unkonditionierte fiskal- und geldpolitische Unterstützung, um ihre Wirtschaft wieder zum Laufen zu bringen. Bei dieser Auffassung handelte es sich um eine Minderheitenposition. Größere Unterstützung hatten diejenigen OMT-Kritiker, die das Programm rundheraus ablehnten. Sie gaben zu bedenken, dass steigende Staatsanleiherenditen im Zweifel eine abnehmende Solvenz des Emittenten widerspiegelten. Darauf müsse die jeweilige Regierung mit Haushaltskonsolidierung und Strukturreformen reagieren. Das OMT-Programm wirke jedoch wie eine Versicherung gegen Solvenzprobleme, mindere daher den Anreiz zu einer stabilitätsorientierten, wachstumsfreundlichen Politik und verschlimmere so die Probleme langfristig noch bzw. verzögere zumindest ihre Lösung. Zudem agiere die EZB de facto als Lender of last resort für Staaten und verstoße daher gegen das Verbot

---

38 Draghi, M. (2012b): Introductory statement to the press conference (with Q&A), September 6th, 2012, online verfügbar: https://www.ecb.europa.eu/press/press_conference/monetary-policy-statement/2012/html/is120906.en.html (letzter Aufruf 10.07.2025).

der monetären Staatsfinanzierung. Sie erleichtere nämlich den Finanzministern dadurch erheblich die Arbeit, dass die von ihr ausgehende (potenzielle) Nachfrage nach Staatsanleihen deren Kurse steigere und so ihre Renditen – und damit die Zinsbelastung der öffentlichen Haushalte – senke. Schließlich bringe der endgültige Ankauf von Staatsanleihen auch erhebliche Risiken mit sich. Wenn ein Land, dessen Anleihen die EZB in der Bilanz habe, die Eurozone verlasse, müssten auf diese Anleihen erhebliche Abschreibungen vorgenommen werden. Das Insolvenzrisiko einzelner Mitgliedstaaten werde somit auf die anderen umverteilt.

Die EZB hielt dem entgegen, die europäischen Staatsanleihemärkte hätten sich 2012 in einer außergewöhnlichen Situation befunden. Die Spreads auf die Staatsanleihen einzelner Mitgliedsländer seien fundamental nicht zu erklären gewesen. Den Krisenländern (insbesondere Italien und Spanien) habe ein Teufelskreis aus steigenden Renditen, damit (wegen der steigenden Zinsbelastung) abnehmender Solvenz und in der Folge weiter steigenden Renditen gedroht. Der bloße Verdacht, ein Land müsse die Währungsunion möglicherweise verlassen, habe sich vor diesem Hintergrund zur selbsterfüllenden Prophezeiung entwickeln können. Wenn die Staatsfinanzierung aufgrund der immer weiter steigenden Renditen unmöglich zu werden gedroht habe, wäre dem Mitglied nur der Austritt aus der Eurozone geblieben. Das OMT habe zusammen mit dem ESM eine solche ökonomisch nicht gerechtfertigte Abwärtsspirale verhindert. Es wirke bis heute wie eine Versicherung: Seine Existenz gebe den Marktteilnehmern die Sicherheit, dass ein ganzes oder teilweises Auseinanderbrechen der Eurozone kein realistisches Szenario sei. Eine Risikoprämie für Redenominierungsrisiken sei daher unnötig.

Dem Einwand, das OMT bringe negative Anreizwirkungen (Moral Hazard) mit sich, begegnete die EZB mit dem Verweis auf die Konditionalität des ESM sowie die Begrenzung möglicher Käufe auf Anleihen mit einer Laufzeit von bis zu drei Jahren. Die Regierungen seien also weiter zu fiskal- und strukturpolitischen Reformen gezwungen und die Marktdisziplin wirke weiter über das lange Ende des Anleihespektrums. Dass die EZB mit ihren Anleihekäufen ohnehin nur den fundamental nicht gerechtfertigten Teil des Spreads beeinflussen wolle, sei ein weiteres Argument gegen die Moral-Hazard-Kritik und zeige auch, dass vom OMT keine monetäre Staatsfinanzierung zu erwarten sei.

Die von den OMT-Kritikern monierte Umverteilung von Risiken gestanden die Verfechter des OMT ein. Geldpolitik sei wegen ihrer durchaus unterschiedlichen Auswirkungen auf die Marktteilnehmer, aber auch auf die Regionen des Währungsgebietes immer mit der Umverteilung von Risiken verbunden. Dabei handele es sich um die unvermeidliche Nebenwirkung einer primär auf Preisniveaustabilität ausgerichteten Geldpolitik. Speziell für das OMT gelte aber, dass hier die Umverteilung von Risiken ein Nullsummenspiel sei. Man könne gerade nicht davon reden, dass die Nichtkrisenländer das Insolvenzrisiko der Krisenländer übernähmen und sich ansonsten nichts ändere. Vielmehr reduziere das OMT die Risiken in der gesamten Währungsunion, weil das beschriebene Szenario einer Abwärtsspirale hin zu einem (teilweisen) Auseinanderbrechen der Eurozone nicht eintreten werde. Davon profitierten auch diejenigen Mitglieder der Währungsunion, die sich nicht in einer krisenhaften Situation befänden.

Gegen das OMT wurde beim Bundesverfassungsgericht Klage wegen Verstoßes gegen das Prinzip der Verhältnismäßigkeit und das Verbot der monetären Staatsfinanzierung eingelegt. Das Bundesverfassungsgericht reichte die Klage zur Vorabentscheidung an den Europäischen Gerichtshof weiter, der das OMT als legitimen Teil der EZB-Geldpolitik einstufte und keine Verletzung des EU-Primärrechts sah. Das Bundesverfassungsgericht entschied daraufhin im Jahr 2016, dass die Bundesbank sich am OMT beteiligen darf.

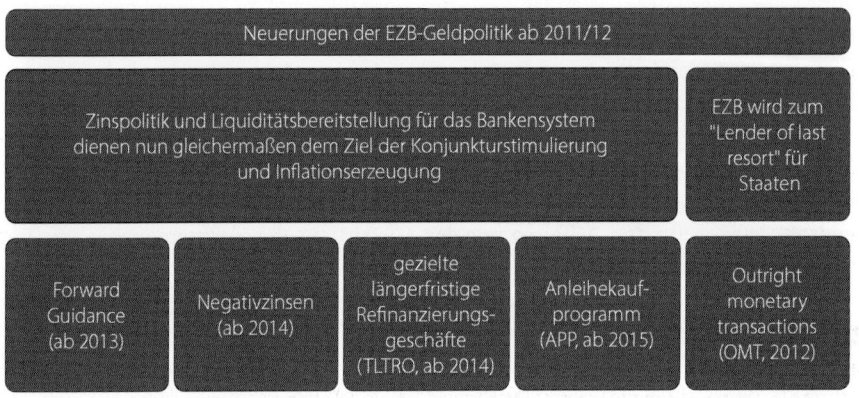

Dar. 56: Unkonventionelle Geldpolitik der Europäischen Zentralbank

Damit schien eines der beiden großen Probleme der Eurozone im Jahr 2012 wenigstens vorläufig gelöst zu sein. Das zweite Problem, das die EZB sah – nämlich der anhaltende Disinflationsprozess – konnte durch das OMT nicht gelöst werden. Dieser Disinflationsprozess setzte ein, nachdem die monatliche Inflationsrate Ende 2011 mit 3 % ihren vorläufig letzten Höhepunkt erreicht hatte. Danach sank sie relativ beständig ab, um im Januar 2015 mit minus 0,6 % ihren Tiefpunkt zu erreichen. Das gleiche Niveau hatte die monatliche Inflationsrate in der Währungsunion nur im Juli 2009 – auf dem Höhepunkt der Wirtschaftskrise – erreicht. Negative Werte gab es außerdem noch im April 2016 und im Herbst 2020 (jeweils minus 0,3 %). Die EZB führte die sinkenden Inflationsraten u. a. darauf zurück, dass insbesondere in den Krisenländern Südeuropas die Kreditvergabe der Banken zu schleppend verlaufe. Der seit Euro-Einführung verfolgte passive Ansatz der Liquiditätsbereitstellung basiere auf der Annahme, dass die Liquiditätsnachfrage des Bankensystems den Liquiditätsbedarf der Wirtschaft widerspiegele. Die Banken in Südeuropa, nicht zuletzt die italienischen, seien aber zu einer unter makroökonomischen Gesichtspunkten ausreichenden Kreditvergabe nicht willens oder in der Lage. Die unsicheren Zukunftsaussichten sowie der teils hohe Bestand an faulen Krediten mache es für zu viele Geschäftsbanken individuell rational, bei der Kreditvergabe sehr vorsichtig zu agieren. Die Liquiditätsschöpfung des Bankensystems genüge daher nicht dem gesamtwirtschaftlichen Erfordernis, die Konjunktur in Südeuropa ausreichend zu stimulieren und die Disinflation so zu brechen. Diese Kreditklemme könne mit den traditionellen Mitteln der Geldpolitik nicht überwunden werden, weil die Geschäftsbanken in Südeuropa aus den genannten Gründen auch bei einer noch üppigeren Liquiditätsversorgung durch die EZB in Sachen Kreditvergabe Zurückhaltung üben würden. Denn der Transmissionsmechanismus sei dort erheblich gestört. Außerdem hätten sich die Leitzinsen schon der Zinsuntergrenze angenähert und könnten nicht mehr viel weiter gesenkt werden.

Mit diesem Befund begründete die EZB ihre endgültige Abkehr von der traditionellen geldpolitischen Herangehensweise. Die Trennung zwischen Geld- und Liquiditätspolitik sei obsolet geworden, weil sowohl die Geld- als auch die Liquiditätspolitik nun demselben Ziel zu dienen hätten: die Konjunktur zu stimulieren und die Inflationsrate auf ein Niveau von knapp unter 2 % zu heben. Eine aktive Liquiditätspolitik zur Unterstützung der Zinspolitik sei nun erforderlich.

In der Folge führte die EZB neue Instrumente ein, um dies zu erreichen. Dazu zählten Forward Guidance, negative Zinssätze und die sog. TLTRO.

- Forward Guidance bedeutet, dass eine Zentralbank einen glaubwürdigen Ausblick auf ihre zukünftige Geldpolitik gibt. Ziel ist, die Erwartungen der Marktteilnehmer in einem volatilen, von großer Unsicherheit geprägten Umfeld zu stabilisieren. In diesem Sinne kündigte EZB-Präsident Draghi im Sommer 2013 an, die Zinsen würden für eine längere Zeit auf dem derzeitigen oder einem niedrigeren Niveau verharren. Dabei handelt es sich um den sog. »Lower for longer«-Ansatz.[39] Forward Guidance hilft, die Zinspolitik auch dann noch expansiver auszugestalten, wenn die effektive Zinsuntergrenze (siehe unten) erreicht ist. Der zugrundeliegende Mechanismus ist hierbei die Erwartungsbildung. Die Forward Guidance gibt, sofern sie glaubwürdig ist, den Wirtschaftsteilnehmern Gewissheit über die zukünftige Höhe der kurzfristigen Zinsen. Damit kann die Notenbank ihrer Zinspolitik, die sich eigentlich nur auf den kurzfristigen Geldmarkt bezieht, eine mittelfristige Komponente geben. Die Aussicht, dass die kurzfristigen Zinsen »lower for longer« bleiben, beeinflusst darüber hinaus die Inflationserwartungen im Sinne der EZB, weil über den Zeitraum der Forward Guidance mit einer durchgängig expansiven Geldpolitik gerechnet wird.
- Die sog. effektive Zinsuntergrenze liegt nicht bei null Prozent, sondern etwas darunter. Im Verlauf des Jahres 2014 wurde der Einlagesatz in den negativen Bereich gesenkt, zunächst im Juni auf minus 0,1 % und dann im September auf minus 0,2 %. Seinen Tiefpunkt sollte der Einlagesatz im September 2019 mit minus 0,5 % errei-

---

39 Draghi wörtlich: »The Governing Council expects the key ECB interest rates to remain at present or lower levels for an extended period of time.« Vgl. Draghi, M. (2013): Introductoy statement to the press conference, July 4th, 2013, online verfügbar: https://www.ecb.europa.eu/press/press_conference/monetary-policy-statement/2013/html/is130704.en.html (letzter Aufruf 10.07.2025).

chen. Deutlich niedrigere Zinsen sind nicht zielführend, weil es sich für die Marktteilnehmer bei einer als zu hoch wahrgenommenen Zinsbelastung lohnen würde, ihre Liquidität in Form von Bargeld zu halten. Darüber hinaus können extrem niedrige Leitzinsen dem eigentlichen Anliegen der Notenbank, nämlich die Kreditvergabe zu stimulieren, diametral entgegenwirken. Im extremen Niedrigzinsumfeld sinken (was geldpolitisch so erwünscht ist) die Kreditzinsen auf historische Tiefstände. Gleichzeitig können die Banken die Einlagenzinsen aber – wenn überhaupt – nur minimal in den negativen Bereich hinein senken, weil ihre Kunden andernfalls andere Formen der kurzfristigen Geldaufbewahrung wählen würden. Hier greift die effektive Zinsuntergrenze. In diesem Umfeld fällt es dem Bankensektor immer schwerer, eine auskömmliche Zinsspanne (definiert als Differenz von Kredit- und Einlagenzinsen) zu generieren. Die Einnahmen aus den Kreditzinsen sinken schneller als die Ausgaben für die Einlagenzinsen. Das Kreditgeschäft bringt keinen ausreichenden Zinsüberschuss mehr. Im Ergebnis könnten die Banken, um ihr Eigenkapital zu schonen, die Kreditvergabe infolge der Niedrigzinspolitik einzuschränken, statt sie auszuweiten. Der Zinssatz, bei dem dieser Effekt eintritt, wird als Reversal Rate bezeichnet.

- Ebenfalls im Juni 2014 startete die EZB das erste von drei gezielten längerfristigen Refinanzierungsgeschäften (TLTRO, Targeted Longer-term Refinancing Operations). Diese verknüpften die Liquiditätsbereitstellung zu besonders günstigen Konditionen mit Vorgaben an die teilnehmenden Banken: Deren Nettokreditvergabe musste bestimmte quantitative Anforderungen erfüllen. Wurden diese verfehlt, musste die erhaltene Liquidität wieder zurückgezahlt werden. Die drei TLTRO-Programme hatten eine Laufzeit von jeweils vier-Jahren. Das von den Banken in Anspruch genommene Volumen erreichte in der Spitze ungefähr 2 Billionen Euro. Das zweite Programm startete im März 2016; das dritte wurde ein Jahr später gestartet. Die Geschäftsbanken konnten die TLTRO vorzeitig zurückzahlen, ihre Liquidität in Form von Zentralbankgeld also eigenständig senken. Das bedeutete im Umkehrschluss für die EZB, dass sie die Liquiditätsausstattung der Banken nicht direkt steuern konnte, sondern im Hinblick auf die Reservehaltung der Geschäftsbanken von deren Verhalten abhängig war: Wie schon bei den LTRO 2011/12 lag es nicht nur in der Hand der Geschäftsbanken, ob und in welchem Umfang sie die gezielten längerfristigen Refinanzierungsgeschäfte in Anspruch nehmen, sondern auch, wann und in welchem Umfang sie sie tilgen würden.

6.2 Quantitative Lockerung

6.2.1 Das »Programm zum Ankauf von Vermögenswerten«

Der in Abschnitt 6.1.3 beschriebene grundlegende Kurswechsel der EZB fand Mitte 2014 seinen Höhepunkt in der Ankündigung, man wolle ein umfassendes Programm zum Ankauf von Vermögenswerten starten. Es hieß Asset Purchase Programme

(APP) und erstreckte sich auf Verbriefungen (Asset-Backed Securities), Pfandbriefe und pfandbriefartige Wertpapiere (Covered Bonds), Unternehmensanleihen (Corporate Sector Bonds) sowie nicht zuletzt Staatsanleihen (Public Sector Bonds). Diese Art, Geldpolitik zu betreiben, wird als Quantitative Easing (quantitative Lockerung) bezeichnet. Der Aufkauf von Staatsanleihen war mit einem Anteil von 80 % am APP quantitativ am bedeutsamsten und gleichzeitig auch hoch umstritten. Deshalb konzentrieren sich die folgenden Ausführungen auf das Public Sector Purchase Programme (PSPP).

Wie schon im Falle vorheriger geldpolitischer Richtungsänderungen begründeten die Notenbanker ihren Schritt mit dem Ziel, die Transmission der Geldpolitik in der gesamten Eurozone sicherstellen zu müssen. Nach Ansicht der EZB beeinträchtigten im Sommer 2014 zwei Entwicklungen die Übermittlung der von ihr gesendeten geldpolitischen Impulse:

- Zum einen nutzten zahlreiche Geschäftsbanken die Option, die Kredite aus den zum Jahreswechsel 2011/12 initiierten längerfristigen Refinanzierungsgeschäften (Longer-Term Refinancing Operations, LTRO) vorzeitig zu tilgen (▶ Kap. 6.1.2). Sehr zum Missfallen der EZB ging die Liquidität des Bankensektors dadurch spürbar zurück. Darstellung 57 zeigt, wie die LTRO Anfang 2012 auf ein Volumen von mehr als 1.000 Milliarden Euro anstiegen, bevor ein Jahr später die vorzeitigen Tilgungen möglich wurden und das Niveau dann bis zum Sommer 2014 auf unter 400 Milliarden Euro absank. Entsprechend reduzierte diese Entwicklung den expansiven Impuls der Überversorgung des Bankensektors mit Liquidität.
- Zum anderen beobachtete die EZB eine Fragmentierung des europäischen Marktes für Bankenkredite an die Realwirtschaft. Die Kreditnachfrage der privaten Haushalte und Unternehmen variierte je nach Mitgliedsland abhängig von der dortigen ökonomischen Situation. Wo sich die Wirtschaft schleppend entwickelte, stellten die Konsumenten und die Investoren wenig Kreditanträge. Ebenso variierte die Kreditvergabefähigkeit der Geschäftsbanken je nach Mitgliedsland. Wo die Banken ihre Kreditportfolios erst noch um faule Kredite bereinigen mussten und zudem Schwierigkeiten hatten, die regulatorischen Eigenkapitalanforderungen zu erfüllen, hielten sie sich mit der Kreditvergabe zurück.

Ab der zweiten Hälfte des Jahres 2014 sah die EZB zudem für die gesamte Eurozone eine weitreichende Schwächung der gesamtwirtschaftlichen Nachfrage sowie die Gefahr einer »Ent-Ankerung« der Inflationserwartungen nach unten. Man befürchtete, die Bürger trauten der Notenbank nicht mehr zu, die Inflationsrate bei unter, aber nahe 2 % zu halten. Das hätte nach Ansicht der EZB in eine deflationäre Abwärtsspirale münden können, die es unbedingt zu verhindern galt. Da die Leitzinssätze nahe an der effektiven Zinsuntergrenze angelangt waren, suchte man einen Weg, auf dem fragmentierten europäischen Finanzmarkt die größtmögliche geldpolitische Wirkung zu erzielen – und legte zu diesem Zweck das Programm zum Ankauf von Vermögenswerten auf. Die Höhe der Zentralbank-Bilanzsumme wurde zur zentralen Politikvariablen der EZB. Die europäische Geldpolitik hatte nun eine fundamental andere Ausrichtung als zu Beginn der Währungsunion 1999. Damals hatte die EZB die Bankenliquidität knappgehalten und die Finanzierungsbedingungen am Interbankenmarkt (und damit indirekt auch in der Realwirtschaft) gesteuert, indem sie den Zinssatz für die Hauptrefinanzierungsgeschäfte (MRO) so setzte, dass sie ihr primäres Ziel Preisniveaustabilität erreichte. Die Volumina der MRO sowie der längerfristigen Refinanzierungsgeschäfte summierten sich dabei auf ungefähr 200 Milliarden Euro (▶ Dar. 57). Mit dem Beginn der Finanzkrise 2007/2008 verloren die Hauptrefinanzierungsgeschäfte zulasten der (gezielten) längerfristigen Refinanzierungsgeschäfte (LTRO, TLTRO) sowie der Wertpapierkäufe an Bedeutung. Das APP stellt den Endpunkt einer Entwicklung von der temporären Beruhigung des Interbankenmarktes in den Jahren 2007 bis 2009 über die Erhaltung der Funktionsfähigkeit einzelner Staatsanleihemärkte (seit 2010) zur Konjunkturstimulierung und Inflationserzeugung dar (Phasen 2 bis 4 ▶ Dar. 54).

Die EZB betrat mit der gezielten Aufblähung ihrer Bilanz kein geldpolitisches Neuland – die Federal Reserve, die Bank of England sowie die Schweizerische Nationalbank hatten mit dem Quantitative Easing (QE) schon 2009 begonnen. In der Europäischen Währungsunion wurde der Werkzeugkasten erst einige Jahre später in diese Richtung erweitert, weil zunächst noch die Bedenken einiger nationaler Zentralbanken (darunter die deutsche, die niederländische und die finnische) dagegen gestanden hatten. Die Kritiker der neuen Herangehensweise fürchteten u. a. Verluste für die Steuerzahler, falls einzelne Mitgliedsländer in Insolvenz gingen und/ oder die Eurozone verlassen müssten. Hier kommt ein wesentlicher Unterschied zwischen der Eurozone auf der einen sowie den USA, dem Vereinigten Königreich sowie der Schweiz auf der anderen Seite zum Tragen: Die Europäische Zentralbank kann keine europäischen Staatsanleihen kaufen (weil es diese nicht gibt), sondern muss im Wesentlichen auf den Märkten für nationale Staatsanleihen tätig werden.

6.2 Quantitative Lockerung

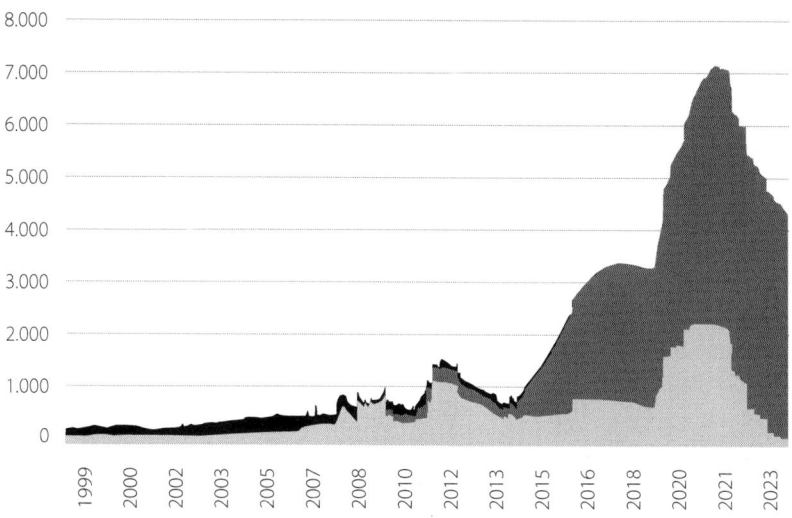

- Hauptrefinanzierungsgeschäfte
- Geldpolitische Wertpapierbestände (SMP, APP, PEPP)
- LTROs

Dar. 57: Geldpolitisch relevante Aktiva in der EZB-Bilanz (Mrd. €, Daten: EZB)

Die EZB behalf sich mit einer besonderen Ausgestaltung des Staatsanleihekaufprogramms (PSPP), um dem genannten Ausfallrisiko ebenso zu begegnen wie dem Verdacht, die Staatsanleihekäufe könnten die Grenze zur monetären Finanzierung der Haushalte einzelner Mitgliedsländer überschreiten:

- Um den Eindruck zu vermeiden, einzelne Mitgliedsländer könnten durch die Käufe bevorteilt werden, erfolgen diese nach einem prozentualen Schlüssel, der den Anteilen der Euroländer am EZB-Kapital entspricht. Hierfür sind die Bevölkerungsgröße und das Bruttoinlandsprodukt maßgebend.
- Damit die Grenze zur monetären Staatsfinanzierung nicht überschritten wird, kauft das Eurosystem je Emission und Emittent maximal ein Drittel des Anleihevolumens auf.
- 80 % des gekauften Anleihevolumens nehmen die nationalen Zentralbanken in ihre Bilanzen. Dabei gilt: jede nationale Zentralbank kauft nur die Anleihen des eigenen Landes. Damit verbleibt der Großteil des Ausfallrisikos im jeweiligen Mitgliedstaat. Die EZB nimmt nur die restlichen 20 % des Volumens in ihre eigene Bilanz. Bei den EZB-Käufen handelt es sich je zur Hälfte um nationale Staatsanleihen sowie um die Anleihen supranationaler Institutionen (darunter beispielsweise die Europäische Investitionsbank).

- Griechische Staatsanleihen konnten nicht erworben werden, weil sie aufgrund ihres Ratings nicht die Anforderungen erfüllten, die die EZB an notenbankfähige Papiere stellte.

Die Käufe starteten im März 2015 (▶ Dar. 58). Das monatliche Volumen betrug zunächst 60 Milliarden Euro pro Monat, wurde dann auf 80 Milliarden Euro erhöht, um schließlich schrittweise bis Anfang 2019 auf null Euro reduziert zu werden. Die Reduzierung der Käufe wird als Tapering bezeichnet. Von Januar bis Oktober 2019 gab es keine Nettokäufe, der Bestand an Wertpapieren im APP-Portfolio wurde konstant gehalten. Diesen Vorgang nennt man »Roll-on«. Hier werden immer so viele neue Papiere gekauft, wie alte auslaufen, also getilgt werden. Ende 2019 – also schon vor Beginn der Pandemie – nahm die EZB wieder monatliche Nettokäufe auf, und zwar in Höhe von 20 Milliarden Euro. Das APP lief ab Frühjahr 2020 parallel zum PEPP (Pandemic Emergency Purchase Programme ▶ Kap. 6.3); im Verlauf des Jahres 2020 wurden zusätzlich zu den regulären monatlichen Käufen noch einmal 120 Milliarden Euro für Wertpapiere ausgegeben; auch im April und Mai 2022 gab es etwas über die festgelegten 20 Milliarden Euro pro Monat hinausgehende Nettokäufe. Danach folgte wieder eine Roll-on-Phase bis Februar 2023. Von März bis Juni 2023 waren die Käufe bzw. Verkäufe so ausgelegt, dass der APP-Anleihebestand monatlich um 15 Milliarden Euro reduziert wurde. Seit Juli 2023 gibt es keine APP-Käufe mehr. Der Bestand reduziert sich jetzt automatisch so, wie die seit 2015 gekauften Wertpapiere auslaufen und getilgt werden (Roll-off).

Die Anleihekäufe sollten auf zwei Wegen wirken:

- Die EZB erwirbt die Anleihen von Geschäftsbanken und schreibt diesen den Gegenwert als Zentralbankgeld (Reserven, Liquidität) gut. Damit nimmt die Überschussliquidität der Geschäftsbanken zu, was ihnen die Kreditvergabe erleichtert. Spiegelbildlich bedeutet dies, dass Unternehmen und private Haushalte einen einfacheren Zugang zu Krediten haben, was Investitionen sowie Konsum und damit auch die Inflationsrate und die Wirtschaftstätigkeit stimuliert. Dieser makroökonomische Effekt gilt für alle erworbenen Arten von Vermögenswerten. Der Ankauf von Verbriefungstiteln und von Covered Bonds erleichtert Banken zudem die Kreditvergabe direkt. Je unkomplizierter Geschäftsbanken Kredite verbriefen und veräußern bzw. für die Emission von Covered Bonds nutzen können, desto einfacher ist es für sie, neue Kredite zu vergeben.
- Die Anleihekäufe der EZB erhöhen die Preise der Anleihen und senken damit deren Rendite. Banken und Investoren verlagern ihre Aktivitäten daraufhin auf andere Vermögenswerte, was auch deren Preise steigert und Renditen verringert. Im Ergebnis sinkt das Zinsniveau über die Zinsstrukturkurve hinweg, was wiederum stimulierend auf Investitionen und Konsum wirkt. Das niedrigere Zinsniveau bewirkt auch, dass Kapital ins Ausland abfließt. Dies zieht eine nominale Abwertung des Euro nach sich, woraufhin die Exporte anziehen dürften. Auch davon geht eine stimulierende Wirkung auf das Preisniveau und die Wirtschaftstätigkeit aus.

6.2 Quantitative Lockerung

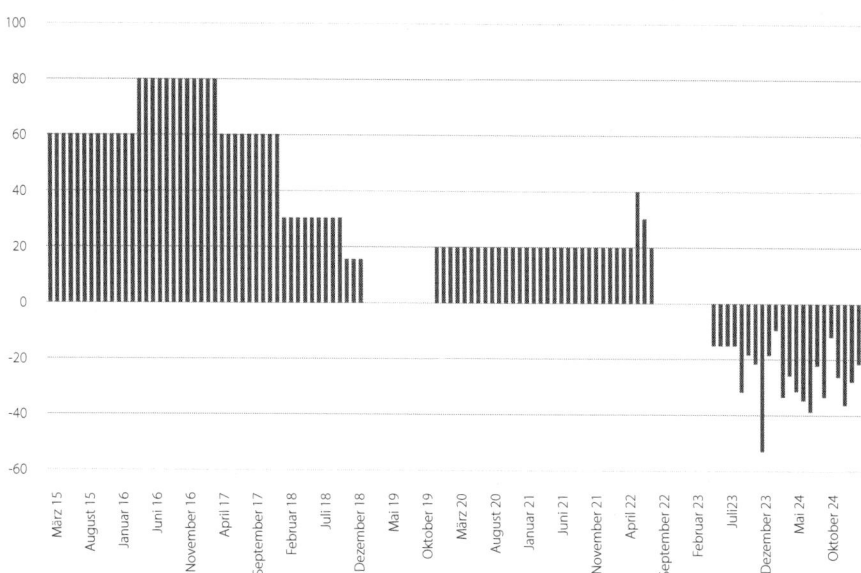

Dar. 58: Monatliche Ankäufe von Vermögenswerten im APP-Programm (Mrd. € zuzüglich 120 Mrd. im Verlauf des Jahres 2000)

Die Wirkung verstärken soll in beiden Fällen, dass die Notenbank mit dieser unkonventionellen Politikmaßnahme ihre Entschlossenheit zu einer expansiven Geldpolitik signalisiert, woraufhin die Inflationserwartungen stabilisiert werden, was tendenziell auch zu einer Stabilisierung bzw. sogar Steigerung der Inflation selbst führt.

Die EZB reklamiert das APP als Erfolg für sich. Die langfristigen Zinsen seien wie erhofft gesunken, es habe positive Auswirkungen auf die Kreditvergabe der Geschäftsbanken gegeben. Das Wirtschaftswachstums habe sich besser entwickelt, die Arbeitslosigkeit sei niedriger gewesen als im hypothetischen Alternativszenario ohne APP.

6.2.2 Kritik an den Staatsanleihekäufen

Das Programm zum Ankauf von Vermögenswerten stieß von Beginn an auf Kritik, die immer lauter wurde, je länger das APP lief und je stärker der Bestand insbesondere an Staatsanleihen in der Bilanz der EZB anwuchs. Zunächst einmal wurde ganz generell in Zweifel gezogen, dass die von der EZB gesehene Gefahr einer deflationären Abwärtsspirale überhaupt existierte. Dafür hätte es eine sich selbst verstärkende Spirale aus niedrigen Konsum- und Investitionsausgaben, allgemeiner Absatzschwäche und sinkenden Preisen geben müssen. Bei den niedrigen und punktuell negativen Inflationsraten zum Jahreswechsel 2014/15 sowie im Frühjahr 2016 habe es sich aber um statistische Ausreißer gehandelt, die im Wesentlichen durch damals gerade sinkende Energiepreise zu erklären gewesen seien. Nicht eine breit angelegte Nachfrageschwäche in der Eurozone sei also in dieser Zeit das Problem gewesen, sondern der gewissermaßen »importierte« Preisrückgang bei den zum größten Teil aus dem Ausland eingeführten Primärenergieträgern Öl und Gas. Dieser habe die Inflationsrate direkt (über die Ausgaben der privaten Haushalte für Benzin, Diesel und Erdgas zum Heizen) sowie indirekt (über die Energiekosten als wichtiger Bestandteil der Preiskalkulation der Unternehmen) gesenkt. Geldpolitischer Handlungsbedarf habe nicht bestanden – jedenfalls nicht in dem Ausmaß, welches die Aktivitäten der EZB dann angenommen hätten.

Das zeige auch die Betrachtung zweier gebräuchlicher Alternativen zur allgemeinen Inflationsrate, mit der die EZB die Entwicklung des Preisniveaus beurteilt: Kerninflationsrate und BIP-Deflator.

- Die sog. Kerninflationsrate wird mit der gleichen Methodik berechnet wie die allgemeine Inflationsrate, stellt jedoch die Preisentwicklung ohne die Preise für Energie sowie Nahrungsmittel dar. Der beschriebene Effekt, dass allein ein Rückgang der Energiepreise die europäische Inflationsrate senkt oder sogar in den negativen Bereich drückt, kann bei Betrachtung der Kerninflationsrate also ausgeblendet werden.
- Sowohl der allgemeinen wie auch der Kerninflationsrate ist gemeinsam, dass sie die Preise messen, wie sie ein privater Haushalt mit repräsentativer, in einem sog. Warenkorb abgebildeter Konsumstruktur bezahlen muss. Der Warenkorb enthält nicht nur die bereits erwähnten und bei der Kerninflationsrate unberücksichtigten Energieträger und Nahrungsmittel, sondern in erheblichem Umfang importierte Waren und Dienstleistungen. Diese Art der Inflationsberechnung spiegelt damit immer auch die Kosten- und Preisentwicklung im Ausland wider. Der BIP-Deflator – auch Inlandsinflation genannt – erlaubt eine gänzlich andere Perspektive. Er ermittelt, wie sich die Preise der im Inland hergestellten Güter entwickeln, und ist damit ein geeignetes Maß für die inländische Kosten- und Preisentwicklung.

Sowohl die Kerninflation als auch die Veränderungsrate des BIP-Deflators lagen im Betrachtungszeitraum (vom Start der Diskussion über umfangreiche Kaufprogramme Anfang 2013 bis zum Beginn der Corona-Krise) durchgängig über 0,5 % und im Jahr 2015, als die Käufe begannen, sogar bei bis zu 1,5 % (▶ Dar. 59). Diese Zahlen führen die APP-Kritiker als Beleg für ihre These an, dass die EZB damals einen Lösungsvorschlag für ein Problem, das überhaupt nicht existierte, präsentierte und schließlich auch umsetzte.

6.2 Quantitative Lockerung

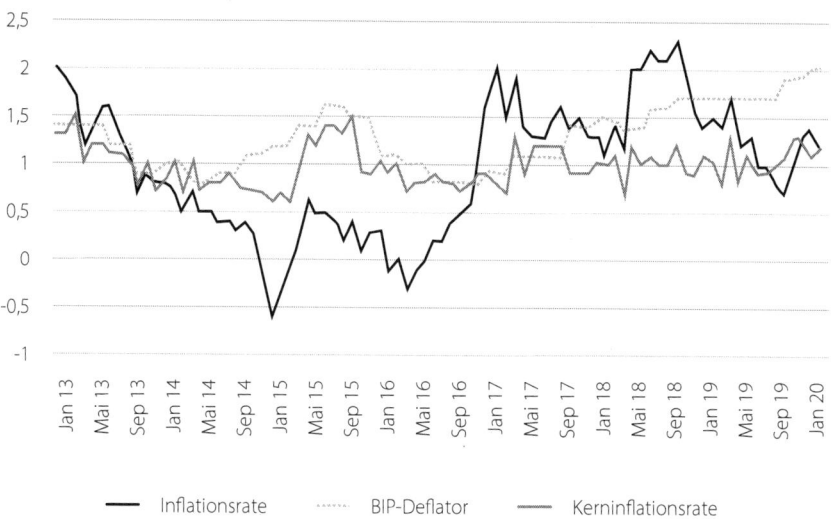

Dar. 59: Preisniveauentwicklung in der Eurozone – verschiedene Messkonzepte im Vergleich (% gegenüber Vorjahr)

Daneben entwickelte sich in den Folgejahren eine intensive Debatte über die möglichen Nebenwirkungen dieser Art von unkonventioneller Geldpolitik: Denn selbst wenn das APP die erhoffte Wirkung auf Konjunktur und Preisniveau entfaltet habe, seien dem die Nebenwirkungen der Anleihekäufe gegenüberzustellen:

- Die generelle Senkung des Zinsniveaus habe eine »Jagd nach Rendite« ausgelöst. Da es auf sichere Anlagen selbst bei relativ langem Anlagehorizont keine oder sogar negative Zinsen gegeben habe, seien viele Akteure auf Alternativen umgestiegen, z. B. Immobilien oder Aktien, woraufhin dort Preisblasen entstanden seien. Davon hätten Bevölkerungsschichten profitiert, die solche Vermögenswerte schon vor Beginn des APP besaßen. An ärmeren Haushalten sei dieser Effekt völlig vorbeigegangen. Daher gehe die quantitative Lockerung bis heute mit einer Umverteilung nach oben einher.
- Eine zu lange Phase niedriger Zinsen berge die Gefahr, dass die Vermögensmärkte sowie Teile des Bankensystems und der Realwirtschaft in Schwierigkeiten gerieten, wenn das Zinsniveau irgendwann wieder ansteige. Dadurch könne die Zentralbank unter finanzielle Dominanz geraten: Aus Angst, eine Krise im Finanzsektor auszulösen, verzögere sie dann gegebenenfalls eine geldpolitische Straffung, die im Sinne der Inflationsbekämpfung eigentlich dringend angezeigt sei. Das primäre Ziel, die Preisniveaustabilität zu erhalten, trete dann womöglich hinter die Sorge um das Schicksal mancher Finanzmarktakteure zurück.
- Die unterschiedliche Kreditnachfrage und die unterschiedliche Situation der Geschäftsbanken in den Mitgliedsländern habe bewirkt, dass insbesondere Geschäftsbanken in den Kernländern ihre Kreditvergabe ausgeweitet hätten. In den

Peripherieländern hingegen habe das APP im Wesentlichen den Effekt gehabt, dass Banken mit relativ schwacher Eigenkapitalausstattung in der Lage gewesen seien, den Abbau notleidender Kredite zu verzögern und ihre Kredite an Unternehmen mit zweifelhaftem Geschäftsmodell zu verlängern. Die »Entzombifizierung« des Bankensystems und der Realwirtschaft in den Peripherieländern habe so umgangen werden können (▶ Kap. 5.5.3). Zudem habe die mit dem APP einhergehende relative Abwertung des Euro die exportorientierten Volkswirtschaften im Kern der Eurozone gestärkt. Alles in allem habe das APP die Heterogenität der Währungsunion somit vergrößert.
- Niedrige Staatsanleiherenditen brächten negative Anreize für die nationalen Regierungen mit sich. Der Zwang, die öffentlichen Haushalte zu konsolidieren und wachstumsfördernde Strukturreformen zu implementieren, schwinde, wenn der Staat, die Banken und die Realwirtschaft sich leicht finanzieren könnten.
- Mindestens ebenso gefährlich für die Zentralbank sei das daraus resultierende Risiko der fiskalischen Dominanz (▶ Kap. 3.2.4). Das mit der extrem lockeren Geldpolitik erreichte niedrige Zinsniveau erleichtere den Finanzministern die Arbeit, weil die Zinsbelastung des Haushaltes abnehme. Wenn das Zinsniveau nun eigentlich wieder steigen müsse, um Inflationsgefahren abzuwehren, könne die Zentralbank womöglich vor einer restriktiveren Geldpolitik zurückschrecken – getrieben von der Befürchtung, die höheren Zinsen könnten eine neue Staatsschuldenkrise auslösen.

Über diese ökonomische Kritik hinaus wurden auch gravierende rechtliche Bedenken gegen das Staatsanleihekaufprogramm vorgetragen. In Deutschland kam es – wie schon beim OMT – zu einer Klage vor dem Bundesverfassungsgericht (▶ Kap. 6.1.3). Die Beschwerdeführer argumentierten, die EZB verstoße gegen ihr Mandat, primär das Ziel Preisniveaustabilität zu verfolgen, und verletze zudem das Verbot der Monetarisierung der Staatsschuld (▶ Kap. 3.3.1). Die Richter in Karlsruhe leiteten das Verfahren an den Europäischen Gerichtshof (EuGH) zur Vorabentscheidung weiter. Der EuGH urteilte im Dezember 2018, die Europäische Zentralbank habe kraft ihrer Unabhängigkeit einen sehr weitgehenden Spielraum bei der Festlegung, auf welchem Weg sie ihr Mandat erreichen wolle. Angesichts der von ihr diagnostizierten Deflationsgefahr sei das Staatsanleihekaufprogramm zulässig gewesen und stelle keinen Bruch der Maastrichter Vereinbarungen dar. Zudem habe die EZB mit der konkreten Ausgestaltung des APP dafür Sorge getragen, dass potentiell schädliche Nebenwirkungen wie die ungerechtfertigte Umverteilung von Ausfallrisiken begrenzt seien und daher die Verhältnismäßigkeit des Programms gewahrt bleibe. Auch einen Verstoß gegen das Verbot der Monetarisierung der Staatsschuld (▶ Kap. 3.3.1) konnte der EuGH nicht feststellen. Zwar sei es durchaus richtig, dass die Geldpolitik keine falschen Anreize setzen dürfe. Weder die Käufer von Staatsanleihen am Primärmarkt noch die Mitgliedstaaten als deren Emittenten dürften sich darauf verlassen können, dass die Notenbank immer und überall gewissermaßen als »Käufer der letzten Instanz« auftrete. Auch hier verwies der EuGH auf die konkreten Regularien des Programms (u. a. Verteilung der Käufe nach Kapitalschlüssel, quantitative Begrenzung auf ein Drittel der Anleihen je Emittent und je Emission, unklare Dauer des Programms); diese Regularien schlössen aber aus, dass das APP eine monetäre Staatsfinanzierung darstelle.

Das Bundesverfassungsgericht konnte der Argumentation des Europäischen Gerichtshofs nicht vollständig folgen und stufte den Ankauf von Staatsanleihen durch die EZB in seinem Urteil vom Mai 2020 als teilweise grundgesetzwidrig ein. Das PSPP stelle zwar keine monetäre Staatsfinanzierung dar, verstoße aber gegen das Prinzip der Verhältnismäßigkeit staatlicher Handlungen. Es habe in Form der fiskalischen und finanziellen Dominanz Konsequenzen für die zukünftige Fähigkeit der EZB, ihr Mandat zu erfüllen, und verursache im Zuge seiner Umsetzung erhebliche Nebenwirkungen beispielsweise für alle, deren wirtschaftlicher Handlungsspielraum durch die extrem niedrigen Zinsen eingeengt werde. Die Bundesbank dürfe daher nicht mehr am Staatsanleihekaufprogramm mitwirken, wenn die EZB nicht innerhalb von drei Monaten schlüssig begründe, dass es keine weniger weitreichende Alternative gebe und warum das PSPP daher verhältnismäßig sei. Die EZB erklärte daraufhin gegenüber Bundesregierung und Bundestag, warum die Bedenken des Bundesverfassungsgerichtes aus ihrer Sicht unbegründet seien. Mit dieser Erklärung war die rechtliche Auseinandersetzung über das PSPP beendet.

6.3 Die geldpolitische Reaktion auf die Covid-Pandemie

Die Covid-Pandemie stellte für die Regierungen der Euroländer sowie die Europäische Zentralbank eine in Art und Umfang bis dato ungekannte Herausforderung dar. Die Mitgliedstaaten mussten zunächst die akute Gefahr für die Gesundheit ihrer Bevölkerungen begrenzen. Dazu verhängten sie Kontaktbeschränkungen, Schulschließungen und Grenzkontrollen. Dies und die allgemeine Unsicherheit drohte die Wirtschaftslage massiv zu beeinträchtigen und sorgte für erhebliche Unruhe an den Finanzmärkten. Auch die Staatsanleiherenditen stiegen und entwickelten sich innerhalb der Eurozone unterschiedlich; die Spreads legten also zu.

Darauf reagierte die EZB zum einen mit einer Neuauflage der im Jahr 2017 zuletzt initiierten gezielten längerfristigen Refinanzierungsgeschäfte (TLTRO), deren Volumen 2020/21 auf über 2.000 Milliarden Euro anstieg (▶ Dar. 57); zum anderen starteten die Notenbanker ein neues Programm zum Ankauf von Vermögenswerten, das Pandemic Emergency Purchase Programme (PEPP). Damit konnten grundsätzlich die gleichen Arten von Wertpapieren gekauft werden wie im APP; die PEPP-Käufe erstreckten sich aber fast ausschließlich auf Staatsanleihen. Im Gegensatz zum APP konnten auch griechische Staatsanleihen gekauft werden, und es waren Abweichungen vom Kapitalschlüssel möglich. Die EZB konnte also die prozentualen Ländergewichte in ihrem Staatsanleiheportfolio frei wählen. Auch die im APP praktizierte Limitierung bezüglich Emittenten bzw. einzelnen Emissionen galt nicht mehr. Wegen des enormen Umfangs des Programms, das parallel zum noch laufenden APP aufgelegt wurde, wären andernfalls die in Frage kommenden Wertpapiere knapp geworden – denn das PEPP hatte insgesamt ein, wenn auch nicht voll ausgeschöpftes

6 »The only game in town«: Die EZB als Mädchen für alles? (2015–2022)

Volumen von 1.850 Milliarden Euro. Zunächst, im März 2020, sollte es 750 Milliarden umfassen; im Juni wurde es um 600 und im Dezember um weitere 500 Milliarden Euro aufgestockt. Anders als beim APP kaufte die EZB nicht im Vorhinein je Monat festgelegte Volumina, sondern agierte relativ freihändig (▶ Dar. 60). Die letzten Netto-Käufe fanden im März 2022 statt. Danach wurde der Bestand bis Juni 2024 konstant gehalten; die durch die Tilgung ausgelaufener Papiere eingenommenen Mittel wurden also reinvestiert (Roll-on). In der zweiten Jahreshälfte 2024 fand dann ein planmäßiges Roll-off statt: Der PEPP-Bestand wurde jeden Monat um 7,5 Milliarden Euro reduziert.

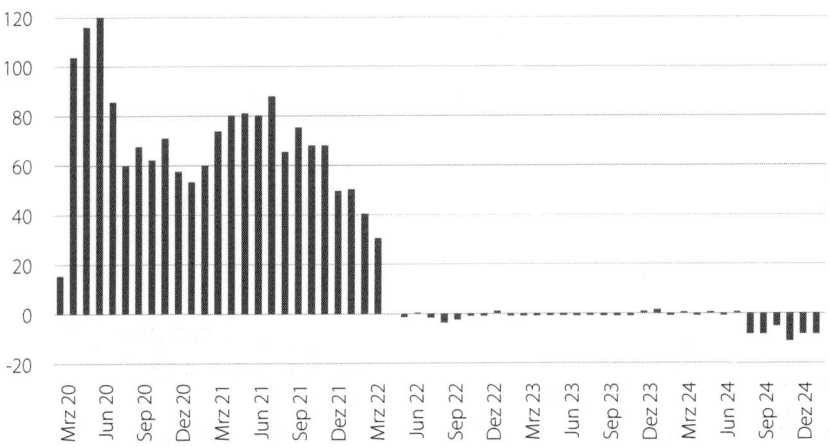

Dar. 60: Monatliche Ankäufe von Vermögenswerten im PEPP-Programm (in Milliarden, Daten: EZB)

Die EZB beendet das Jahr 2024 mit einer Bilanzsumme von immer noch mehr als vier Billionen Euro (▶ Dar. 57). Seit dem Beschluss, das APP aufzulegen, waren zehn Jahre vergangen. In diesem Zeitraum hatte die Notenbank sich, gewollt oder ungewollt, für die europäischen Finanzmärkte – und insbesondere die Staatsanleihemärkte – zum »Market maker of last resort« entwickelt. Das OMT-Programm und der ESM waren de facto obsolet geworden. Die EZB hatte für ausreichend günstige finanzpolitische Rahmenbedingungen gesorgt. Die Regierungen konnten sich darauf verlassen, ihre Staatsanleihen jederzeit zu tragbaren Konditionen absetzen und so ihre Verschuldung beibehalten oder sogar ausweiten zu können.

7 Gegenwart und Zukunft

7.1 Die Inflation ist zurück

Die massiven Anleihekäufe im Rahmen des Programms zum Ankauf von Vermögenswerten (Asset Purchase Programme, APP) sowie des Pandemieprogramms (Pandemic Emergency Purchase Programme, PEPP) und die gezielten längerfristigen Refinanzierungsgeschäfte (Targeted Longer-term Refinancing Operations, TLTRO) ließen den geldpolitisch relevanten Teil der EZB-Bilanz im Jahresverlauf 2022 auf über 7.000 Milliarden Euro ansteigen (▶ Dar. 57). Entsprechend entwickelten sich die Überschussreserven (▶ Kap. 4.1) der Geschäftsbanken. Die Geldpolitik war also stark expansiv ausgerichtet. Gleichzeitig aktivierten die Regierungen der Euroländer im März 2020 für das laufende Jahr die generelle Ausnahmeklausel des Stabilitäts- und Wachstumspaktes, so dass sie an keine (europäischen) Ausgaben- und/ oder Defizitbestimmungen mehr gebunden waren. Die Ausnahmeklausel wurde dann auch noch in den Jahren 2021 bis 2023 in Anspruch genommen, wobei ab 2022 der russische Angriff auf die Ukraine und die damit einhergehende Energiekrise als Begründung diente. Die dadurch gewonnenen finanziellen Spielräume nutzten die Mitgliedstaaten, um private Haushalte und Unternehmen mit Zuschüssen, Krediten und Garantien in Billionenhöhe zu unterstützen. Damit gingen auch von der Fiskalpolitik expansive Impulse aus.

Die Juristin Christine Lagarde, geboren 1956 in Paris, begann ihre berufliche Karriere als Anwältin in einer international tätigen Wirtschaftskanzlei (Baker McKenzie), die sie von 1999 bis 2005 auch leitete. Anschließend war sie Mitglied der französischen Regierung, zunächst in den Ressorts Handel sowie Landwirtschaft und Fischerei und schließlich als Ministerin für Wirtschaft und Finanzen. 2011 wurde Lagarde geschäftsführende Direktorin des Internationalen Währungsfonds (IWF) in Washington, bevor sie 2019 ihr Amt als Präsidentin der Europäischen Zentralbank antrat. Ihre Amtszeit endet im Oktober 2027. [Foto: EZB]

7 Gegenwart und Zukunft

Dadurch blieb während der Coronakrise die Nachfrage nach Waren stark, während Dienstleistungen aufgrund der in den meisten Ländern geltenden Kontaktbeschränkungen nur begrenzt nachgefragt bzw. angeboten werden konnten. Die pandemiebedingten weltweiten Störungen des Personen- und teils auch Güterverkehrs führten wiederum zu globalen Angebotsbeschränkungen. Das zog schon während der Pandemie Preissteigerungen bei wichtigen Zwischenprodukten (u. a. Computerchips) sowie Energie nach sich. Ende 2021 und in der ersten Jahreshälfte 2022 wurde die zuvor teils aufgestaute Nachfrage nach Waren und Dienstleistungen im Zuge der Lockerungen und schließlich der Abschaffung der Coronabeschränkungen innerhalb kurzer Zeit an den globalen Gütermärkten wirksam. Gleichzeitig verursachte der russische Überfall auf die Ukraine eine Energiekrise sowie Preissteigerungen auf dem Agrarmarkt, auf dem die Ukraine als sehr großer Produzent aktiv ist.

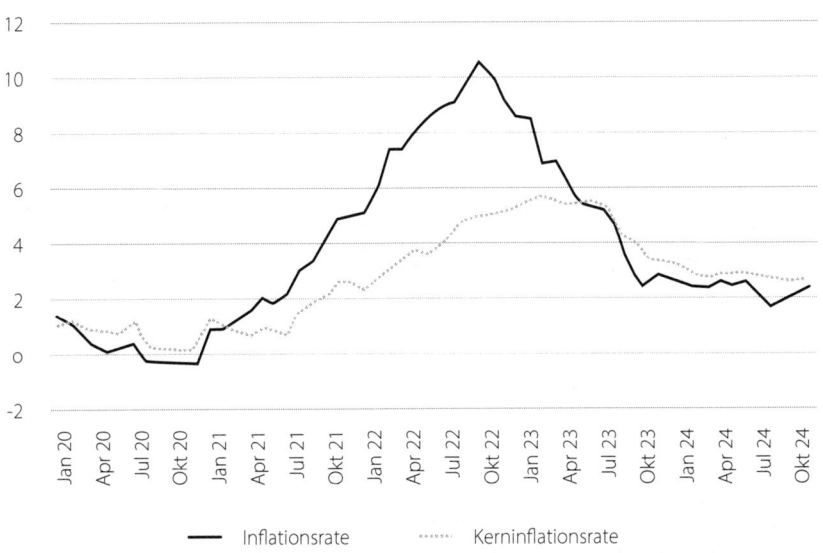

Dar. 61: Preisentwicklung in der Eurozone während und nach der Pandemie (Prozentangaben, Daten: EZB)

Die Inflationsrate zog daraufhin schon im Laufe des Jahres 2021 stark an (▶ Dar. 61), während die Geld- und Fiskalpolitik weiterhin stark expansiv ausgerichtet war. Die europäischen Staaten setzten nach der Pandemie nun zum zweiten Mal massive finanzielle Mittel ein, um die privaten Haushalte und Unternehmen abzuschirmen, diesmal gegen den kriegsbedingten Energiepreisschock. Dass ihre Geldpolitik bis zum Sommer 2022 expansiv blieb, hatte die EZB zuvor lange mit dem angebotsseitigen und ihrer Ansicht nach temporären Charakter des Inflationsschubs begründet. Eine Notenbank könne die Energiepreise ohnehin nicht beeinflussen, und außerdem wirke die Geldpolitik nur mit einer Verzögerung von mindestens einem Dreivierteljahr. Bis dahin hätten sich die Energiepreise womöglich schon wieder normalisiert und der pandemiebedingte Nachfragestau bzw. Angebotsengpass abgebaut. Die Hauptsorge der EZB bleibe mittelfristig weiterhin eine schwache Wirtschaftsentwicklung mit potenziell deflationären Tendenzen. Eine restriktive Geldpolitik könne das vorübergehende Inflationsproblem nicht lösen, aber das unter der Oberfläche schlummernde Deflationsrisiko erhöhen. So hieß es bis zum Frühsommer 2022 aus der Frankfurter EZB-Zentrale. Möglicherweise hielten sich die Notenbanker zunächst auch deshalb zurück, weil sie die potenziellen Auswirkungen einer schnellen Zinsanhebung auf die Staatsanleihemärkte und das Finanzsystem für problematischer hielten als die hohen Inflationsraten.

Diese abwartende Haltung stieß schon früh auf Widerspruch. Wenn die Zentralbank der Steigerung der Inflationsrate zu lange zuschaue, drohe ein Anstieg der Inflationserwartungen, aus dem eine Lohn-Preis-Spirale resultieren könne. Die Arbeitnehmer seien aufgrund des Arbeitskräftemangels in der Lage, höhere Lohnforderungen durchzusetzen, um ihre inflationsbedingten Kaufkraftverluste zu begrenzen. Das treibe die Kosten der Unternehmen und führe zu weiteren Preissteigerungen. Im schlimmsten Fall komme es zu einer Verfestigung der Geldentwertungsrate deutlich oberhalb des Zielwertes von zwei Prozent. Zudem könne die EZB sehr wohl den höheren Energiepreisen entgegenwirken, wenn auch nur indirekt. Erdöl, aber auch andere fossile Energieträger (z. B. amerikanisches Flüssiggas) werden auf dem Weltmarkt in Dollar fakturiert. Eine restriktivere Geldpolitik der EZB hätte den Euro gegenüber dem Dollar stärken und dadurch den Effekt der (in US-Dollar gerechnet) gestiegenen Energiepreise für die privaten Haushalte und Unternehmen in der Eurozone abmildern können. Zudem hätte eine restriktivere Geldpolitik auch die Energienachfrage der privaten Haushalte und Unternehmen in der Eurozone gedämpft, was ebenfalls die Energiepreisinflation verlangsamt hätte.

Der EZB-Rat schloss sich dieser Argumentation schließlich an und verkündete im Sommer 2022 eine geldpolitische Kehrtwende. Dabei hatte er zwei Herausforderungen zu bewältigen: Er musste erstens den Zielkonflikt zwischen Preisniveaustabilität und Wirtschaftswachstum bewältigen, mit dem Zentralbanken seit jeher konfrontiert sind. Ziel einer restriktiven Geldpolitik ist es, die gesamtwirtschaftliche Nachfrage nach Waren und Dienstleistungen so weit zu dämpfen, dass sie in etwa dem gesamtwirtschaftlichen Angebot entspricht. Denn solange die Nachfrage das Angebot übersteigt, öffnen sich den Unternehmen Spielräume für Preiserhöhungen. Die zur Inflationsbekämpfung notwendige Nachfragereduktion hat aber regelmäßig ein nachlassendes Wachstum und höhere Arbeitslosenzahlen zur Folge. Zweitens musste der EZB-Rat den Wechsel hin zu einer restriktiven Geldpolitik vor dem Hintergrund einer seit einem Jahrzehnt äußerst expansiv ausgerichteten Versorgung des Bankensystems mit Liquidität bewerkstelligen. Die EZB hatte im Sommer 2022 Wertpapiere – insbesondere Staatsanleihen der Euroländer – mit einem Volumen von immer noch ungefähr 5.000 Milliarden Euro in ihrer Bilanz (▶ Dar. 57). Deren schneller Abbau hätte für erhebliche Unruhe auf den Finanzmärkten gesorgt, denn damit wären sinkende Kurse und steigende Renditen verbunden gewesen. Für die Banken hätte das Abschreibungen auf ihre Staatsanleihebestände, für die Finanzminister höhere Zinskosten bedeutet. Vor diesem Hintergrund hätte ein abrupter geldpolitischer Wechsel steigende Spreads für manche Mitgliedsländer und – jedenfalls der gängigen EZB-Argumentation zufolge – eine Störung des Transmissionsmechanismus nach sich ziehen können.

Die EZB ging die erste Herausforderung an, indem sie ihrem laut EU-Vertrag primären Ziel, der Preisniveaustabilität, eindeutig Priorität einräumte. Von Juli 2022 bis September 2023 gab es zehn Zinserhöhungen, die den im Floorsystem (▶ Kap. 6.1.1) relevanten Einlagesatz von minus 0,5 % auf 4 % erhöhten. So wirkte der EZB-Rat nicht nur auf die Kreditzinsen und damit den Konsum und die Investitionen ein; er sendete auch ein unmissverständliches Signal der geldpolitischen Entschlossenheit, um die Inflationserwartungen bei 2 % zu halten. Ende 2022 wurde zudem die Forward Guidance (▶ Kap. 6.1.3) als Kommunikationsinstrument beendet. Die Kommunikation der geldpolitischen Ausrichtung fand von da an kurzfristig und auf Basis der aktuell vorliegenden Daten statt.

Die zweite Herausforderung, den Übergang zu einer restriktiven Geldpolitik mit möglichst geringen Kollateralschäden für die Finanzmärkte, überwand die EZB mit Hilfe einer strikten Trennung von Zins- und Bilanzpolitik. Im Einzelnen bedeutete das: Der Abbau der Überschussliquidität erfolgte einerseits über die Tilgung der gezielten längerfristigen Refinanzierungsgeschäfte. Die diesbezüglichen Kreditforderungen der EZB sanken von über 2.000 Milliarden Euro Ende 2022 in mehreren Schritten auf nahe null Ende 2024. Andererseits begann die EZB mit einem behutsamen Abbau ihrer Wertpapierbestände. Diese hatten im Spätsommer 2022 mit knapp 5.000 Milliarden Euro ihr höchstes Niveau erreicht, wurden dann – wie in Kapitel 6.2 dargestellt – bis zum Frühjahr 2023 in etwa konstant gehalten und danach langsam abgebaut. Beim APP gab es ab März 2023 keine Reinvestitionen mehr; hier sinkt der Bestand seitdem entsprechend den Tilgungen. Das PEPP-Volumen wurde von April 2022 bis Juli 2024 konstant gehalten und in der zweiten Jahreshälfte 2024 monatlich um 7,5 Milliarden Euro reduziert. Die Rückführung der Bilanzsumme durch die schrittweise Tilgung der Anleihen soll fortgeführt werden, bis die aus Sicht des EZB-Rates optimale Größe und Struktur der Bilanz erreicht ist.

Eine Rückkehr zu ihrer geldpolitischen Vorgehensweise in den ersten Jahren der Währungsunion schließt die Europäische Zentralbank damit aus. Damals war sie darauf bedacht, »marktneutral« zu agieren. Das bedeutete nicht zuletzt, Wertpapiere nicht langfristig zu erwerben, sondern im Rahmen der Offenmarktpolitik nur befristet anzukaufen (Wertpapierpensionsgeschäft) bzw. bei der Kreditvergabe an die Geschäftsbanken als Sicherheiten zu akzeptieren (▶ Kap. 4.1). In Zukunft hingegen will die EZB ein »strukturelles Anleiheportfolio« beibehalten. Dessen Inhalt wird gezielt so ausgewählt, dass der Anleihebestand den Zielen der europäischen Geldpolitik zuträglich ist. An die Seite marktneutraler, kurzfristiger Transaktionen können also auch längerfristige Wertpapierinvestitionen treten. Die Möglichkeit, künftig wieder – wie schon im Rahmen der großen Ankaufprogramme APP und PEPP praktiziert – Bilanzsummenpolitik durch Ankauf von Vermögenswerten zu praktizieren, wurde auch expliziter Teil der EZB-Strategie.

7.2 Die Revision der EZB-Strategie 2021

Die EZB hatte sich 1998 erstmals eine Strategie gegeben. Kernelemente der Strategie sind die Operationalisierung des vertraglich vorgegebenen Ziels Preisniveaustabilität, die Beschreibung des zentralen geldpolitischen Instrumentariums sowie die Offenlegung der Methoden, mit denen die für die Arbeit der Notenbank relevanten Informationen gewonnen und verarbeitet werden (▶ Dar. 62). Nach einer Anpassung im Jahr 2003 war die offiziell kommunizierte Strategie sehr lange unverändert geblieben, obwohl sich die EZB mit dem OMT-Programm, der Negativzinspolitik und den massiven Wertpapierkäufen weit von ihrer ursprünglichen Herangehensweise entfernt hatte. 2020 hielt der EZB-Rat es dann für angemessen, einen Prozess der Strategierevision zu initiieren.

Mit ihrer daraufhin 2021 veröffentlichten neuen Strategie verabschiedete sich die EZB einerseits vom Quantitative Easing und teilte mit, das primäre geldpolitische Instrument sei künftig nicht mehr die Bilanzsumme, sondern wieder der Leitzins. Der Aufkauf von Vermögenswerten, die langfristige Kreditvergabe an Banken und die Forward Guidance blieben aber andererseits Teil des Werkzeugkastens. Aus dem Zwei-Säulen-Ansatz wurde nun ein »integrierter Analyserahmen«. Monetäre sowie finanzwirtschaftliche Informationen sollen die Analyse der realwirtschaftlichen Entwicklungen und der Inflationserwartungen unterfüttern. Damit wird anerkannt, wie wichtig die Betrachtung von Geldmengen- und Kreditentwicklungen für das Verständnis des Transmissionsprozesses ist und dass es zwischen Preisniveau- und Finanzstabilität vielfältige komplexe Wechselwirkungen gibt. Zu diesen Wechselwirkungen zählt u. a. der Einfluss, den die Hauspreise auf das Preisniveau insgesamt haben. Ihre Veränderung soll künftig bei der Berechnung der Inflationsrate Berücksichtigung finden. Mit der sog. grünen Geldpolitik sollen zudem nun auch Risiken, die aus dem Klimawandel resultieren, in die geld- und finanzstabilitätspolitische Analyse einfließen.

Dar. 62: Die Entwicklung der EZB-Strategie

	Definition Preisniveaustabilität	wichtigstes geldpolitisches Instrument	relevante Informationen für Entscheidungsfindung
1998	Inflationsrate unter 2 % (mittelfristig zu erreichen)	Leitzins (Zins für Hauptrefinanzierungsgeschäfte)	Zwei-Säulen-Ansatz (mit Referenzwert für die Geldmengenentwicklung)
2003	Inflationsrate unter, aber nahe bei 2 % (mittelfristig zu erreichen)	Leitzins (Zins für Hauptrefinanzierungsgeschäfte)	Zwei-Säulen-Ansatz (Geldmengenentwicklung nur noch mit informatorischem Charakter)

Dar. 62: Die Entwicklung der EZB-Strategie – Fortsetzung

	Definition Preisniveaustabilität	wichtigstes geldpolitisches Instrument	relevante Informationen für Entscheidungsfindung
2021	symmetrisches Ziel ist Inflationsrate von 2 % (mittelfristig zu erreichen)	Leitzins (ab 2024 offiziell: Einlagensatz); optional: Bilanzsumme (quantitative Lockerung); Forward Guidance und langfristige Kreditvergabe an Kreditinstitute bleiben Teil des Werkzeugkastens	integrierter Analyserahmen (finanzwirtschaftliche Informationen unterfüttern Analyse der Realwirtschaft und der Inflationserwartungen)

Elementarer Bestandteil der EZB-Strategie war und ist es, das der Notenbank vorgegebene Ziel Preisniveaustabilität zu definieren. Gestartet war man 1999 mit einer »Inflationsrate unter 2 %«, woraus 2003 »unter, aber nahe bei 2 %« wurde. 2021 formulierte die EZB ein »symmetrisches 2-Prozent-Ziel«. Das bedeutet: Das den Notenbankern durch den Maastrichter Vertrag vorgegebene primäre Ziel, die Preisniveaustabilität in Europa zu erhalten, gilt als erfüllt, wenn die Inflationsrate 2 % beträgt. Dabei werden Abweichungen nach oben oder unten als in gleichem Maße problematisch betrachtet. Dies spiegelt die Situation wider, die herrschte, als die neue Strategie 2020/21 entstand: Nach zehn Jahren niedriger Zinsen und Inflationsraten hielten viele Ökonomen und Marktteilnehmer den Umgang mit deflationären Entwicklungen an der effektiven Zinsuntergrenze für die entscheidende Herausforderung, die die Notenbanken zu meistern hätten (▶ Dar. 63). Vor diesem Hintergrund ermöglicht ein symmetrisches Inflationsziel es, mit einer ganz bestimmten Art der Forward Guidance die Inflationserwartungen zu stabilisieren: Die Notenbank könnte in einer Phase niedriger Zinsen und Inflationsraten ankündigen, in Zukunft eine (möglicherweise mehrjährige) Überschreitung des Inflationsziels zu tolerieren, bis über den Betrachtungszeitraum hinweg eine durchschnittliche Inflationsrate von 2 % erreicht ist. Eine Inflationsrate von über 2 % werde also so lange zugelassen, wie die Zielunterschreitung in den Jahren zuvor noch nicht ausgeglichen sei. Wenn dies glaubwürdig kommuniziert werde, könnten die Inflationserwartungen auch in einem deflationären Umfeld bei 2 % gehalten werden.

Dar. 63: Inflationsrate in der Eurozone 1999 bis 2024 (Prozentangaben, Daten: EZB)

Die hohen Preissteigerungsraten ab 2022 ließen solche Erwägungen schnell obsolet werden. Nicht angebliche deflationäre Entwicklungen, sondern die reale Inflation wurden zur wahren Herausforderung für die EZB. Doch schon zuvor war das neue, symmetrische Inflationsziel auf Kritik gestoßen. Zum einen kann eine Zielinflationsrate von 2 % nur noch über Umwege als Umsetzung des vertraglich vorgegebenen Ziels Preisniveaustabilität angesehen werden, denn Preisniveaustabilität bedeutet streng genommen eine Inflationsrate von 0 %. Ob die häufig als Begründung für ein über 0 % liegendes Inflationsziel herangezogenen Messfehler wirklich zwei Prozentpunkte betragen, ist mehr als fraglich. Zum anderen wird die spätestens seit 2014 vorgetragene Argumentation mit angeblichen Deflationsgefahren angezweifelt (▶ Kap. 4.1 und 6.2.2). Die EZB habe zwar recht, wenn sie sage, auch eine Deflation stelle eine Verletzung des vertraglichen Ziels Preisniveaustabilität dar. Mit der ständigen Warnung vor diesem Problem rechtfertige sie aber eine Politik, die de facto eben nicht symmetrisch, sondern zugunsten höherer Inflationsraten verzerrt sei. Im Mittel strebe die Zentralbank demnach keine Preisniveaustabilität (definiert als Inflationsrate so weit über null, dass Messfehler berücksichtigt sind) an, sondern signifikant über null liegende Inflationsraten.

Auf ein geteiltes Echo stießen auch die Diskussionen innerhalb der EZB, bei ihrer Tätigkeit zukünftig Aspekte des Klimaschutzes berücksichtigen zu wollen. Der EZB-Rat hat sich hier schließlich für ein zurückhaltendes Vorgehen entschieden: Die Auswirkungen des Klimawandels sollen in die Analyse der wirtschaftlichen Entwicklung einfließen. Das betrifft zum einen die Konsequenzen physischer Ereignisse (z. B. Extremwetter) für die wirtschaftliche Entwicklung oder die daraus resultierenden Risiken für den Bankensektor und die Finanzmärkte. Zum anderen ist zu prüfen, welche Auswirkungen sog. Transitionsrisiken auf die Geldpolitik sowie die Banken- und Finanzstabilität haben. Unter Transaktionsrisiken versteht man die möglichen Folgen des klimagerechten Umbaus der Volkswirtschaften. Beispielsweise stellt sich die Frage, was eine immer höhere CO2-Bepreisung für die Entwicklung der Inflationsrate bedeutet oder wie sich die Elektrifizierung des Transportwesens und der Energiebranche auf die Kreditwürdigkeit und -fähigkeit der Unternehmen in diesen Sektoren auswirkt. Diese Fragen zu stellen und die Antworten auf sie in die geld- und finanzstabilitätspolitische Analyse einfließen zu lassen, ist zunächst einmal eine Selbstverständlichkeit. Die mit der globalen Erwärmung einhergehenden Konsequenzen physischer und die Transaktionsrisiken haben Auswirkungen auf die Geldpolitik sowie Banken- und Finanzstabilität und müssen daher – wie alle anderen relevanten Entwicklungen auch – in der Tätigkeit der EZB Berücksichtigung finden.

Problematisch hingegen ist es, wenn innerhalb und außerhalb der EZB immer wieder Stimmen laut werden, die den Einsatz geldpolitischer oder bankenaufsichtlicher Instrumente zur Bekämpfung des Klimawandels selbst (und nicht nur der von ihm ausgehenden ökonomischen Risiken) verlangen. Solche Forderungen werden in der Regel mit folgendem Passus des Vertrages über die Arbeitsweise der Europäischen Union begründet (Art. 127 Abs. 1): »Das vorrangige Ziel des Europäischen Systems der Zentralbanken ist es, die Preisstabilität zu gewährleisten. Soweit dies ohne Beeinträchtigung des Zieles der Preisstabilität möglich ist, unterstützt die EZB die allgemeine Wirtschaftspolitik in der Union, um zur Verwirklichung der in Artikel 3 des Vertrags über die Europäische Union festgelegten Ziele der Union beizutragen.« Auch wenn besagter Artikel 3 des Vertrages über die Europäische Union »ein hohes Maß an Umweltschutz und [die, d. Verf.] Verbesserung der Umweltqualität« explizit zu den Zielen der Gemeinschaft zählt, bedeutet das nicht, dass die EZB, solange die Preisniveaustabilität gesichert ist, Klimapolitik betreiben darf oder gar soll. Zunächst einmal wäre zu prüfen, ob der Werkzeugkasten der EZB überhaupt dafür geeignete Instrumente enthält. Eine Antwortmöglichkeit bestünde hier darin, die traditionellen Instrumente der Geld- und Finanzstabilitätspolitik so einzusetzen, dass nicht nur der Preisauftrieb gedämpft und die Stabilität des Finanzsystems erhöht, sondern auch die Emission von Treibhausgasen gesenkt würde. Dazu könnte die Zentralbank beispielsweise »grüne« bzw. (im Gegensatz dazu) »braune« Bonds definieren, deren Emittenten bestimmte Anforderungen im Hinblick auf ihren »ökologischen Fußabdruck« erfüllen bzw. nicht erfüllen. Als »grüne Bonds« kämen beispielsweise Schuldverschreibungen von Herstellern von Windkraftanlagen in Frage, während der Betreiber eines Kohlekraftwerkes eher dem »braunen« Bereich zuzurechnen wäre. Anschließend könnten die grünen Bonds bei Wertpapierankaufprogrammen, bei Offenmarktgeschäften oder als Pfänder bei der Kreditvergabe an Geschäftsbanken bevorzugt Berücksichtigung finden. So bekämen Geschäftsbanken den Anreiz, verstärkt »grüne« anstelle von »braunen« Wertpapieren in die Bilanz zu nehmen, weil sie diese im Bedarfsfall zu besseren Konditionen bei ihren Geschäften mit der EZB einsetzen können. »Grünen« Unternehmen würde damit die Finanzierung ihrer Geschäftstätigkeit leichter, »braunen« aber schwerer fallen, was den Übergang zu einer klimaneutralen Wirtschaftsweise beschleunigen würde.

Die EZB hat sich aus guten Gründen gegen diese weitgehende Variante der Berücksichtigung klimapolitischer Aspekte entschieden. Schon das einfache Beispiel der »grünen« und »braunen« Unternehmen bzw. Bonds zeigt, welche heiklen Entscheidungen mit einer solchen Form »grüner« Geldpolitik verbunden wären. Spätestens die Beantwortung der Frage, ob ein Betreiber von Atomkraftwerken – wegen der weitgehend CO2-freien Energieerzeugung – zum »grünen« Bereich der Volkswirtschaft gezählt wird, erfordert Werturteile, die in einem demokratischen Rechtsstaat nicht Vertreter einer Notenbank, sondern per Wahl legitimierte Politiker zu fällen haben. Das gilt auch für die aus den Werturteilen resultierende Umverteilung von Ressourcen aus dem »braunen« in den »grünen« Sektor. Nicht zuletzt sollte eine Zentralbank gut überlegen, ob sie die Ziele, die sie sich neben der Preisniveaustabilität setzt, mit ihren Instrumenten überhaupt erreichen kann. Auch wenn die geldpolitischen und bankaufsichtlichen Werkzeuge wie beschrieben eingesetzt werden können, um den Übergang zu einer klimafreundlichen Wirtschaft zu begleiten, dürfte klar sein, dass es keinen messbaren, direkten Zusammenhang zwischen der Emission von Treibhausgasen und der EZB-Politik gibt. Hier drohen der Notenbank Glaubwürdigkeitsverluste, die auf die Erfolgsaussichten ihrer eigentlichen Tätigkeit ausstrahlen könnten. Wenn sie nicht in der Lage ist, »grüne« Geldpolitik mit den erwünschten Ergebnissen zu betreiben, wird ihr möglicherweise auch auf dem Gebiet der Inflationsbekämpfung weniger zugetraut.

7.3 Steht die EZB unter fiskalischer Dominanz?

Das massive Engagement der EZB am Markt für Staatsanleihen wirft die Frage auf, ob bzw. inwieweit die Geldpolitik in der europäischen Währungsunion unter fiskalischer Dominanz agieren muss. Mit Verweis auf diese Gefahr waren sowohl die fiskalpolitischen Vorgaben des Maastrichter Vertrages und des Stabilitäts- und Wachstumspaktes (▶ Kap. 3.2.4) als auch die Kritik an der Krisen-Geldpolitik spätestens seit dem OMT-Programm (Outright Monetary Transactions) begründet worden (▶ Kap. 6.1.3). Nicht nur das OMT-Programm (2012), sondern auch die Staatsanleihekäufe des PSPP (ab 2015, ▶ Kap. 6.2) hatten diesbezüglich zu wachsendem Unbehagen geführt. Viele Kritiker wiesen auf die unklaren ökonomischen, politischen und juristischen Interdependenzen zwischen Staatsanleihekäufen der EZB, Anreizen der nationalen Regierungen und den spezifischen Charakteristika des Marktes für Staatsanleihen hin. Es kam zu Klagen, die aber ohne praktische Konsequenzen blieben. Letztendlich gewährten das Bundesverfassungsgericht und der Europäische Gerichtshof (EuGH) der Europäischen Zentralbank einen sehr weiten Spielraum, wenn es darum ging, wie das primäre Ziel Preisniveaustabilität am besten zu erreichen sei (▶ Kap. 6.2.2). Die EZB wiederum betonte, sie kaufe Staatsanleihen nur, um die geldpolitische Transmission zu gewährleisten; OMT und PSPP seien so ausgestaltet, dass die Grenze zur monetären Staatsfinanzierung nicht überschritten werde. So verdeutliche die Aufteilung der PSPP-Käufe nach nationalen Kapitalschlüsseln, die quantitative Beschränkung auf ein Drittel des Volumens je emittierter Anleihe, der Verzicht auf den Erwerb von Papieren mit weniger als einem Jahr Restlaufzeit und der Ausschluss griechischer Anleihen (wegen des zu schlechten Ratings), dass es der Notenbank gerade nicht um den Bailout einzelner Länder, sondern um die Wirksamkeit ihrer Geldpolitik in der gesamten Eurozone gehe.

Das Corona-Kaufprogramm PEPP sah diese Beschränkungen allerdings nicht mehr vor; mit ihm stieg der Staatsanleihebestand der EZB zudem auf ein zuvor nicht für möglich gehaltenes Niveau (▶ Kap. 6.3). Damit war für die Kritiker der entscheidende Schritt in Richtung einer monetären Finanzierung der Staatsschuld gemacht. Die EZB konnte nun gezielt in den Staatsanleihemarkt eingreifen, was sie bei der Reinvestition getilgter PEPP-Anleihen auch ausdrücklich tat: Das Geld, das ihr aus auslaufenden Anleihen zufloss, investierte sie gezielt in die Schuldverschreibungen einzelner Länder, um ein Auseinanderlaufen der Spreads (und damit immer weiter divergierende Zinskosten der Euroländer) zu verhindern. Auch das rechtfertigte die EZB mit der (zumindest von ihr empfundenen) Notwendigkeit, in einer Zeit großer Unsicherheit den Transmissionsmechanismus funktionsfähig halten zu müssen. Damit setzte sie eine Argumentation fort, die sie mit dem Securities Markets Programme (SMP) 2010 begonnen und auch zur Begründung des OMT- sowie des Staatsanleihekaufprogramms (PSPP) beibehalten hatte (▶ Kap. 6.1.2, 6.1.3 und 6.2.1).

Als Ende 2021 die Inflation anzog und in der ersten Jahreshälfte immer weiter stieg, sahen sich beide Seiten – die EZB und ihre Kritiker – bestätigt. Die Kritiker unterstellten der Zentralbank, aus Rücksicht auf die Staatsanleihemärkte viel zu spät auf den stark beschleunigten Preisniveauanstieg reagiert zu haben. Dem stand entgegen, dass die EZB im Sommer 2022 den intensivsten Zinserhöhungszyklus in ihrer Geschichte startete und so eine Entankerung der Inflationserwartungen verhinderte. Die EZB argumentierte, damit habe sie ihren Willen und ihre Fähigkeit unter Beweis gestellt, das primäre Ziel Preisniveaustabilität auch unter widrigen Bedingungen zu erreichen.

Gleichzeitig mit dem Beginn des Zinserhöhungszyklus wurde allerdings auch das Transmission Protection Instrument (TPI) kreiert. Es sollte das Auseinanderlaufen der Spreads verhindern, mit dem nicht nur im Zuge der Zinswende, sondern auch wegen des absehbaren Endes der Quantitativen Lockerung zu rechnen war. Zu diesem Zweck sollte die EZB mit gezielten Käufen Einfluss auf die Renditeentwicklung am Markt für Staatsanleihen nehmen können. Es war nämlich offen, wie die Kapitalmarktinvestoren auf die im Sommer 2022 begonnene Abkehr von der Nullzinspolitik und den schrittweisen Rückzug der EZB vom Anleihemarkt reagieren würden. Sicher war, dass es den Mitgliedsländern mit besonders hoher Verschuldung perspektivisch deutlich schwerer fallen würde, mit dem Schuldendienst fertig zu werden.

Die Diskussion über das TPI verlief entlang der Streitpunkte, die schon von den Auseinandersetzungen über das OMT bekannt waren. Die TPI-Befürworter sahen die Gefahr fundamental nicht gerechtfertigter Probleme eines oder mehrerer Mitgliedsländer, am Staatsanleihemarkt die erforderlichen Mittel zu beschaffen. Dies würde sich in Renditeaufschlägen niederschlagen, die sich zu einer selbsterfüllenden Prophezeiung entwickeln könnten. Höhere Renditen bedeuteten sodann höhere Zinsausgaben für den oder (bei mehreren betroffenen Ländern) die Finanzminister, was die Besorgnis am Kapitalmarkt über die Schuldentragfähigkeit und damit die Renditen weiter steigern könne. Ein anfangs möglicherweise aus Marktirrationalitäten herrührender überhöhter Spread könne so im Extremfall zur Insolvenz eines Eurozonenmitglieds führen. Anders ausgedrückt: Punktuelle Liquiditätsprobleme am Staatsanleihemarkt könnten die Insolvenz eines Eurolandes nach sich ziehen. Um dies zu verhindern, sei eine Art Versicherung gegen irrationales Marktverhalten erforderlich. Im besten Fall verhindere die reine Existenz dieser Versicherung, dass sie in Anspruch genommen werden müsse. Wenn die Kapitalmarktakteure wüssten, dass einem Land mit Liquiditätsschwierigkeiten geholfen würde, käme es erst gar nicht zu Renditeaufschlägen und dem beschriebenen Teufelskreis. Das OMT-Programm sei dafür der beste Beweis: Mit seiner berühmten »Whatever it takes«-Pressekonferenz von 2012 habe Mario Draghi die Kapitalmärkte so sehr beruhigt, dass das Programm nie genutzt werden musste.

Dem entgegneten die TIP-Kritiker, divergierende Renditeentwicklungen innerhalb der Währungsunion und damit auseinanderlaufende Spreads seien in der Regel gerade nicht auf die Irrationalität der Finanzmarktakteure zurückzuführen; vielmehr spiegelten sie deren differenzierten Blick auf die Solvenz der einzelnen Euroländer wider. Darauf müssten die Regierungen der kritisch bewerteten Mitgliedstaaten mit Strukturreformen und Maßnahmen zur Haushaltskonsolidierung reagieren. Das TPI könne genau diese Reaktion verhindern und damit zu Moral Hazard führen. Denn im Vertrauen auf dessen Versicherungswirkung unterblieben die notwendigen Schritte zur Erhöhung der Solvenz, was die Probleme der jeweiligen Länder verschlimmern oder zumindest deren Lösung verzögern könne. Hier drohe ein Teufelskreis. Der Renditeabstand zwischen den Euro-Teilnehmerländern werde immer größer, wenn die weniger solventen Staaten im Vertrauen auf das TPI keine oder nicht ausreichende Maßnahmen zur Solvenzsteigerung ergriffen. Darauf müsse die EZB dann früher oder später mit Staatsanleihekäufen im Rahmen des TPI reagieren, was die Reformunwilligkeit der betroffenen Regierungen belohne und schmerzhafte struktur- und fiskalpolitische Einschnitte für die Zukunft noch unwahrscheinlicher mache. Damit stelle das TPI ein neues Einfallstor für fiskalische Dominanz dar. Es könne eine Situation entstehen, in der die Finanzmarktakteure darauf vertrauten, dass die EZB als letzte Bastion Marktturbulenzen verhindere. Deren Rolle als »Market maker of last resort«[40] am Staatsanleihemarkt, die sie seit dem SMP-Programm von 2010 spiele, werde durch das TPI perpetuiert. Da sowohl die nationalen Politiker als auch die Investoren fest auf ein Eingreifen der EZB vertrauten, könne dessen Ausbleiben in eine Eurokrise münden. Um diese zu verhindern, sei die EZB im Extremfall zu einer weitgehenden Garantie der Staatsanleihen genötigt, was sie letztendlich zum Lender of last resort machen würde. Was als punktueller Eingriff zur Bereinigung irrationalen Marktverhaltens beginne, könne so in eine umfassende Monetarisierung der Staatsschuld (▶ Kap. 3.3.1) münden.

---

40 Unter einem Market maker versteht man eigentlich einen Marktteilnehmer, der an Kapitalmärkten dafür sorgt, dass andere Akteure Vermögenswerten zu marktgerechten Konditionen an- und verkaufen können. Der Market Maker wirkt als Gegenpartei, wenn ansonsten kein Käufer oder Verkäufer zu Verfügung stünde, und sorgt so für Liquidität am Markt.

Wie schon im Falle des OMT und des PSPP reagierte die Europäische Zentralbank auf diese Kritik mit dem Argument, die konkrete Ausgestaltung des TPI verhindere fiskalische Dominanz. Folgende Kriterien, deren Einhaltung die EZB selbst überprüft, muss ein Land erfüllen, damit die EZB seine Staatsanleihen zum Zweck der Spreadsenkung ankauft:

- Das betreffende Land darf sich nicht in einem Defizitverfahren des Stabilitäts- und Wachstumspaktes befinden.
- Das Land darf sich nicht in einem Verfahren wegen makroökonomischer Ungleichgewichte befinden.
- Die Staatsverschuldung des Landes muss sich auf einem nachhaltigen Pfad bewegen, was federführend von der EZB selbst beurteilt wird.
- Die Regierung muss sich an die Selbstverpflichtung gemäß dem Programm »Next Generation EU« halten.

7.4 Das Programm »NextGenEU« und die Zukunft der Fiskalpolitik in der Währungsunion

Die Pandemie brachte nicht nur für die Geld- sondern auch die Fiskalpolitik neue Herausforderungen mit sich. Ebenso wie die EZB mussten die Regierungen der Mitgliedstaaten auf eine beispiellose Situation reagieren. Einerseits waren die erforderlichen gesundheitspolitischen Entscheidungen zu treffen; andererseits galt es, einen Zusammenbruch der Wirtschaft angesichts weitreichender Lockdowns und angespannter internationaler Lieferketten zu verhindern. Dazu ergriffen die Euroländer ein breites Bündel an Maßnahmen, von denen viele unmittelbare (z. B. Unterstützungszahlungen an private Haushalte und Unternehmen) oder potenzielle (z. B. Kredite, Garantien) Konsequenzen für die öffentlichen Haushalte hatten. Da die Steuereinnahmen gleichzeitig erheblich sanken, waren deutliche Budgetdefizite nicht zu vermeiden. Daraufhin wurde nicht nur die generelle Ausnahmeklausel des Stabilitäts- und Wachstumspaktes aktiviert (▶ Kap. 7.1), sondern mit den Programmen SURE und insbesondere NextGenEU ein völlig neuer Weg in der Finanzierung europäischer Aufgaben beschritten. Im Rahmen von SURE (»Support to mitigate Unemployment Risks in an Emergency«) gewährte die EU den Mitgliedsländern zinsgünstige Darlehen von insgesamt 100 Milliarden Euro. Die Mittel konnten die nationalen Regierungen nutzen, um Kurzarbeitergeld und ähnliche arbeitsmarktpolitische Programme aufzulegen und so die Beschäftigung zu stabilisieren. Die EU initiierte SURE nach Beginn der Corona-Pandemie. Das Programm lief Ende 2022 aus. Finanziert wurde SURE durch die Emission von europäischen Anleihen. Wegen seiner Kombination aus quantitativem Umfang (100 Milliarden Euro), Politikfeld (Arbeitsmarktpolitik) und Finanzierung (Anleiheemission) bedeutet SURE für manche Beobachter einen Paradigmenwechsel in der europäischen Politik. Auf diese Weise war die EU nämlich zuvor noch nicht tätig geworden.

7.4 Das Programm »NextGenEU« und die Zukunft der Fiskalpolitik in der Währungsunion

Das gilt in noch viel stärkerem Maße für das ebenfalls mit europäischen Anleihen finanzierte Programm Next Generation EU (NextGenEU). Die grundsätzliche Einigung darüber erzielten die Staats- und Regierungschefs im Sommer 2020. NextGenEU und weitere Maßnahmen bewirken, dass das Volumen des EU-Haushalts im Zeitraum 2021 bis 2027 von 1 % auf 2 % des europäischen BIP ansteigt. Kernstück von NextGenEU ist die Aufbau- und Resilienzfazilität. In deren Rahmen kann die Kommission bis zu 750 Milliarden Euro an die Mitgliedsländer verteilen – knapp die Hälfte davon als Zuschuss, der Rest in Form von Krediten, die bis 2058 zurückzuzahlen sind. NextGenEU gilt als »Wiederaufbauprogramm«, das den EU-Mitgliedstaaten helfen soll, mit der Covid19-Pandemie und ihren Folgen fertig zu werden. Die Zuweisung der Mittel erfolgt auf der Basis nationaler Aufbau- und Resilienzpläne. Darin müssen die EU-Länder Maßnahmen aufzeigen, für die sie NextGenEU-Gelder beantragen möchten. Diese Maßnahmen sind nachvollziehbar darauf auszurichten, dass die Programmziele »Erholung nach der Corona-Pandemie«, »Klimaschutz«, »Gesundheit«, »Unterstützung von Strukturreformen« und/ oder »Digitalisierung« erreicht werden. Nach Gewährung der Zuschüsse und Kredite überprüft die EU, ob die Mitgliedstaaten die Vorgaben bei der Umsetzung der Maßnahmen einhalten.

Mit NextGenEU führt die EU zum ersten Mal ein derart umfangreiches Programm anleihefinanziert durch. Da unterschiedliche Länder es unterschiedlich stark in Anspruch nehmen, es aber aus dem gemeinsamen Haushalt finanziert wird, erfolgt eine Umverteilung von finanziellen Mitteln (im Falle der Zuschüsse) bzw. von Risiken (im Falle der Kredite). Im Gegensatz zu den Krisenmechanismen EFSF und ESM (▶ Kap. 5.4) stellt es keine akute Notfallhilfe mit Konditionalität dar. Dies trifft zwar auch auf die Jahrzehnte genutzten Struktur- und Kohäsionsfonds zu, allerdings sind diese wesentlich kleiner und nicht anleihefinanziert.

Dass die Staats- und Regierungschefs hier Einstimmigkeit erzielen und die EU auf diese Weise finanzpolitisches Neuland betreten lassen konnten, ist sicherlich nur vor dem Hintergrund der besonderen Situation des Jahres 2020 erklärbar. Die Corona-Krise ist das Paradebeispiel für einen symmetrischen Schock mit asymmetrischen Auswirkungen. Niemand (jedenfalls in Europa) war für den Ausbruch der Pandemie verantwortlich; und dass unterschiedliche Länder unterschiedlich stark getroffen wurden, hatte Gründe, die den nationalen Regierungen nicht vorzuwerfen waren (z. B. die hohe Bedeutung des Lockdown-anfälligen Tourismus in den südlichen Mitgliedsländern). Eine gemeinsame europäische Kraftanstrengung zur Bewältigung der Krise – insbesondere in den am stärksten betroffenen Staaten – konnte daher nicht mit Moral-Hazard-Argumenten abgelehnt werden.

Damit war zwar die große politische Einigkeit zu erklären; dennoch stieß NextGenEU auch auf Vorbehalte. Die Kritiker verwiesen auf den Europäischen Stabilitätsmechanismus ESM, der geschaffen worden sei, um Mitgliedsländern mit Finanzproblemen beizustehen. Ob diese Finanzprobleme aus einer Pandemie oder anderen Ursachen resultierten, spiele dabei keine Rolle. Allerdings hätten ESM-Programmländer im Rahmen der vertraglich vorgesehenen Konditionalität mit finanz- und strukturpolitischen Auflagen rechnen müssen, was diesen Weg der Problemlösung unattraktiv gemacht habe. NextGenEU habe verglichen mit dem ESM einen zu leichten Zugang zu gemeinschaftlich finanzierten bzw. garantierten Zuschüssen sowie Krediten geboten. Damit sei dann doch mit Moral Hazard zu rechnen: NextGenEU könne in zukünftigen Krisen als Blaupause für die europäische Bewältigung nationaler Probleme dienen; fiskal- und strukturpolitische Reformen, die helfen würden, zukünftige Krisen abzufedern, könnten dann im Vertrauen auf ähnliche Programme in der Zukunft ausbleiben. Der deutschen Regierung war es entsprechend wichtig, die Einmaligkeit von NextGenEU zu betonen. Die EU sollte keinesfalls das dauerhafte Recht für sich beanspruchen, Anleihen zu emittieren, um mit den Emissionserlösen im großen Stil neue EU-weite Programme aufzulegen.

Die Zukunft wird zeigen, ob bzw. inwieweit die Corona-Krise und NextGenEU einen Paradigmenwechsel hin zu einer wirklichen Europäisierung darstellen. Das würde bedeuten, dass sowohl die politisch Verantwortlichen als auch die Bürger Europas erstens das Wohlergehen der Europäischen (Währungs-)Union in ihrer Gesamtheit höher gewichten als das nationale Interesse ihres jeweiligen Heimatlandes; zweitens müssten sie in Bezug auf die Grundzüge der Wirtschaftspolitik wenn nicht gleiche, dann doch wenigstens ähnliche Präferenzen aufweisen. Denn wie mit Blick auf das Bretton-Woods-System, die »Währungsschlange« und das Europäische Währungssystem hergeleitet wurde, können die unterschiedlichen Varianten der Währungsintegration nur gelingen, wenn die Teilnehmerländer sich in Bezug auf ihre Interessen und Präferenzen nicht zu sehr unterscheiden (▶ Kap. 2.2.5, 2.4.4 und 3.2.1). Doch auch über die im engeren Sinne ökonomischen Zusammenhänge hinaus stellt die Herausbildung eines europäischen politischen Bewusstseins eine zentrale Voraussetzung für ein besseres Funktionieren der Währungsunion dar. Solange Europapolitik nicht viel mehr ist als das Aufeinandertreffen von (in der EU) 27 bzw. (in der Eurozone) 20 nationalen Innenpolitiken, kann eine wirkliche Europäisierung der Fiskalpolitik nicht von Erfolg gekrönt sein. Denn dann erfolgt die Diskussion über die staatlichen Einnahmen und Ausgaben nicht primär zum Wohle Europas auf der Basis sachlicher Kriterien und ideologischer Unterschiede, sondern nach Länderinteressen. Dies spiegelt sich nicht zuletzt alle fünf Jahre in den Wahlen zum Europäischen Parlament wider, die eher nationale Test- bzw. Zwischen- als wirkliche Europawahlen sind. Die Wahlkämpfe werden hier sehr selten mit Blick auf europaweite Probleme geführt. Stattdessen geht es oftmals vorrangig darum, die Arbeit der nationalen Regierungen zu bewerten.

Vor diesem Hintergrund ist eine ganze Reihe von Problemstellungen bislang ungelöst:

- Bei der Diskussion über europäische versus nationale Zuständigkeiten gibt es ein nicht endgültig geklärtes Nebeneinander von EU und Währungsunion. Manchmal geht es um alle 27 EU-Staaten, manchmal aber auch nur um die Euroländer.
- Daneben ist ganz grundsätzlich die Frage zu beantworten, ob man überhaupt eine Europäisierung der Verantwortung für die Fiskalpolitik will, und wenn ja, wie weit diese Kompetenzverlagerung gehen soll.
- Hat man sich einmal für eine stärker europäische fiskalpolitische Rolle entschieden, muss über deren konkrete Ausgestaltung entschieden werden. Das betrifft

7.4 Das Programm »NextGenEU« und die Zukunft der Fiskalpolitik in der Währungsunion

auf der Einnahmenseite beispielsweise die Frage, ob die EU über ihre bisherigen Einnahmequellen hinaus (Mitgliedsbeiträge der Staaten, Zölle, Plastikabgabe, Umsatzsteueranteil) eine eigene Steuer- und Abgabenhoheit, das Recht zur Kreditaufnahme oder bloß mehr Geld von den Mitgliedstaaten erhalten soll. Mit Blick auf die Ausgabenseite wäre zu klären, ob die größere europäische Verantwortung der besseren Bereitstellung europäischer öffentlicher Güter (etwa in Form einer europäischen Raketenabwehr oder europäischer Energie- bzw. Verkehrsnetze) dienen soll. Alternativ ist auch im Gespräch, ein größeres europäisches Budget insbesondere zur Stabilisierung bei asymmetrischen Schocks bzw. zur Umverteilung zu nutzen. In diesem Fall wären die europäischen Einnahmen und Ausgaben in erster Linie Mittel zum Zweck. Bei einem asymmetrischen Schock (▶ Kap. 3.2.1) fließen aus den negativ betroffenen Ländern weniger Einnahmen in den zentralen Haushalt, während die dort »von Brüssel« getätigten Ausgaben gleich bleiben oder gegebenenfalls sogar steigen. Das stabilisiert die wirtschaftliche Entwicklung vor Ort. Werden alle Mitgliedstaaten mit gleicher Wahrscheinlichkeit von Schocks getroffen, ist das gemeinsame Budget ein reines Versicherungsinstrument. Bestehen dagegen langfristige Unterschiede in der wirtschaftlichen Leistungsfähigkeit, so bewirkt das Budget eine Umverteilung von den prosperierenden in die schwächeren Teile der Gemeinschaft.

- Selbst wenn »Brüssel« mehr fiskalpolitische Kompetenzen bekommen sollte, werden die Mitgliedsländer auf absehbare Zeit weiterhin den Großteil der Staatsausgaben in Europa tätigen. Damit bleibt die zielführende Ausgestaltung eines Regelwerkes, innerhalb dessen die nationalen Regierungen tätig werden, auf der Tagesordnung.

Es bleibt abzuwarten, ob bzw. inwieweit NextGenEU als Blaupause für ähnliche Programme, etwa im Verteidigungsbereich, dienen wird. Mit solchen Programmen ist realistischerweise nicht vor Ende der 2020er-Jahre zu rechnen. Ein deutlich umfangreicheres europäisches Budget, sei es als EU- oder als Eurozonenbudget ausgestaltet, mit expliziter Stabilisierungs- und Umverteilungsfunkton erscheint mit Blick auf das Einstimmigkeitsprinzip sehr unwahrscheinlich.

Im Zentrum der Diskussion bleiben damit die europäischen Fiskalregeln. Sie sollen verhindern, dass die exzessive Verschuldung eines oder mehrerer Mitgliedsländer negative Konsequenzen für die Stabilität der gesamten Währungsunion sowie die Fähigkeit der Zentralbank hat, ihre Geldpolitik primär auf das vertraglich vorgegebene Ziel Preisniveaustabilität hin auszurichten (▶ Kap. 3.2.4). Abgesehen von Belgien und Italien, die schon in den 1990er-Jahren sehr stark verschuldet waren, ging es anfänglich darum, eine exzessive Verschuldung zu verhindern. Dem dienten die Maastrichter Fiskalkriterien. Nachdem die Schuldenstandsquoten in vielen Euro-Staaten, darunter Frankreich, über die Jahrzehnte deutlich angewachsen sind, haben die Fiskalregeln heute vielfach eher die Aufgabe, einen realistischen Weg zurück zu tragfähigen Staatsfinanzen aufzuzeigen (▶ Dar. 64). Gleichzeitig sollen die nationalen Regierungen ihre Einnahmen und Ausgaben bei Bedarf weiter antizyklisch gestalten können und ausreichend Anreize für eine wachstumsfreundliche Politik haben.

7 Gegenwart und Zukunft

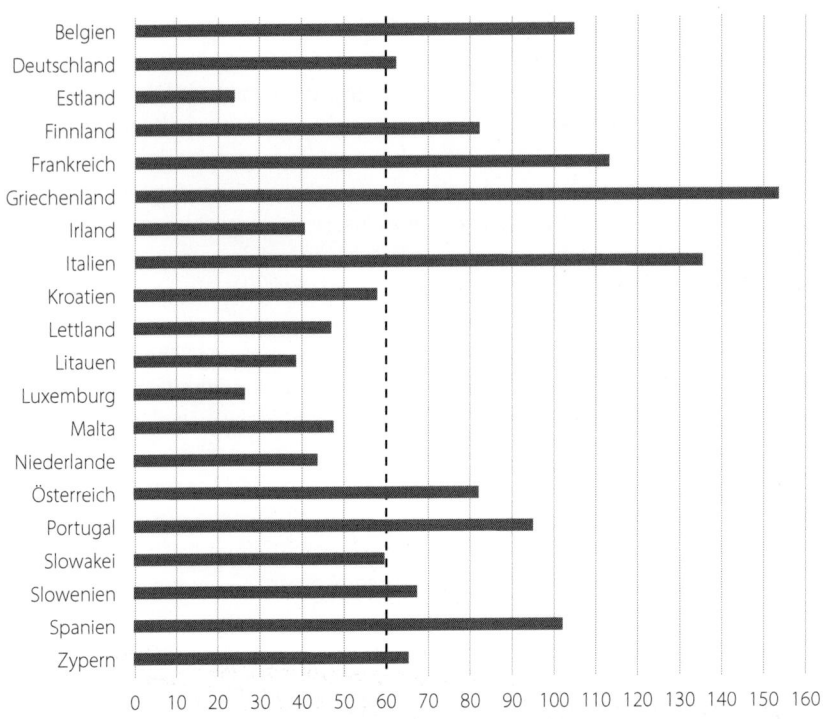

Dar. 64: Schuldenstandsquoten 2024 (Schuldenstand des Gesamtstaates in % des BIP, Daten: EZB)

Dieser Anforderungskatalog ist das Ergebnis von mittlerweile fast drei Jahrzehnte währenden Diskussionen über den Stabilitäts- und Wachstumspakt (▶ Kap. 3.4, 4.2 und 5.5.2). Die Kritiker des Fiskalregelwerkes bemängelten von Beginn an, dass das 3-Prozent- und das 60-Prozent-Kriterium zu Defizit bzw. Schuldenstand im Hinblick auf die konkreten Zahlenwerte nicht nur willkürlich sei, sondern auch tendenziell prozyklisch wirke und negative Auswirkungen auf die öffentlichen Investitionen habe. Wenn die Regierungen der Mitgliedsländer in einer wirtschaftlichen Schwächephase gezwungen würden, die staatlichen Ausgaben (etwa für Infrastruktur oder Bildung) zu senken und/ oder die Einnahmen zu erhöhen, verschärfe das nicht nur kurzfristig die Krise, sondern senke auch das langfristige Wachstumspotenzial. Dieser Effekt werde noch verschärft, wenn ein Land Strafzahlungen leisten müsse. Zudem seien die im Laufe der Zeit immer komplexer gewordenen Regeln nicht konsistent und immer schwieriger zu verstehen. Nicht nachvollziehbare Regeln würden allerdings schnell als nicht sinnvoll abgetan und stießen auf Akzeptanzprobleme. Diese Akzeptanzprobleme seien darüber hinaus deshalb hoch, weil die fiskalpolitischen Vorgaben über lange Zeit zu pauschal und nicht auf die Situation der einzelnen Mitgliedsländer abgestimmt gewesen sein. Die Bevölkerungen in den Ländern mit hohen Defiziten und/oder Schuldenständen hätten die Vorgaben aus »Brüssel« als Diktat und Bevormundung aufgefasst.

Die Anhänger einer regelbasierten Fiskalpolitik der Euroländer gestehen zu, dass die in den 1990er-Jahren erarbeiteten und seitdem ständig weiterentwickelten Regularien das Ziel, in der gesamten Eurozone für langfristig tragfähige Staatsfinanzen zu sorgen und so eine fiskalische Dominanz der EZB-Geldpolitik auszuschließen, weitgehend verfehlt haben. Sie zweifeln aber nicht generell die Sinnhaftigkeit von Fiskalregeln an und halten die Vorgaben des Maastrichter Vertrages und des ursprünglichen Stabilitäts- und Wachstumspaktes im Kern für richtig. Ihrer Ansicht nach sind nicht die Regeln das Problem, sondern deren mangelhafte Einhaltung durch die nationalen Regierungen. Es habe von Anfang an zu viel Interpretationsspielraum gegeben, z. B. im Hinblick auf die Frage, wann ein Defizit im konkreten Einzelfall als »übermäßig« einzustufen sei. Und selbst wenn es eine solche Einstufung durch die EU-Kommission gegeben habe, seien Sanktionen ausgeblieben. Schuld daran sei der fehlende Automatismus des Sanktionsregimes.

Einig sind sich Verfechter und Kritiker strenger Fiskalregeln in einem Punkt: Das Regelwerk ist über die Jahrzehnte zu kompliziert geworden. Dabei besteht der Stabilitäts- und Wachstumspakt in seinem Kern nur aus drei Elementen:

- einem präventiven Arm, der ein mittelfristiges Haushaltsziel definiert, dessen Einhaltung Verstöße gegen das Defizit- und das Schuldenstandskriterium weniger wahrscheinlich machen soll
- einem korrektiven Arm, der den Umgang mit Verstößen gegen die Vorgaben regelt
- sowie dem Sanktionsmechanismus

Ein Blick auf die Geschichte des Paktes zeigt, dass die konkrete Ausgestaltung dieser Kernelemente im Laufe der Zeit immer detaillierter wurde (▶ Dar. 65). Die erste Fassung von 1997 (▶ Kap. 3.4) wurde 2005 überarbeitet, nachdem Deutschland und Frankreich gegen die Defizitregeln verstoßen hatten (▶ Kap. 4.2). Mit der Reform 2005 reagierte man auf die Kritik, die Regelungen des Pakts wirkten prozyklisch, seien nicht auf die konkrete Situation der einzelnen Länder zugeschnitten und enthielten keine Anreize, strukturelle Reformen durchzuführen. Dementsprechend wurde das mittelfristige Haushaltsziel geändert: der strukturelle Haushaltssaldo ersetzte den unbereinigten. Darüber hinaus bekam die Kommission mehr Ermessensspielraum, wenn es darum ging, die konjunkturelle und wirtschaftspolitische Situation der einzelnen Mitgliedsländer bei ihren Entscheidungen im präventiven und im korrektiven Arm zu berücksichtigen.

Die Finanz- und Eurokrise ab 2008 bewirkten die nächste Überarbeitung des Stabilitäts- und Wachstumspaktes. Die geänderte Fassung trat 2011 in Kraft (▶ Kap. 5.5.2). Sie stellte eine Antwort auf die Kritik dar, der Pakt sei ein »zahnloser Tiger«, weil die Verhängung von Sanktionen sehr unwahrscheinlich sei. Deshalb sollte eine Sanktionsempfehlung der Kommission von nun an automatisch Gültigkeit erlangen, wenn der Rat sie nicht mit 2/3-Mehrheit ablehnte. Daneben rückte die Schuldenstandsquote stärker in das Zentrum der Aufmerksamkeit, und es gab im korrektiven Arm konkrete Vorgaben, wie diese zu senken war, wenn sie über 60 % lag. Zudem wurde ergänzend zu den Vorgaben zum Haushaltssaldo eine Ausgabenregel eingeführt, die das Wachstum der staatlichen Ausgaben regelte. Die Reformen 2011 brachten mit dem Fiskalpakt und dem Europäischen Semester Neuerungen mit sich, die den Stabilitäts- und Wachstumspakt ergänzen und dessen fiskalpolitische Motivation stärker in der nationalen Politik verankern sollten. Gleichzeitig wurde eine spezielle Matrix eingeführt, die strukturpolitische Bemühungen der Mitgliedstaaten abbilden sollte, und die Kommission bezog von nun an auch außenwirtschaftliche Ungleichgewichte (definiert als die nationalen Leistungsbilanzsalden in Prozent des BIP) in ihre Beurteilung der nationalen Wirtschaftspolitiken ein.

Dar. 65: Entwicklung des Stabilitäts- und Wachstumspaktes

1998
• Zielvorgabe im präventiven Arm: mittelfristig ausgeglichener Haushalt
• korrektiver Arm: Defizitverfahren, wenn Defizit > 3 % des BIP
• begrenzte Ausnahmen: außergewöhnliches Ereignis, schwerer Wirtschaftseinbruch
• Sanktionsbeschluss durch Rat auf Empfehlung der Kommission
2005
• Zielvorgabe im präventiven Arm: strukturelles Defizit zwischen 0 % und 1 % des BIP (konkreter Zielwert abhängig von BIP-Wachstum und Schuldenstand)
• bei Zielverfehlung sind Konsolidierungsanstrengungen zu erbringen; stärkere Konsolidierung bei guter Konjunkturlage, schwächere Konsolidierung bei schlechter Konjunkturlage verlangt
• größerer Ermessensspielraum für Kommission bezüglich Feststellung eines exzessiven Defizits, beispielsweise Berücksichtigung der konjunkturellen Lage oder von strukturellen Reformen
• Sanktionsbeschluss durch Rat auf Empfehlung der Kommission
2011
• Zielvorgabe im präventiven Arm: strukturell nahezu ausgeglichener Haushalt
• bei Zielverfehlung: Länder mit Schuldenstand < 60 % des BIP müssen strukturellen Budgetsaldo um 0,5 Prozentpunkte pro Jahr verbessern, solche mit Schuldenstand > 60 % um einen Prozentpunkt; außerdem muss das Ausgabenwachstum unter dem Potenzialwachstum liegen.
• größere Bedeutung des Schuldenstands: Differenz zu 60 % muss sich in drei Jahren im Jahresdurchschnitt um jeweils 1/20 der Differenz verringern.
• Kommission kann (mit großem Ermessensspielraum) bei Beurteilung der nationalen Konsolidierungsanstrengungen konjunkturelle Lage, Investitionsausgaben, Strukturreformen etc. berücksichtigen.
• Neuerung beim Sanktionsmechanismus: Sanktionsempfehlung der Kommission kann vom Rat mit qualifizierter Mehrheit zurückgewiesen werden, damit sie nicht greift.
• Ausnahmefall (außergewöhnliches Ereignis, schwerer Wirtschaftseinbruch) kann auch für die Eurozone als Ganzes festgestellt werden.
• ergänzend zum Stabilitäts- und Wachstumspakt neue Instrumente: Fiskalpakt, europäisches Semester, Matrix zur Beurteilung nationaler Reformanstrengungen, Betrachtung des Leistungsbilanzdefizits

7.4 Das Programm »NextGenEU« und die Zukunft der Fiskalpolitik in der Währungsunion

Dar. 65: Entwicklung des Stabilitäts- und Wachstumspaktes – Fortsetzung

2024
• Zielvorgabe im präventiven Arm: Entwicklung der staatlichen Nettoprimärausgaben muss dem mit der Kommission vereinbartem mehrjährigen Anpassungspfad folgen, wenn die beiden Maastrichtkriterien verfehlt werden. • Staatsschuldenquote soll sich auf 60 % zubewegen. • wichtige Basis der Kommissionsempfehlungen: Schuldentragfähigkeitsanalysen • Kontrollkonto erfasst Abweichungen von der vereinbarten Entwicklung der Nettoprimärausgaben • auch Verfehlen des vereinbarten Pfades der Nettoprimärausgaben kann Sanktionen auslösen • Sanktionsmechanismus unverändert

Mit den Reformen von 2011 versuchten die Staats- und Regierungschefs, die Erfahrungen der ersten vierzehn Jahre des Stabilitäts- und Wachstumspaktes in die neue Fassung einfließen zu lassen und dabei die unterschiedlichen Positionen der Mitgliedstaaten zu berücksichtigen. Das Ergebnis war ein Regelwerk, das aufgrund seiner Komplexität nicht nur äußerst weitreichende Interpretationsspielräume ließ, sondern auch nur noch von Experten verstanden wurde.

Mit Blick auf die Versionen des Paktes von 1997, 2005 sowie 2011 kann zweierlei festgehalten werden: Erstens, die Regeln haben nicht verhindert, dass die Schuldenstände vieler Mitgliedsländer heute weiter von der 60-Prozent-Marke entfernt sind als in den 1990er-Jahren. Und zweitens, dass es trotz zahlreicher Verstöße gegen die Vorgaben (nur zwei Länder waren nie in einem Defizitverfahren) kein einziges Mal zu Sanktionen gekommen ist. Das bedeutet nicht notwendigerweise, dass der Stabilitäts- und Wachstumspakt sein Ziel völlig verfehlt hat. Denn ohne ihn wäre die Situation heute gegebenenfalls noch problematischer. Möglicherweise bestand und besteht der wahre Wert der Fiskalregeln darin, die Mitgliedstaaten bezüglich ihrer Finanzpolitik unter Rechtfertigungsdruck zu setzen. Schließlich soll die Budgethoheit der nationalen Parlamente nicht ausgehebelt werden. Gleichzeitig bleibt die Problematik, dass eine nicht aus eigener Überzeugung, sondern auf europäischen Druck hin implementierte Nachhaltigkeit der Staatsfinanzen als Diktat empfunden wird, was der Sache im Endeffekt eher schaden als dienen könnte.

Vor diesem Hintergrund kam es zu einer weiteren Überarbeitung des Stabilitäts- und Wachstumspakts. Die reformierte Fassung trat 2024 in Kraft. Wesentlich geändert wurde dabei der präventive Arm. In dessen Mittelpunkt steht nun nicht mehr der strukturelle Budgetsaldo und die 1/20-Regel zum Schuldenabbau, sondern die Entwicklung der staatlichen Nettoprimärausgaben. Dabei handelt es sich um die Staatsausgaben abzüglich der Zinsausgaben, der konjunkturbedingten Ausgaben (z. B. für Arbeitslose), der Ausgaben für EU-Programme sowie bestimmter einmaliger und befristeter Ausgaben. Mitgliedsländer, die die fiskalpolitischen Maastrichtkriterien verfehlen, vereinbaren mit der Kommission einen spezifischen mehrjährigen Anpassungspfad der Nettoprimärausgaben. Werden strukturelle Reformen ergriffen, kann der Zeitraum verlängert werden. Am Ende des Anpassungspfades sollen die beiden Maastrichtkriterien (wieder) eingehalten werden. Insbesondere ist es das Ziel, dass die Schuldenstandsquote über den Betrachtungszeitraum hinweg sinkt – sich also auf den Zielwert von 60 % zubewegt, wie es im Vertrag von Maastricht vereinbart worden war. Dabei spielen Schuldentragfähigkeitsanalysen eine zentrale Rolle. Entwickeln sich die Nettoprimärausgaben anders als vereinbart, werden diese Abweichungen auf einem Kontrollkonto erfasst. Überschreitungen des vereinbarten Ausgabenpfades müssen später ausgeglichen werden, während Unterschreitungen mit späteren Überschreitungen verrechnet werden können. Die Stoßrichtung des korrektiven Arms bleibt im Kern unverändert, auch wenn hier im Detail zahlreiche Änderungen vorgenommen worden sind. Es ist weiterhin so, dass das strukturelle Defizit bei Überschreiten der 3-Prozent-Grenze jährlich um 0,5 Prozentpunkte reduziert werden muss. Neu im korrektiven Arm ist, dass es auch zur Einleitung eines Defizitverfahrens kommen kann, wenn die Abweichungen vom vereinbarten Pfad der Nettoprimärausgaben zu stark sind.

7.5 Ein digitaler Euro?

Die Aufgabe der EZB, als Monopolist für die privaten Haushalte sowie Unternehmen Bargeld und für die Geschäftsbanken Reserven bereitzustellen, hielten viele lange für eine Selbstverständlichkeit, weshalb dieser Bereich nicht im Fokus der Aufmerksamkeit stand. Das hat sich in den vergangenen eineinhalb Jahrzehnten zunächst sehr langsam und schrittweise geändert; spätestens seit dem Sommer 2019 aber ist die Welt des Geldes auch für die breite Öffentlichkeit spürbar in Bewegung geraten: Damals präsentierte ein Konsortium von Unternehmen, darunter bedeutende Technologiekonzerne und Zahlungsdienstleister, unter Führung von Facebook den Plan, ein digitales Bezahlinstrument namens Libra anzubieten. Gegen Einzahlung traditionellen Geldes sollten die Nutzer Libra erhalten und diese kostengünstig und bequem weltweit verwenden können. Mit ihrem direkten Zugang zu Milliarden Nutzern wurde Facebook und den anderen Mitgliedern des Konsortiums zugetraut, Libra als globale Alternative zu den nationalen Währungen etablieren zu können. Das Projekt scheiterte recht schnell – nicht zuletzt am massiven politischen Widerstand, der ihm von Beginn an entgegenschlug. Dennoch kann der später sog. Libra-Schock als Weckruf gelten, der die meisten Zentralbanken (einige wenige waren schon zuvor in diese Richtung aktiv geworden) dazu gebracht hat, sich intensiver mit der Digitalisierung des Geldes auseinanderzusetzen.

Als deren Startpunkt gilt das Jahr 2008, in dem unter dem Pseudonym »Satoshi Nakamoto« das Bitcoin-Whitepaper veröffentlicht wurde. Dabei handelt es sich um einen Aufsatz, der das Prinzip des neuartigen »peer-to-peer electronic cash system« beschreibt. Bitcoin ermöglicht die Speicherung und Übertragung von digitalen Werteinheiten, ohne dass dafür traditionelle Teilnehmer des Zahlungssystems wie Zentralbanken oder Kreditinstitute notwendig sind. Die technologische Grundlage stellt die sog. Blockchain dar, eine dezentrale, von den Mitgliedern des Systems gleichzeitig und unabhängig voneinander verwaltete Datenbank, in der die Eintragungen mit Hilfe eines innovativen kryptographischen Validierungssystems (proof-of-work) vorgenommen werden. Bitcoin hat sich seit seiner Etablierung zu einem viel beachteten Spekulations- und Anlageinstrument entwickelt, spielt im Zahlungsverkehr bis dato aber keine nennenswerte Rolle. Daneben sind tausende weiterer Kryptowährungen entstanden.

Die Verwendung von Bitcoin im Zahlungsverkehr leidet neben technologischen Unzulänglichkeiten u. a. unter den starken Preisschwankungen, denen der Vermögenswert ausgesetzt ist. Eine Ursache dafür ist, dass das Bitcoin-Angebot algorithmisch gesteuert immer langsamer anwächst, bis es 2140 mit 21 Mio. Stück sein Maximum erreicht hat. Das bedeutet: Das Angebot kann nicht auf die zuweilen stark schwankende Nachfrage reagieren, was das erwähnte heftige Auf und Ab des Bitcoin-Kurses begründet. Um diesem Mangel zu begegnen, wurden sog. Stablecoins (wie Libra) entwickelt. Auch bei ihnen handelt es sich um digitale Vermögenswerte, die unter Umgehung des traditionellen Finanzsystems gespeichert und übertragen werden können. Anders als bei den klassischen Kryptowährungen wird ihr Wert jedoch an den eines Referenzobjektes gebunden, um so eine möglichst weitgehende Preisstabilität zu gewährleisten. Die meisten derzeit genutzten Stablecoins basieren auf dem Dollar. Die bei Ausgabe einzelner Coins eingezahlten Geldbeträge werden in eine Reserve investiert, aus der Rückzahlungen zum Nennwert in Dollar geleistet werden, wenn Nutzer ihre Coins zurückgeben. Stablecoins erfüllen wichtige Funktionen im Universum der Kryptovermögenswerte – z. B. als Transaktionsvehikel und Wertaufbewahrungsmittel –, haben sich aber genauso wie die ursprünglichen Kryptowährungen bislang nicht im täglichen Geschäftsleben durchsetzen können.

Im Gegensatz zum Libra-Schock, der Regierungen, Zentralbanken und die Finanzwelt plötzlich und weitgehend unvorbereitet traf, verläuft eine andere wichtige Entwicklung im Geldwesen eher schleichend: die sinkende Bargeldnutzung bei Bezahlvorgängen. Der Anteil von Zahlungen mit Debit- oder Kreditkarte steigt immer weiter an, Banknoten und Münzen werden immer unpopulärer. Das von der Zentralbank bereitgestellte Bargeld verliert zugunsten des von den Geschäftsbanken bereitgestellten Giralgeldes an Bedeutung.

Die EZB reagierte auf diese Trends, indem sie im Jahr 2021 eine zweijährige Untersuchungsphase startete, die Möglichkeiten und Grenzen eines digitalen Euro ausloten sollte. Daran schließt sich eine seit 2023 laufende »Vorbereitungsphase« an, welche Ende 2025 bzw. Anfang 2026 in den Beschluss münden kann (aber nach Auskunft der EZB nicht muss), in der europäischen Währungsunion ein »digitales Zentralbankgeld« (Central Bank Digital Currency, CBDC) einzuführen. Den Ergebnissen der Untersuchungsphase zufolge könnte der digitale Euro als europäisches digitales Zentralbankgeld folgende Charakteristika aufweisen:

- Er würde nur für private Haushalte und Unternehmen bereitgestellt, nicht aber für Geschäftsbanken. Der digitale Euro wäre damit gewissermaßen ein digitales Bargeld.

- Er würde als Ergänzung zum Bargeld eingeführt werden, aber nicht, um dieses zu ersetzen. Bargeld will die EZB auf unbestimmte Zeit weiter anbieten.
- Intermediäre würden Wallets bereitstellen, auf denen die Nutzer ihre digitalen Euros speichern und mit denen sie über diese verfügen könnten.
- Um ein Abfließen von Girokontoeinlagen und damit eine Gefährdung des Geschäftsmodells der Kreditinstitute zu verhindern, soll es eine Obergrenze geben, bis zu der digitale Euros auf der Wallet gehalten werden können. Darüber hinaus gehende Beträge werden automatisch auf ein mit der Wallet verknüpftes Girokonto übertragen.
- Den digitalen Euro soll nur nutzen und halten können, wer dauerhaft in der Eurozone lebt. Für Unternehmen gilt eine Haltegrenze von null Euro. Sie können zwar Zahlungen in digitalen Euros empfangen, diese aber nicht auf ihrer Wallet speichern. Eingehende digitale Euros werden direkt auf das verknüpfte Girokonto weitergeleitet.

Die EZB argumentiert, der digitale Euro sei notwendig, um auch im digitalen Zeitalter eine sichere Teilhabe aller Einwohner der Währungsunion am Finanzgeschehen, die technologische Unabhängigkeit Europas sowie die Funktionsfähigkeit der europäischen Geldpolitik zu gewährleisten. Die abnehmende Bargeldnutzung mache die Bürger in immer größerem Umfang von den Zahlungsverkehrsprodukten der Geschäftsbanken und Zahlungsdiensteanbieter abhängig. Wenn es hier zu Störungen komme, könnten die privaten Haushalte nicht mehr auf ihr Giralgeld zugreifen und hätten Schwierigkeiten, Geschäfte des täglichen Lebens zu tätigen. Als Alternative in Krisensituationen sei derzeit das Bargeld noch verfügbar; man wisse aber nicht, wie sich die Bargeldinfrastruktur (Läden, die Bargeld akzeptieren, Geldautomaten etc.) bei immer weiter sinkender Popularität des Bargeldes entwickle. Auch wenn die EZB weiter Bargeld anbieten wolle, sei eine Situation denkbar, in der in weiten Teilen der Eurozone nicht mehr mit Bargeld bezahlt und dieses auch nur unter großen Mühen beschafft werden könne. Darüber hinaus existiere für grenzüberschreitende Zahlungen innerhalb Europas kein wirklich europäischer technologischer Rahmen. Ob ein Tourist im Ausland einen Geldautomaten nutze, ein Exportunternehmen seinen Erlös überwiesen bekomme oder ein Bürger eine Online-Bestellung aus einem anderen Euroland per SEPA-Überweisung bezahle: Fast immer würden solche Transaktionen über außereuropäische Infrastruktur abgewickelt. Diese werde vornehmlich von den US-amerikanischen Kreditkartenunternehmen Mastercard und Visa bereitgestellt. Eine solche Abhängigkeit von gewinnorientierten und nicht in Europa ansässigen Anbietern sei angesichts der zunehmenden geopolitischen Spannungen nicht länger tragbar. Der digitale Euro könne hier als eigenständige paneuropäische Zahlungsinfrastruktur Abhilfe schaffen. Nicht zuletzt führt die EZB ein eher technisches Argument an. Mit dem Bargeld biete die EZB den privaten Haushalten und Unternehmen in der Eurozone die ultimative Form der Liquidität an. Das Bargeld könne die Geldfunktionen (Transaktionsmedium, Recheneinheit, Wertaufbewahrungsmittel) noch erfüllen, wenn andere Formen des Bezahlens bzw. der Wertspeicherung ausfielen. Damit bilde das Bargeld (zusammen mit den Reserven für die Geschäftsbanken) die

Basis unserer Geldordnung. Es sei der monetäre Anker, der letztendlich unserem gesamtes Währungssystem Stabilität verleihe. Ohne einen solchen Anker sei die EZB nicht mehr in der Lage, die Preisniveau- und Finanzstabilität in der Eurozone zu gewährleisten. Ihre Politik greife dann ins Leere. In einer Welt mit immer geringerer Bargeldnutzung könne und müsse ein digitaler Euro die Rolle des monetären Ankers übernehmen.

Dieser Argumentation kann ein bedeutender Teil der europäischen Fachöffentlichkeit nicht folgen. Zunächst einmal wird angezweifelt, dass die privaten Haushalte Bedarf an einer neuen Zahlungstechnologie haben. Die meisten dürften mit den Möglichkeiten zufrieden sein, die ihnen das Bargeld sowie die Debit- bzw. Kreditkarte auf der einen und bankenunabhängige Dienstleister wie Paypal auf der anderen Seite bieten. Deshalb sei es nicht sicher, ob der digitale Euro überhaupt die notwendige Akzeptanz finde. Darüber sähen die ersten Erwägungen der EZB bezüglich seiner Ausgestaltung derart weitreichende Einschränkungen vor (Haltelimit, Beschränkung auf Bürger der Eurozone, stark eingeschränkte Nutzung durch Unternehmen etc.), dass er die traditionellen Geldfunktionen eigentlich nicht erfüllen könne. Geld könne nur sein, was uneingeschränkt als Transaktionsmedium, Recheneinheit und Wertaufbewahrungsmittel funktioniere. Das treffe auf den digitalen Euro nicht zu. Und selbst wenn der digitale Euro umfassend eingesetzt werden könnte, bestünde nach Ansicht der Kritiker die Gefahr, dass er mehr Probleme schaffe als löse. Überhaupt sei fraglich, ob es auf dem Zahlungsverkehrsmarkt überhaupt ein Marktversagen gebe, welches eine staatliche Komplettlösung als Alternative zu den zahlreichen privaten Angeboten erfordere. Zwar sei es richtig, dass die EZB auf die abnehmende Bargeldnutzung, die Abhängigkeit von außereuropäischer Infrastruktur und die Digitalisierung der Finanzbranche reagieren müsse. Dazu müssten die Frankfurter Notenbanker aber nicht in Eigenregie ein sehr teures Großprojekt mit ungewissem Ausgang beginnen. Stattdessen sollten sie lieber die regulatorischen Anreize und Rahmenbedingungen für einen technologieoffenen Wettbewerb im privaten Sektor schaffen. Auf diese Weise könne ein marktwirtschaftlich organisierter grenzüberschreitender Zahlungsverkehrsraum in Europa entstehen, ohne dass die EZB dafür erhebliche Risiken und Kosten auf sich nehmen müsse.

7.6 Wann ist die Eurozone vollständig?

Auch mehr als ein Vierteljahrhundert nach ihrer Gründung kann die Währungsunion als »work in progress« betrachtet werden, denn sie ist in dreierlei Hinsicht unvollendet.

Das gilt erstens ganz konkret für ihrer räumliche Ausdehnung. Dass der 1993 vollendete Binnenmarkt den EU-Staaten enorme ökonomische Vorteile bringt, wurde und wird nicht ernsthaft bestritten. Entsprechend groß ist seine Anziehungskraft für EU-Beitrittsaspiranten in Ost- und Südosteuropa. Auch Länder, die wie beispielsweise die Schweiz und Norwegen kein Vollmitglied der Union werden wollen, streben eine möglichst enge Anbindung an den Binnenmarkt an. Im Vergleich dazu lässt sich die Frage, ob die Teilnahme an dem gemeinsamen Markt auch die Übernahme der gemeinsamen Währung erfordert, offenbar durchaus differenziert beantworten. Als Fallstudie kann hier Großbritannien dienen. Wie auch Dänemark hatte der Maastrichter Vertrag Großbritannien von der Verpflichtung befreit, den Euro bei Erfüllung der Konvergenzkriterien einführen zu müssen. Dieser Passus hat nicht verhindert, dass London seine Stellung als (neben Frankfurt und Paris) bedeutendster Finanzplatz in Europa nach Beginn der Währungsunion nicht nur gehalten, sondern auch ausgebaut hat. Ernsthafte Probleme bekam das Land erst mit dem »Brexit« und dem damit einhergehenden Ausschluss aus dem Binnenmarkt. Von den verbliebenen 27 EU-Mitgliedern haben zwanzig (zuletzt 2023 Kroatien) den Euro eingeführt. Bulgarien sowie Rumänien signalisieren seit einigen Jahren ihr Interesse an einem Beitritt zur Eurozone. Stand Sommer 2025 wird Bulgarien zum 1.1.2026 Mitglied der Währungsunion. Für Dänemark, Schweden, Tschechien, Polen und Ungarn hingegen scheint die Aufgabe der nationalen Währung zumindest derzeit kein Thema zu sein. Offenbar schätzen diese fünf Länder die Kosten des Beitritts höher ein als den Nutzen der Mitgliedschaft in der Währungsunion. Das wird in Politik und Wissenschaft zwar zur Kenntnis genommen; es gibt aber keine intensive Debatte über die Ursachen dieses Zustands.

Zweitens ist das Verhältnis zwischen zentraler und dezentraler Zuständigkeit in Politikbereichen, die für das Gelingen der Währungsunion entscheidend sind, auch nach Jahrzehnten intensiver Debatten de facto ungeklärt. Das gilt insbesondere für die Fiskalpolitik. Inwieweit eine weitgehende Zentralisierung ökonomisch sinnvoll ist, bleibt umstritten. Politisch ist sie so lange schwierig, wie »Europa« vorrangig durch die nationale Brille betrachtet wird. Das betrifft nicht nur die politischen Diskussionen, sondern auch die Berichterstattung in den Medien. Wirklich pan-europäische Medien (mit nennenswerter Reichweite) gibt es nicht; und bei den nationalen erfolgt die Betrachtung des europäischen Politikbetriebes nach wie vor hauptsächlich aus der Perspektive des jeweiligen Landes. Eine europäische politische Öffentlichkeit existiert somit also allenfalls ansatzweise. Entsprechend argumentiert die Politik sehr oft mit Blick auf die heimische Wählerklientel, denn die meisten Bürger verstehen sich in erster Linie als Franzosen, Zyprioten, Portugiesen, Letten etc. und – wenn überhaupt – erst in zweiter Linie als Europäer. Besonders deutlich wurde das im Frühjahr 2020, als es zu einem wahren Gerangel um Masken, Schutzkleidung und Beatmungsgeräte kam: In einer historischen Notsituation setzten sich die nationalen Egoismen gegen die zuvor in Sonntagsreden ständig beschworene europäische Solidarität durch. Aber auch weniger drastische Beispiele wie die französische Haltung zum Mercosur-Abkommen oder die Position der polnischen Regierung zum Import ukrainischer Agrarprodukte zeigen: Nicht immer, aber sehr oft stehen die Interessen nationaler Lobbygruppen über europäischen Erwägungen. Hier dürften auch die Wurzeln der chronischen Nichtbefolgung der Fiskalregeln liegen. Möglicherweise kann die im Zuge des russischen Überfalls auf die Ukraine und der zweiten Trump-Präsidentschaft fundamental veränderte geopolitische Lage in dieser Beziehung mittel- und langfristig eine Veränderung bewirken.

Drittens hat die europäische Zentralbank mit ihrer im Zuge der Finanzkrise begonnenen unkonventionellen Geldpolitik Erwartungen geweckt, die sie auf Dauer womöglich nicht erfüllen kann, ohne Abstriche bei der Verfolgung ihres primären Ziels Preisniveaustabilität vornehmen zu müssen. Als einzige kurzfristig handlungsfähige und -willige Institution hat die Notenbank immer wieder Aufgaben übernommen, bei denen höchst umstritten war, ob sie durch ihr vorrangig geldpolitisches, auf das primäre Ziel Preisniveaustabilität ausgerichtete Mandat gedeckt waren. So hat sich EZB über die Jahre nach und nach in die Rolle des »Policy maker of last resort« drängen lassen. Die Kapitalmärkte und die Öffentlichkeit erwarten von ihr, dass sie bei allen kleineren und größeren Schwierigkeiten der Eurozone bereitsteht, um die Situation nach »Whatever it takes«-Manier zu entschärfen. Hier liegt eine besondere Art der Zeitinkonsistenzproblematik (▶ Kap. 3.3.1) vor: Die Beschränkung auf das primäre Ziel Preisniveaustabilität und das Verbot der monetären Staatsfinanzierung waren glaubwürdig, als sie im Maastrichter Vertrag verankert wurden; danach sahen sich die EZB und andere Institutionen (darunter der Europäische Gerichtshof) jedoch vor Herausforderungen gestellt, die es aus ihrer Perspektive rational erscheinen ließen, von den Anfang der 1990er-Jahre gemachten Versprechen abzurücken.

Die Europäische Währungsunion stellt nach wie vor ein in der Geschichte des Geldes einmaliges Experiment dar. Obwohl sie extreme Schwierigkeiten – von der Finanz- und Staatsschuldenkrise bis zur Pandemie – überstanden hat, ist dieses Experiment nicht automatisch als geglückt einzustufen. Gescheitert ist es allerdings auch nicht. Von einem Austritt bzw. Ausschluss einzelner Mitglieder oder gar einem völligen Zusammenbruch der Eurozone redet heute – anders als vor zehn Jahren – niemand mehr. Gleichzeitig bleiben fundamentale Fragen unbeantwortet, ist die Währungsunion unvollendet. Weitere Länder werden den Euro einführen, »Europa« und die Mitgliedsländer müssen ihr Verhältnis miteinander klären, das Problem einer nicht nachhaltigen öffentlichen Verschuldung wartet vielerorts auf eine Lösung und die EZB sieht sich der Schwierigkeit gegenüber, mit den enormen Erwartungen an ihre Rolle als letzte Rettungsinstanz der Eurozone umgehen zu müssen. Das Experiment dauert an.

Literatur

Adamski, D. (2023): The Overburdened Monetary Policy Mandate of the ECB, in: Adamski D./Amtenbrink, F./de Haan, J. (eds): The Cambridge Handbook of European Monetary, Economic and Financial Integration, Cambridge Law Handbooks, Cambridge University Press 2023, pp. 155–174

Altavilla, C. et al. (2021): Assessing the Efficacy, Efficiency and Potential Side Effects of the ECB's Monetary Policy Instruments since 2014, ECB Occasional Papers, NO. 278, September 2021, https://www.ecb.europa.eu/pub/pdf/scpops/ecb.op278~a1ca90a789.en.pdf?f7eb7e959d0a797ec11cc20220315a09

Baglioni, A. (2024): The European Central Bank. Twenty-five Years of Single Monetary Policy in the Euro Area, in: Baglioni, A. (ed.): Monetary Policy Implementation – Exploring the 'New Normal' in Central Banking, Springer Nature, pp. 93–145, https://link.springer.com/book/10.1007/978-3-031-53885-8,

Baldwin, R./Wyplosz, C. (2023): The Economics of European Integration, 7th edition, McGraw Hill 2023

Bank of England (2014): Money Creation in the Modern Economy, Quarterly Bulletin, Q1/2014, https://www.bankofengland.co.uk/-/media/boe/files/quarterly-bulletin/2014/money-creation-in-the-modern-economy

Bernoth, K. et al. (2024): ECB monetary policy – Past, Present and Future, Monetary Policy Dialogue Papers February 2024, https://www.europarl.europa.eu/RegData/etudes/IDAN/2024/755719/IPOL_IDA(2024)755719_EN.pdf

Bofinger, P./Haas, T. (2023): Der Digitale Euro – Nutzen, Kosten und Risiken, Gutachten im Auftrag der Bundessparte Bank und Versicherung der Wirtschaftskammer Österreich, Juli 2023, https://www.wko.at/oe/bank-versicherung/gutachten-digitaler-euro.pdf

Borio, C. (2024): Monetary Policy in the 21st Century. Lessons Learned and Challenges Ahead, BIS Annal Economic Report, June 2024, https://www.bis.org/publ/arpdf/ar2024e2.pdf

Bundesbank (1979): Das Europäische Währungssystem, Monatsbericht März 1979, pp. 30–39

Bundesbank (1990a): Die erste Stufe der Europäischen Wirtschafts- und Währungsunion, Monatsbericht Juli 1990, pp. 30–39

Bundesbank (1990b): Stellungnahme zur Errichtung einer Wirtschafts- und Währungsunion in Europa, Monatsbericht Oktober 1990, pp. 41–45

Bundesbank (1992): Die Beschlüsse von Maastricht zur Europäischen Wirtschafts- und Währungsunion, Monatsbericht Februar 1992, pp. 45–54

Bundesbank (1998): Stellungnahme des Zentralbankrates zur Konvergenzlage in der Europäischen Union im Hinblick auf die dritte Stufe der Europäischen Wirtschafts- und Währungsunion, Monatsbericht April 1998, pp. 17–40

Bundesbank (2017a): Die Rolle von Banken, Nichtbanken und Zentralbank im Geldschöpfungsprozess, Monatsbericht April 2017, pp. 15–36

Bundesbank (2017b): Design and Implications of the European Fiscal Rules, Monthly Report June 2017, pp. 29–44

Bundesbank (2021): The Eurosystem's Monetary Policy Strategy, Monthly Report September 2021, pp. 17–60

Busch, B./Kauder, B. (2021): Der Stabilitäts- und Wachstumspakt, IW-Analysen 142/2021, https://www.iwkoeln.de/fileadmin/user_upload/Studien/IW-Analysen/PDF/2021/IW-Analysen_Nr._142_Stabilit%C3%A4ts-und-Wachstumspakt.pdf

Buti, M./Corsetti,, G. (2024): The first 25 Years of the Euro, CEPR policy insight, Vol. 126, February 2024, https://cepr.org/publications/policy-insight-126-first-25-years-euro

Clostermann, J./Rauscher, A./Seitz, F. (2024): Der Digitale Euro: Notwendige Ergänzung oder unnötige Belastung des zukünftigen Geldsystems?, in: Knoppe, M. (eds): Unternehmerische Wertschöpfung neu aufstellen, Springer Gabler, Wiesbaden 2024, https://doi.org/10.1007/978-3-658-42270-7_5, pp. 121–143

Cochrane, J./Garicano, L./Masuch, K. (2025): Crisis Cycle – Challenges, Evolution and Future of the Euro, Princeton 2025

Committee for the Study of Economic and Monetary Union (1989): Report on Economic and Monetary Union in the European Community (»Delors Report«), April 17th, 1989, Brussels

de Grauwe, P. et al. (1992): In reply to Feldstein, in: The Economist, July 4th, 1992

de Grauwe, P. (1996): International Money – Postwar Trends and Theories, 2nd ed., Oxford 1996

de Grauwe, P. (2022): Economics of Monetary Union, 14th ed. Oxford 2022

Delors, J. (1989): Address given to the European Parliament, January 17th, 1989, https://www.cvce.eu/content/publication/2003/8/22/b9c06b95-db97-4774-a700-e8aea5172233/publishable_en.pdf

Draghi, M. (2012a): Speech at the Global Investment Conference, London, July 26th, 2012, https://www.ecb.europa.eu/press/key/date/2012/html/sp120726.en.html

Draghi, M. (2012b): Introductory statement to the press conference (with Q&A), September 6th, 2012, https://www.ecb.europa.eu/press/press_conference/monetary-policy-statement/2012/html/is120906.en.html

Draghi, M. (2013): Introductory statement to the press conference, July 4th, 2013, https://www.ecb.europa.eu/press/press_conference/monetary-policy-statement/2013/html/is130704.en.html

Dyson, K./Featherstone K. (1999): The Road to Maastricht – Negotiating Economic and Monetary Union, Oxford 1999

ECB (1998): A stability-oriented monetary policy strategy for the ESCB, 13 October 1998, https://www.ecb.europa.eu/press/pr/date/1998/html/pr981013_1.en.html

ECB (2001): The Monetary Policy of the ECB, Frankfurt 2001

ECB (2003): The ECB's Monetary Policy Strategy, May 8th, 2003, https://www.ecb.europa.eu/press/pr/date/2003/html/pr030508_2.de.html

ECB (2004): The Monetary Policy of the ECB, Frankfurt 2004

ECB (2011): The Monetary Policy of the ECB, Frankfurt 2011

ECB (2014): The ECB's forward guidance, ECB Monthly Bulletin, April 2014, https://www.ecb.europa.eu/pub/pdf/mobu/mb201404en.pdf, pp. 55–63

ECB (2021): The ECB's monetary policy strategy statement, https://www.ecb.europa.eu/home/search/review/html/ecb.strategyreview_monpol_strategy_statement.en.html

ECB (2023): A Stocktake on the Digital Euro. Summary Report on the Investigation Phase and Outlook on the Next Phase,18 October 2023, https://www.ecb.europa.eu/euro/digital_euro/progress/shared/pdf/ecb.dedocs231018.en.pdf?6fbcce71a4be7bb3b8fabc51fb5c7e2d

Eger, T./Wagener, H.-J. (2021): Die wirtschaftswissenschaftlichen Grundlagen der europäischen Integration, in: Hatje, A./Müller-Graff, P.-C. (Hrsg.): Enzyklopädie Europarecht, Bd. 1: Europäisches Organisations- und Verfassungsrecht, https://doi.org/10.5771/9783748908579, pp. 129–179

Eger, T./Wagener, H.-J. (2022): Ökonomische Herausforderungen einer unvollständigen Währungsunion, in: Hufeld, U./Ohler, C. (Hrsg.): Enzyklopädie Europarecht, Bd. 9: Europäische Wirtschafts- und Währungsunion, Baden-Baden: Nomos, 1. Auflage, 2022, pp. 239–295

Eichengreen, B. (2000): Vom Goldstandard zum Euro – Die Geschichte des internationalen Währungssystems, Berlin 2000

Eichengreen, B. (2012): European monetary integration with the benefit of hindsight, in: Journal of Common Market Studies, Vol. 50(1), 2012, pp. 123–136

Eichengreen B. (2023): Conceptual Foundations of Economic and Monetary Union: The Economic Dimension, in: Adamski D./Amtenbrink F./de Haan J. (eds.): The Cambridge Handbook of European Monetary, Economic and Financial Integration, Cambridge Law Handbooks, Cambridge University Press 2023, pp. 19–32

European Commission (1990): One Market, one Money – An Evaluation of the Potential Benefits and Costs of Forming an Economic and Monetary Union, European Economy, Vol. 44, October 1990

Feld, L./Wieland, V. (2020): The German Federal Constitutional Court Ruling and the European Central Bank's Strategy, Institute for Monetary and Financial Stability, IMFS Working Paper NO. 145, https://www.imfs-frankfurt.de/fileadmin/research/working_papers/imfs_wp_145.pdf

Feldstein, M. (1992): Europe's Monetary Union. The Case against EMU, in: The Economist, June 13th, 1992

Fremerey, M. et al. (2024): Zwischen Schuldentragfähigkeit und Investitionsbedarf – Vergleich und Anpassungsbedarf europäischer und deutscher Fiskalregeln, IW Policy Paper 11/24, https://www.iwkoeln.de/fileadmin/user_upload/Studien/policy_papers/PDF/2024/IW-Policy-Paper_2024-Europ%C3%A4ische_und_Deutsche_Schuldenregeln.pdf

Godschalk, H./Krüger, M./Seitz, F. (2024): Der digitale Euro aus Sicht des Verbrauchers, des Handels und der Industrie, Studie im Auftrag des Bundesverbandes der Deutschen Volksbanken und Raiffeisenbanken e. V. (BVR), August 2024

Görgens, E./Ruckriegel, K./Seitz, F. (2013): Europäische Geldpolitik. Theorie – Empirie – Praxis, 6. Auflage, Stuttgart 2013

Goodhart, C. (1995): The Political Economy of Monetary Union, in: Kenen, P. (ed.): Understanding Interdependence. The Macroeconomics of the Open Economy Princeton University Press 1995, pp. 156–202

Gros, D./Thygesen, N. (1998): European Monetary Integration, 2nd ed., Addison Wesley Longman 1998

Hannoun, H. et al. (2019): Memorandum on the ECB's Monetary Policy, 04 October 2019, https://centerforfinancialstability.org/research/Memorand.pdf

Hegemann, H./Wieland, V. (2025): ECB Policy and Strategy Review: Potential Improvements, European Parliament, Monetary Dialogue Papers, March 2025, https://www.europarl.europa.eu/RegData/etudes/STUD/2025/764185/ECTI_STU(2025)764185_EN.pdf

Hetzel, R. (2022): German Monetary History in the Second Half of the Twentieth Century – from the Deutsche Mark to the Euro, Federal Reserve Bank of Richmond Economic Quarterly, Vol. 88/2, Spring 2022

Ider, G./Kriwoluzky, A./Kurcz, F./Schumann, B. (2024): Friend, Not Foe – Energy Prices and European Monetary Policy, DIW Discussion Papers Nr. 2089, https://www.diw.de/de/diw_01.c.907121.de/publikationen/diskussionspapiere/2024_2089/friend__not_foe_-_energy_prices_and_european_monetary_policy.html

Ioannidis, M. et al. (2021): The mandate of the ECB. Legal considerations in the ECB's monetary policy strategy review, ECB Occasional Paper Series, NO. 276, Frankfurt 2021, https://www.ecb.europa.eu/pub/pdf/scpops/ecb.op276~3c53a6755d.en.pdf

Issing, O. (2008): Der Euro – Geburt, Erfolg, Zukunft, Verlag Franz Vahlen, München 2008

Issing, O. (2024): Von der D-Mark zum Euro. Erinnerungen des Chefökonomen, Verlag Franz Vahlen, München 2024

James, H. (1996): International Monetary Cooperation since Bretton Woods, Washington 1996

Jarchow, H.J./Rühmann, P. (2002): Monetäre Außenwirtschaft – II. Internationale Währungspolitik, 2. Auflage, Göttingen 2002

Krägenau, H./Wetter, W. (1993): Europäische Wirtschafts- und Währungsunion – Vom Werner-Plan zum Vertrag von Maastricht, Baden-Baden 1993

Krugman, P. (1993): Lessons of Massachusetts for EMU, in: Giavazzi, F./Torres, F. (Eds.): Adjustment and Growth in the European Monetary Union, Cambridge University Press 1993, pp. 241–266

Krugman, P./Obstfeld, M./Melitz, M. (2022): International Economics – Theory and Policy, 12th ed., London 2022

Kruse, D. (1980): Monetary integration in Western Europe – EMU, EMS and beyond, London/Boston 1980

Larch, M./Malzubris, J./Santacroce, S. (2023): Numerical Compliance with EU Fiscal Rules. Facts and Figures from a New Database, in: Intereconomics, Vol. 58, 1/2023, pp. 32–42

Marjolin, R. (1980): Report of the Study Group »Economic and Monetary Union 1980«, Brüssel, March 8th, 1975

Markakis, M. (2022): The EU Fiscal Rules. Principle, Policy, and Reform Prospects, in: Adamski D./Amtenbrink, F./de Haan, J. (eds): The Cambridge Handbook of European Monetary, Economic and Financial Integration, Cambridge Law Handbooks, Cambridge University Press 2023, pp. 305–331

Mink, R. (2018): Eine griechische Tragödie – Staatsschuldenkrise und kein Ende? Marburg 2018

Mortagua, M. (2021): The Euro at 22 – economic crisis and political instability, Working Paper 04/2021, Instituto Universitario de Lisboa, https://repositorio.iscte-iul.pt/bitstream/10071/22662/1/WP_2021-04.pdf

Mundell, R. (1961): A theory of optimum currency areas, in: American Economic Review, Vol. 51 (4/1961), pp. 657–665

o.V. (2012): The secret of 3% finally revealed, voxeurop, https://voxeurop.eu/en/the-secret-of-3-finally-revealed/

Polster, W. (2002): Europäische Währungsintegration – von der Zahlungsunion zur Währungsunion, Marburg 2002

Rösl, F./Seitz, F. (2022): CBDC and Cash in the Euro Area. Crowding out or Co-Circulation?, Weidener Diskussionspapiere Nr. 85, Oktober 2022, https://www.oth-aw.de/files/oth-aw/Aktuelles/Veroeffentlichungen/WEN-Diskussionspapier/WEN-DPs-PDF/DP85.pdf

Rostagno, M. et al. (2019): A tale of two decades – the ECB's monetary policy at 20, ECB Working Paper Series, NO. 2346, December 2019, https://www.ecb.europa.eu/pub/pdf/scpwps/ecb.wp2346~dd78042370.en.pdf

Rueff, J. (1950): L'Europe se fera par la monnaie ou ne se fera pas, in: Synthèses – Revue Mensuelle Internationale, Vol. 4, Fevrier 1950, pp. 267–271

Sachverständigenrat zur Begutachtung der gesamtwirtschaftlichen Entwicklung (1994): Jahresgutachten 1994/95, Drucksache des Deutschen Bundestages 13/26 vom 21.11.1994, Randnummer 183, p. 155.

Schäfer, S. (2022): Eine kurze Geschichte der Europäischen Währungsunion, in: Aus Politik und Zeitgeschichte, Vol. 72, Heft 18-19/22, pp. 32–39

Scheller, H. (2006): The European Central Bank. History, Role and Functions, 2nd ed., Frankfurt 2006

Schleiminger, G. (1980): Europäische Zahlungsunion, in: Born, K. et al. (Hrsg.), Handwörterbuch der Wirtschaftswissenschaft, Vol. 2, Stuttgart et al. 1980, pp. 507–512

Schlesinger, H. (1991): »Eine europäische Währung muss genauso stabil sein wie die D-Mark«, in: Handelsblatt vom 31.12.1991, p. 9.

Schubert, C. (2013): Wie das Maastricht-Kriterium im Louvre entstand, Frankfurter Allgemeine Zeitung vom 25.9.2013, p. 10

Schwarzer, Daniela (2015): Die Europäische Währungsunion – Geschichte, Krise und Reform, Stuttgart 2015

Siekmann, H./Wieland, V. (2013): The European Central Bank's Outright Monetary Transactions and the Federal Constitutional Court of Germany, Institute for Monetary and Financial Stability, Working Paper NO. 71, https://www.imfs-frankfurt.de/fileadmin/research/working_papers/imfs_wp_71.pdf

Solomon, R. (1982): The international monetary system 1945–1981, New York 1982

Sweeney, R./Garber, P./Pattison, J./Folkerts-Landau, D. (1992): The ECB: a bank or a monetary policy rule?, in: Grilli, V., Masson, P./Canzoneri, M. (eds.): Establishing a Central Bank. Issues in Europe and Lessons from the US, CEPR Press, Paris & London 1993, https://cepr.org/publications/books-and-reports/establishing-central-bank-issues-europe-and-lessons-us

Thygesen, N. (1989): The Delors Report and European Economic and Monetary Union, in: International Affairs, Vol. 65, NO. 4, Autumn 1989, pp. 637–652

Trichet, J.C. (2007): Introductory statement, Press conference, September 6th, 2007, https://www.ecb.europa.eu/press/press_conference/monetary-policy-statement/2007/html/is070906.en.html

Trichet, J.C. (2010): Introductory statement, Press conference, December 2nd, 2010, https://www.ecb.europa.eu/press/press_conference/monetary-policy-statement/2010/html/is101202.en.html

Ungerer, H. (1983): The European Monetary System – The Experience 1979–1982, International Monetary Fund, Washington, D.C., 1983

Ungerer, H. (1997): A Concise History of European Monetary Integration, Westport/London 1997

Werner, P. (1970a): Zwischenbericht an Rat und Kommission über die stufenweise Verwirklichung der Wirtschafts- und Währungsunion der Gemeinschaft, Luxemburg, 20. Mai 1970, Dokument 9.504/II/70-D

Werner, P. (1970b): Report to the Council and the Commission on the Realisation by Stages of Economic and Monetary Union in the Community, Supplement to Bulletin NO. 11 of the European Communities, Brussels 1970

Vanthoor, W. (1999): A chronological history of the European Union 1946–1998, Cheltenham 1999